아름다운 마침표
: 현명한 유산기부 A to Z

인생의 아름다운
마무리를 돕기 위해
알아야 할 것들

THE GUIDE FOR
BEAUTIFUL AND
MEANINGFUL PASSING

THE GUIDE FOR BEAUTIFUL AND MEANINGFUL PASSING

아름다운 마침표
: 현명한 유산기부 A to Z

| 인생의 아름다운 마무리를 돕기 위해 알아야 할 것들 |

비케이 안 · 이승훈 · 김현수 지음

한양대학교 출판부

서문

우리는 이 글을 쓰면서 몇몇의 성인과 철학자의 말을 인용하면서 멋진 말로 어떻게 사는 것이 아름다운 삶인가를 설명함으로써 삶을 대하는 근본적인 철학을 변화시키려는 오만함을 갖지 않으려 노력했다. 혹여 평소 사소한 일에도 감사하는 가치관을 갖고 있는 독자가 있다면 현장경험에 근거한 'how'에 초점을 맞추어 현명한 마무리를 짓는 데 도움을 주고자 했다. 현실적이고 합리주의적인 현명한 사회환원이든 사회공헌이든 남을 돕고자 하는 '금전관'과 '기부관'이 이미 마음속에 자리잡고 있다면 이 글이 도움이 될 수 있을 것으로 생각한다.

우스개 말로 인생에는 주금(죽음) 세금, 모금이라는 세 가지 금이 있다. 여기에 맞추어 인생을 마무리하기 위한 세 가지 결정적인 가치관은 '사생관' '금전관' '기부관'이 될 것이다. 현명한 기부는 죽음 뒤의 의미와 적극적인 모금, 그리고 절세를 위한 사회환원인 세금이 있기에 가능해진다. 그래서 죽음, 모금, 세금을 이야기한다. 기부/모금 및 세금은 이를 다루는 전문가가 있지만 아직 죽음을 경험해보지 않은 사람들이 '죽음 전문가'가 될 수 있을까? 단지 우리가 죽음 전문가라고 말할 수 있는 사람은 임종을 가까이에서 지켜보는 의사나 종교 지도자, 죽음의 벼랑 끝에 다다른 사람들의 동반자가 되어주는 호스피스 봉사자 등일 것이다. 그렇지만 우리는 죽음의 과정을 이해하고 육체적(physically), 감정적(emotionally), 지적(intellectually), 윤리적(morally), 그리고 사회적인(socially) 전문가들과 협업하여 기부자가 현명하고 아름답게 마무리하도록 도울 필요가 있다. 미국의 호스피스 교육 단체 'Meta Institute'의 설립자인 프랭크 오스타세스키가 많은 임종을 경험하고 쓴 책인 『Five Invitations』(부제: 'What Death Can Teach About Living)에서는 죽음을 앞둔 사람들로부터 나온 지혜로서 후회 없는 삶의 교훈들을 이렇게 정제했다.

"수많은 사람이 괴로움, 죄책감, 두려움 속에 죽어간다. 동화 같은 행복한 결말은 많지 않다. 우리는 삶의 끝에 가서야 모든 것의 귀중함을 깨닫고 후회한다. 죽는 순간이 되어서야 1분 1초, 한 숨 두 숨의 귀중함을 알게 된다. '나는 알지 못한다'는 자세를 가져야 한다. 뭔가를 안다는 인식에 사로잡혀 있으면 그것이 오히려 시야를 좁히고 행동 능력을 제한한다. 고정관념을 버려야 한다. 그렇지 않으면 결국 우리가 안다는 것은 보고 싶은 것만 보게 되는 결과를 가져온다."

"어느 것도 밀어 제치지 말고 기꺼이 환대하라. 현관까지 나가서 누군가를 반갑게 영접하듯 환대하는 마음으로 받아들여라. 영원한 것은 없고 모든 것은 끊임없이 변한다. 인생이 불안정함을 자각해야 소중함에 감사하게 된다. 더 나은 미래에 마냥 희망을 둘 것이 아니라 현재에 집중하고 지금 우리 앞에 있는 것에 감사해야 한다. 삶과 죽음 어느 편도 들지 마라. 그래야 둘 다 온전히 우리에게 다가온다."

이것은 삶과 죽음을 같은 선상에서 균형 있게 바라보아야 한다는 뜻이다. 인간은 시간을 소비하면서 돈을 축적해갈 수 있지만, 둘

중 하나를 선택해야 한다. 아침 식사를 하면서 그날 하루를 어떻게 사용할지 자유롭게 선택할 수 없다면 시간에 관한한 파산자라고 지적한다. 신약성경 누가복음 12장 16절 이하에 등장하는 부자 역시 죽음을 준비하지 못한 사람에 대한 이야기다. 부족할 것이 없는 부자였지만 조만간 자신에게 닥칠 죽음에 대해선 전혀 준비가 없었다. 추수할 곡식을 위해 창고는 준비했지만, 더 중요한 자신의 영혼에 대해서는 준비하지 않았다. 성경은 그러한 사람을 '어리석은 사람'이라고 말한다. 강철왕 카네기는 "부자인 채로 죽는 것은 불명예다"는 명언을 남겼는데, 부자는 모름지기 부를 축적하는 때와 부를 환원하는 때가 분명해야 한다는 말이다. 언제 죽느냐보다 어떻게 죽느냐가 더 의미가 있을 수 있다. 죽음이란 인생이 끝나는 것이 아니라 마무리되는 것이다. 그래서 아름다운 마무리가 필요하다. 누구에게나 반드시 찾아오는 죽음을 아름답게 받아들이는 교육이 필요하다. 일본의 슈카쓰[1] 운동을 눈여겨볼 만하다.

기부 선진국에서는 유산기부가 활성화되어 있다. 미국의 경우 2019년의 유산기부액은 47조 원으로 전체 기부금의 약 8% 정도이며, 영국은 4조 3457억 원으로 전체 기부금의 약 15%를 차지하고 있다. 기부선진국에서는 유산기부를 공익 실현과 사회적 자본의 축적, 양극화 해소를 위한 기부의 한 형태로 인식하고 있다. 조직이 할 수 있는 중요한 일 중 하나는 고액기부와 유산기부 모금행사 사이의 시너지 효과를 높이는 것이다. 특히 고액기부 담당자에게 기부자 상황

1 슈카쓰(終活): 죽음을 준비하는 활동
인생의 끝을 준비하는 활동, 즉 노인들의 임종 준비 활동을 뜻하는 말이다. 초고령화 사회인 일본에서 고독사 증가 등이 문제가 되면서 노인들 사이에 스스로 할 수 있을 때 정리하자는 인식이 퍼지면서 보편화된 개념이다. 자신의 장례 절차, 연명 치료 여부, 재산상속 문제 등의 정리와 가족과 친지에게 사후에 남길 메시지 제작 등이 대표적인 '슈카쓰'이다.

을 이해하고 자신에게 적합한 통로를 파악할 수 있는 충분한 정보를 제공하여 전문 기부자문사(가)로서의 역할을 수행하고 계획된 기부와의 연계를 촉진하도록 하는 것이다.

태어나 첫 울음으로 도움을 요청하고 마지막 숨을 거두면서 누군가의 도움으로 마무리를 한다. 자기 자신과 가족, 친지, 친구 등과의 관계, 그리고 사회와의 관계를 살펴본다. 아름다운 죽음이란 마무리가 깨끗하다는 말처럼 들린다. 관계의 다이어트는 모든 사람들 간의 관계에서 1/3은 도움을 받는 관계이고, 1/3은 주로 도움을 주는 관계이고, 나머지 1/3은 도움을 주고받는 관계가 균형 있게 있다면 안정적이다. 하지만 보통은 한쪽으로 쏠려 있기에 관계의 불균형이 온다. 마지막엔 도움의 요청이 필요하다. 좋은 사회라는 것은 이런 마무리가 서로 행복한 방향으로 나아가도록 시스템이 작동하는 사회인

그림 0-1 Three Kinds of Knowledge

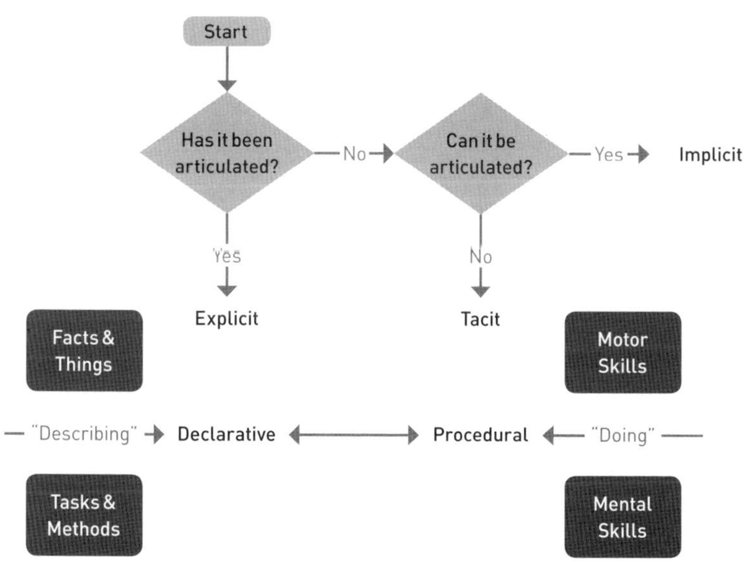

출처: https://nickols.us/Knowledge

것이다. 요청은 상대가 누구든 간에 기쁘게 부담 없이 행해질 때 착한 요청이 된다.

이 책은 현명한 기부를 안내하는 가이드 역할을 할 전문인을 양성하기 위한 명시적(Explicit), 반암묵적(Implicit). 암묵적(Tacit) 지식이 포함되어 있는데, 여기에는 비록 실무 교육이라 하더라도 말이나 글로 표현하기 힘든 지식이 있다. 반암묵적(Implicit) 지식은 동료나 다음 세대에게 가르치거나 전달할 수 있으나 암묵적(Tacit) 지식은 전달이 힘들기에 행동을 해가면서 Motor Skill(개인의 학습에 의해서 내면화되고 몸에 익혀진 상태)을 통해 절차(procedure)를 익히는 방법밖에 없음에 이해를 구한다.

필란트로피 자문과 교육은 그 본질에 충실하기 위함이다. 필란트로피의 가장 중요한 본질적인 문제는 기부로 쌓아놓은 돈에 비해 필요한 사람들이 더 많고, 배분 속도는 너무 느리고, 효율성이 낮고, 쌓이는 속도는 더 빠르다는 데 있다. 한마디로 네트 워크를 만들어 서로 연결될 수밖에 없는 사람들과 비슷한 의도를 공유하며 그 의도를 실현하기 위해 자본과 지능, 기타 자원들을 한 군데 모아 집단을 형성하도록 촉매제 역할을 하는 것이 사명이다. 자문과 교육의 경우, 모금을 생각하는 방식을 거래적인(exchange) 것에서 변화적(transformational)으로 바꾸도록 권유하고, 단순한 도움 요청의 스킬이 아니라 개개인의 동원 가능한 독특한 자원을 활용해 공동의 비전을 향해 모두가 함께 일하는 방법을 제시한다. 모금을 개인 및 사회의 변화를 원하는 사람들의 욕구를 수용하는 방법이라는 시각으로 보면 우리는 모금의 두려움에서 자유로울 수 있다.

자신과 돈의 관계는 내면세계의 일부에 불과하다. 이 외에도 통제 욕구, 타인에게 자신을 완전히 개방할 의지, 성공과 실패의 의미에 대한 깊은 신뢰, 가장 강력한 욕구를 형성하는 표현하기 힘든 가치들이 있다. 그래서 기부자문사는 자신을 완벽히 이해하는 것을 시작으로 금전관을 깨우치도록 돕는 역할을 하는 것이 주목적이다. 기부자의 기부금, 즉 돈은 목적이 아닌 수단으로서 삶의 서사가 들어가 있다. 기부자는 어떻게 돈을 축적했는가, 어떻게 쓰도록 도울 것인가, 어떤 성취를 이루고 싶은가 등 이 서사에 대해 도움을 주기 위함이다. 참된 기부의 의미는 기부자, 수혜자, 모금가 등 관련된 모든 개개인의 변화에 있다. 위험에 노출되지 않고 기부에 대해 논하는 것은 불가능하다. 완전히 개방하지 않고는 진정한 기부자가 되지 못한다. 최고의 종착지는 인간관계를 만드는 것으로, 논쟁에서 이기는 것이 아니라 관계를 맺기 위해 자신의 마음을 여는 것이다. 같은 일을 하고자 누군가를 초대하고 그의 말을 경청하고 서로 배우면서 함께 나아가는 방법을 찾는 과정이다.

이 책은 현명한 기부와 스마트한 모금을 꿈꾸는 기부 자문 및 교육사(CPAE)를 위한 지침서로 현명한 기부와 모금, 죽음학, 상속계획과 유산기부의 코어 과목의 일부가 포함되어 있다. 제1부는 비케이안 한국기부문화연구소 소장의 현명한 기부를 위한 기부자 안내 및 필요한 기초 이론을 바탕으로 한 개론의 내용을 담고 있다. 각론인 제2부 죽음학은 신경외과 의사이면서 모금 전문가인 이승훈 박사가 '의사의 관점으로 본 죽음'을 기술했고, 제3부에는 실무자이면서 필란트로피 전문가인 김현수 교수의 유산기부로 디자인되었다. 이 책이 필요한 모든 것을 충분히 담지는 않았지만, 이것을 시작으로 앞으로 더 많은 저자들이 질과 양을 증가시킬 것으로 기대한다.

차례

제2장 죽음의 선택 199

제3장 죽음의 과정 227

제4장 죽음 이후를 위한 준비 239

유산기부

제1장 유산기부의 이해 257

제1부

현명한 기부

Wise Giving

THE GUIDE FOR
BEAUTIFUL AND
MEANINGFUL PASSING

우리는 전혀 준비되지 않은 채로 인생의 오후로 접어든다.
그리고 그보다 더 나쁜 것은 그릇된 전제를 안고 이 길에 들어선다는 것이다.
하지만 우리는 인생의 아침에 가졌던 프로그램으로
인생의 오후를 살 수는 없다.
아침에는 괜찮았던 것들이 저녁에는 쓸모 없을 수 있고
아침엔 진실이었던 것이 저녁엔 거짓이 될 수도 있기 때문이다.
나이가 들어가는 사람들은 자신들의 삶이
어딘가를 향해 오르거나 펼쳐지는 것이 아니라
냉혹한 내면의 과정이 삶의 수축을 강요한다는 것을 알아야 한다.

– 칼 구스타브 융(1875~1961), 영혼을 찾는 현대인 –

제1장

사회환원의 본질 이해

1. 사회환원의 목적

사회환원을 결정하는 데는 세금(Tax), 감사(Gratitude), 죽음(Death)이라는 세 가지 중요한 요소가 있다. 이 중에서 가장 큰 부분을 차지하는 것이 '감사'이다. 만약 종교인이라면 자신의 부는 바로 자신이 믿는 신의 축복이므로 이에 대한 감사 차원에서 다시 사회로 돌려준다는 의미가 있다. "한국에는 기부문화가 없어"라고 말하는 사람은 공통적으로 기부한 경험이 없다. 그들은 모두 자신과 같을 것으로 생각해서 하는 말이기 때문에 정기적으로 기부하는 사람들로부터 들을 수 있는 말은 아니다. 또한 큰 금액을 기부하는 사람들은 아직 감사할 것이 많아서 세상에는 자신과 같은 사람이 많을 것으로 생각한다. 그래서 잠재기부자와 기부할 가능성이 전혀 없는 사람들을 구분하려면 "기부를 해 주시겠습니까?"라는 질문 대신 "한국의 기부문화에 대해 어떻게 생각하십니까?"라고 묻는 편이 낫다. 이에 대한 대답으로 상대가 어떤 위치에 있는지 가늠해 볼 수 있다.

1) 인생의 목표는 행복이 아니라 쓰임을 받는 것이다

인생의 목표가 '행복(happiness)'이라는 프레임에서 '쓰임(usefulness)'으로 바뀌는 순간 모든 것이 변하게 된다. 자신의 기부로 상대를 행복하게 하고 동시에 자신도 행복할 것이라는 전제에서 기부하지만, 그러나 기부도 자신이 행복해지기 위해서가 아니라 제대로 쓰임 받기를 원해서 하는 것이 아닐까? 행복하지만 쓰임을 받지 못한다면 무언가 창조하지 못한 인생처럼 느껴질 것이다. 내가 좋은 방향으로 쓰이고 있을 때 행복하고, 그래서 행복은 단지 쓰임의 부산물인 것이다.

오래동안 변하지 않는 기부동기에 대한 통계 중에서 '자신의 기부로 인해 '변화를 이루는 것(make a difference)'이 일순위라고 한다. 결국 기부함으로 자신의 행복을 추구하기보다 세상의 변화에 기부금이 '쓰이는 것'이 자신이 쓰임을 받는 것으로 만족을 얻는 것이다. 그래서 모금단체는 기부자 중심으로 그들의 행복을 위해 제대로 쓰임 받고 있다고 느끼도록 하는 것이 가장 큰 예우이다.

2) 살아 있을 때 기부해야(Giving while Living) 하는 이유

많은 사람들이 사후에 유증이나 유산기부를 할 생각으로 기부를 미루는 경우가 많다. 이것이 기부요청을 받았을 때 기부를 피하기 위한 은신처가 되기도 한다. 진정으로 기부하겠다고 생각했던 사람들이라도 사후에 실제로 실행하는 사례는 많지 않다. 오히려 생존 시 기부를 실행하는 사람들이 사후에도 남은 재산을 유증으로 사회에 환원할 가능성이 높다. 기부 자문사 교육 시에 잠재기부자에게 왜 지금 기부하는 것이 현명한 것이며 중요한지를 다음 8가지 이유를 들어 설명하도록 훈련한다.

① 미래보다 현재가 더 급함

지금의 코즈(cause, 모금이유 또는 명분)가 미래에는 문제가 되지 않을 수 있다. 현재 코즈를 해결하면 미래의 문제를 방지하는 것이다. 지금 기부하면 미래에 대한 사회적 투자가치가 생존 시 사업에 투자해서 얻은 이익을 사후 유산기부로 투자하는 것보다 더 크다는 로젠버그의 법칙(Rogenberg's Rule)을 상기시킨다.

② 책임과 부의 나눔

현재 소유한 부를 사회에 환원하면서 현재 진행형의 경제 활동을 도와주는 것이다. 좀더 부의 흐름을 원활하게 하는 것이 시민의 책임이고, 사회적 책임의 완성이다.

③ 현재의 기쁨을 찾음

생존 시 실행하는 기부가 더 큰 기쁨을 줄 수 있다. 중국 속담에 한 시간의 기쁨을 원하면 낮잠을 자고, 3년의 기쁨을 원하면 결혼을 하고, 평생 기쁨을 원하면 기부를 하라는 말이 있다. 살아가면서 하는 기부로 인해 기쁨을 누리고 살수 있는 것은 행운이다.

④ 인생 이모작(또는 삼모작)으로 새로운 필란트로피(Philanthropy) 세계의 직업적 기쁨

은퇴 후에 필란트로피 활동에 직접 참여하여 새롭게 인생을 펼쳐 가는데 있어서 만족도가 매우 높다. 자아실현의 방법 중 하나이다.

⑤ 경험과 재능을 이용하여 사회에 환원

부를 축적한 데에는 그럴 만한 재능이 있을 것이다. 이것을 재능기부로 기부문화를 활성화할 수 있는 사례를 직접 만드는 기회에 참여하는 것이 돈 자체보다 더 크게 사회에 도움을 줄 수 있다.

⑥ 사후에 'Mission Drift' 발생

미션 드리프트는 단체의 미션이 설립자의 의도대로 수행되지 않고 다른 이유로 변경되거나 변질되는 경우를 말한다. 설립자 사후에 이사회 구성원들의 주도로 다른 미션으로 바뀌는 경우가 종종 발생한다. 그래서 생존 시에 설립자만큼 열정으로 미션을 수행할 사람은 없기에 설립자 자신이 낸 기부금을 다 소모하는 것이 가장 현명하다.

⑦ 자손들이 자신만의 코즈를 개발하도록 도와주어야 함

설립자의 코즈를 자손이 무조건 따라야 하는 것은 아니다. 그들도 스스로 부를 축적하여 여기에 참여하도록 해야 한다. 이것이 진정한 필란트로피의 유산이고 자손에게 줄 수 있는 가장 큰 선물인 것이다.

⑧ 자손에게 너무 많은 것을 주면 오히려 동기가 부족

Warrant Buffet이 한 말처럼 너무 많은 재산을 주어 아무것도 하지 않는 것보다 무엇이든지 본인이 원하면 할 수 있도록 남기는 현명함으로 자손의 삶에 도전의 동기를 저하시키는 부의 이전은 금해야 한다. 원한다면 자손들이 현존에 만들어 놓은 자산의 틀에 참여케 하여 Philanthropic Leadership의 훈련장으로 이용할 수 있다.

위에 언급한 8가지 외에도 더 좋은 이유는 많이 있을 것이다. 이제는 정보와 경험을 서로 교환함으로써 지혜가 모아져야 할 때이다. 그래서 효율적인 사회환원을 위해 살아 있을 때 기부하는 것에 대한 한국적 정서와 상황에 맞는 정당한 논리와 수사학적 연구가 더 필요하다.

3) 은퇴 이후의 삶: 개인의 ESG(환경·사회·지배구조) 경영

은퇴 나이를 65세라고 하자. 은퇴 전에는 사람들이 일렬 종대, 은퇴 후에는 일렬 횡대로 서게 된다고 한다. 이 말은 은퇴 전에는 부의 축적, 좋은 학교, 좋은 직장, 사회적 지위 등을 비교하여 성공기준을 평가했지만 은퇴 후는 그 기준이 별로 의미가 없다는 뜻이다. 비교와 경쟁이 아니라 누가 더 이웃을 잘 돕고, 존중하고, 협조를 잘하고, 같이 있고 싶은 사람이 되는가에 따라 쓰임이 달라진다.

인생의 목표는 건강 관리를 잘해서 삶을 오랫동안 유지하는 것이 아니라 얼마나 유용하게 쓰임(usefulness)을 받을 것인지이다. 그래서 건강은 목표가 아니라 수단이다. 기업의 사회적 책임이 이윤을 넘어 사회적 가치를 추구하는 방향으로 가는 것처럼 개인도 자신의 안녕을 넘어 ESG(환경·사회·지배구조) 경영의 사회적 가치를 추구하는 방향이어야 한다. 만약 은퇴 후 명예와 보람을 위한 삶의 투자에 관심이 있다면 투자 결정 시 기업의 재무적 요소들을 고려하는 것처럼 '사회책임투자(SRI)' 혹은 '지속가능투자'의 관점에서 생각할 수 있다. 사회책임투자란, 사회적·윤리적 가치를 반영하는 기업에 투자하는 방식이다. 기업의 재무적 성과만을 판단하던 전통적 방식과 달리, 장기적 관점에서 기업 가치와 지속가능성에 영향을 주는 ESG(환경·사회·지배구조) 등의 비재무적 요소를 충분히 반영해 평가한다. 기업의 ESG 성과를 활용한 투자 방식은 투자자들의 장기적 수익을 추구하는 한편, 기업 행동이 사회에 이익이 되도록 영향을 줄 수 있다. 마찬가지로 개인의 삶도 같은 방식을 도입하는 것이다.

오래 살았기에 대우를 받아야 한다는 생각보다 지구에 머물면서 밀린 방값을 내고 간다는 생각, 그리고 살면서 환경오염 등 생산보다 에너지 소비를 더했던 삶을 되돌아보며 갚으면서 산다는 다짐이 필요하다. 올라가면서 버렸던 쓰레기도 내려가면서 주워야 한다. 인간의 관계도 1/3은 도움을 받은 관계이고, 1/3은 도움을 주는 관계이며, 나머지 1/3은 서로 도움을 주고받는 관계가 인간관계의 골든 룰인 것이다. 쥐고 있던 것도 내어주어 공평하고 투명한 새로운 기회가 주어지도록 해야 한다.

4) 왜 기부에 대해 이야기하는 것이 중요한가?

우린 모금을 주제로 대화를 이끄는 것 자체를 꺼리는 문화에 살고 있다. 그것은 아마도 모금 이전에 연결된 기부에 대해 이야기하는 것을 꺼리기 때문일 것이다. 같은 생각을 하는 사람들과 접촉 통로를 통해 얻을 수 있는 배움은 많지만, 우리가 대화로 사람들이 표적처럼 느끼지 않게 하면서 기부와 모금에 관해 이야기할 방법은 없다. 사람들은 종종 누군가 모금에 대한 이야기를 하면 그가 마치 전체 조직을 위해 기금을 마련한다고 잘난 척하거나 자랑하고 있는 것처럼 느낄 수도 있다. 결과적으로 자선(필란트로피)에 접근하는 다양한 방식을 사람들에게 노출하지 않으려는 모습을 보이게 된다.

기부선진국인 미국의 가정에서도 "자선(필란트로피)은 전통적으로 직장에서 또는 아이들과 함께 식탁에서 이야기하는 주제는 아니다."라고 The Philanthropic Initiative의 공동 관리 파트너인 Ellen Remmer는 말한다. 그러나 친구들과 함께 앉아서 어떻게 세상에 공헌하고 싶은 지 이야기해본다면 자신의 필란트로피 DNA가 살아나는 것을 경험하게 될 것이다.

① 왜 '주는 것'이 중요할까?

다른 사람들이 하고 있는 것을 배우는 데 가치가 있다. 다양한 옵션은 마음을 열게 한다. 필자는 기부자가 매우 효과적인 다양한 방법을 사람들과 공유할 때가 바로 눈을 뜨게 되는 순간임을 보았다. 누군가 그들에게 이미 문제해결 접근법을 취해 왔음을 알 수 있다. 겸손한 금액으로 무언가를 하고 기부현장의 다른 사람들에 대해 듣고 싶어하는 사람과 이야기한다는 것은 매우 흥미롭고 고무적인 일이다. 인디애나 주립 대학의 릴리 패밀리 스쿨의 여성자선연구소(Women's Philanthropy Institute)의 조사에 의하면, 부모로부터 자선기부에 관한 이야기를 듣고 자란 어린이는 그렇지 않은 어린이보다 자선단체에 기부할 확률이 20% 높다고 하였다. 이런 결과는 일찍부터 자연스럽게 자선에 노출되어야 한다는 것을 의미한다.

② 주는 대화에 참여하기

기부 모임에 참여할 것을 권유한다. 모임은 일반적으로 매우 구조화된 전략적 접근 방식으로 이루어지며, 이는 종종 사람들에게 새로움을 준다. 또한 필란트로피에 이제 막 진입하려는 사람에게는 매우 좋은 공간이기도 하다. 네트워크로 사람들이 기부에 대해 많은 이야기가 형성되므로 다른 기부자와 함께 일할 수 있는 기회도 종종 발생한다.

③ 대화를 집으로 가져오기

몇 년 전 인디애나 주립 대학의 릴리 패밀리 스쿨의 여성자선연구소(Women's Philanthropy Institute)에서 자녀와 자선활동에 대해 이야기하는 것이 실제로 모델링하는 것보다 더 영향력이 있다는 조사가 있었다. 가족이 함께 자선 프로젝트를 진행하면서 자신의 가치와 관심사가 무엇인지 대화에 참여하게 하는 것이 영향력이 있다는 것이다. 예를 들어 "온 가족이 그렇게 한다면 위대한 일이 아닐까? 우리 가정에서 우리의 지역사회에 500달러의 기부금을 만들어보자, 그리고 식사시간에 기부에 관해 더 대화를 나누도록 하자." 이런 방법은 많은 돈을 들이지 않아도 되고, 그리고 가족 구성원이 서로 더 많이 알게 된다. 이를 위해 가족에게 도움이 되는 것을 찾도록 한다. 가족이 무엇을 할 것인지 결정할 때 자선활동에 중점을 두고 가족으로서 하는 일에 자부심을 느낄 수 있어야 한다. 그러나 선택하는 것은 가족의 문화에 달려 있다. 가족의 문화가 공동작업과 공동성에 대한 것보다 개별적인 자립에 관한 것이라면 자녀와 일치하는 기부 프로그램을 하는 것이 더 효과적일 수 있다. 가족 문화가 공동에 관한 것이라면 프로젝트를 함께하거나 자원봉사를 하는 것이 가장 효과적일 수 있다. 목표를 공유할 다른 사람들과 연결함으로써 더 재미있고 효과적인 효과를 얻기를 원한다면 함께 할 수 있는 더 나은 방법을 찾도록 한다.

5) 유명인의 사회환원

유명인의 사회환원에는 재물은 깃털이고 몸통은 따로 있다. 그들은 에너지를 흡수하는 능력이 있다. 축적된 에너지는 재물, 영향력, 정보, 인맥, 전문지식 등 자산을 마련하게 된다. 자산이 많다는 것은 축복이기도 하지만 재능이다. 사람들의 마음을 이해하고, 그들의 마음을 모으고, 마음을 움직일 수 있는 능력을 가진 사람들은 축복이

요 재능을 가진 사람들이다. 축복과 재능은 사회로부터 얻은 것이므로 사회를 위해 되돌려주는 것이 당연하다. 그 재능이 사회에 더 쓰임이 있기에 그것을 환원해야 한다는 것이다. 사회환원이라는 이름 아래 다시 에너지를 흡수하는 전략으로 이용해서는 안된다. 마케팅과 이미지 메이킹의 수단이 아니라 사회환원 자체가 목적이 되어야 한다.

사회환원도 효율을 논한다 그들의 환원으로 기부산업을 활성화하고, 기부산업은 국가의 정신적 기간산업으로 발전하게 된다.

2. 사회환원의 본질

1) 자아실현(Self-Actualization), 초월성(Transcendence), 그리고 필란트로피(Philanthropy)

현장의 기부 자문사들은 필란트로피 개념을 기부자들에게 소개하면서 기부동기의 주체로서 자아실현과 연관성이 있다는 것을 알려야 한다. 결국 그것이 좀더 나아가는 개념이고 '최고의 삶을 사는 것(being your best self)'이라는 주제는 모든 사람의 잠재력을 일깨우는 추진력이다. 기부 자문사는 잠재기부자의 자아실현을 이루도록 도와주고 잠재되어 있을지 모르는 초월성을 발견하도록 도와주어야 한다. 실제로 고액기부는 기부자가 자아실현 상태가 아니면 어렵고 초 거액기부는 자아실현을 넘어 초월성이 있어야 가능하다.

자아실현은 정확히 어떤 모습인가? 대중적인 합의로는 '모든 면에서 게임의 최상위에 있는 상태'이다. 적합하고, 건강하고, 성공하고, 주위 환경과 매우 잘 조율된 상태이다. 이것이 바로 문제의 시발

점이다. 결국 유전학 밖에서 우리의 성격에 가장 큰 영향을 미치는 것은 사회 발생적 또는 문화적 영향이다. 사회가 매력적으로 여기는 것들이 우리가 이루고자 하는 것들이 된다. 그럼에도 불구하고 우리가 원하는 목적을 위해 추구하는 계획, 포부, 약속, 개인 프로젝트 등의 이원성 동기는 생물학과 사회의 조건을 넘어서서 이동할 수 있다. 우리 스스로 선택하는 본질적 목표가 자아실현을 향한 진전을 가능하게 하는 것이다. 그리고 당연히 이것이 복지와 행복을 가져오는 목표이기도 하다. 다시 말해서 우리 자신이 최고의 자아가 되기 위해서는 먼저 현재의 방식 그대로 훌륭하다는 것을 인정해야 한다. 그것은 실로 이상하게 들릴지 모르지만, 내가 실제가 되는 것이 최고 상태가 되는 첫 걸음이다.

필요 계층 구조 피라미드의 창시자인 에이브러햄 매슬로우(Abraham Maslow)에 의하면, 물론 완벽하게 사회적 계층을 잘 묘사한 것은 아니지만, 절정에 자아실현이 있는 자기 자신, 결함, 그리고 모든 것의 자신을 있는 그대로 받아들이는 것은 자아실현을 이룬 사람의 핵심 특성이라고 했다. 만약 자신의 현 모습이 괜찮다고 느끼는 사람은 다른 사람들의 생각을 무조건 따르는 것이 아니라 다른 사람들이 중요하다고 생각하는 특정 것들과 비교해서 더 나아지기 위해 자신을 괴롭히는 가혹한 내부 비평을 거절하는 내공이 있다고 보는 것이다. 내가 지금 있는 방식으로 나 자신에게 괜찮다는 것은 동기 부여가 되지 않지만, 다른 사람의 생각보다 내가 진정으로 하고 싶은 일의 우선 순위를 정할 수 있게 되는 것이다.

그런데 에이브러햄 매슬로우는 새로운 절정, 즉 자기 초월을 추가해야 하는 계층으로 그가 만든 계층을 수정했다. 매슬로우의 계층은 우리가 행동하도록 동기를 부여하는 표현이다. 배가 고프고 피난처가 필요할 때는 자아실현을 생각하지 않는다. 그러나 기본 요구사항이 충족되면 최고의 자아가 되는 관점에서 생각하기 시작한다. 철학적 의미에서 초월이라는 단어를 현재의 자아 너머(further)로 성장한다는 의미로 사용한다. 결국 모든 이슈에서 계속 'keep going'한다고 말한다. 매슬로우는 자아실현의 수준에서 볼 때 개인은 초월의 수준에서 자신의 잠재력을 실현하기 위해 노력하며, 자신의 필요는 다른 사람들에게 봉사하기 위해 크게 제외된다. 다른 사람들을 위해 봉사하거나 기부한다는 생각은 매슬로우가 정의한 것처럼 초월을 경험하지 않고도 단순히 최고의 자아를 표현한 것이다. 예를 들어 모금가는 많은 기부자들을 통해 다른 사람들을 먼저 생각하는 것이 그가 성공하는 메커니즘이라는 것을 알고 있는 것이다.

이것이 초월적인 이타적인 형태인 것인가? 어쨌든, 자신이 항상 방법을 모르더라도 혜택이 다시 자신에게 돌아올 것이라는 것을 알고 있다. 자선사업을 예로 들자면, 자선사업으로 여겨지는 것은 사회와 사업 모두가 주는 사람에게 실질적인 이익을 준다. 익명의 기부자조차도 자아에 대한 만족의 형태인 기부를 통해 개인적인 만족감을 느낀다. 다시 말해서 매슬로우의 정의에 의하면, 초월의 모양(Appearance of Transcendence)을 얻을 수 있다고 했다. 그러나 다른 사람들에게 봉사하려는 동기의 주요 동인으로서 자아가 여전히 확고하게 자리잡고 있다. 웬만한 고액기부는 자아실현에 근거하고 아주 큰 거액은 초월성에 근거하기에 기부자의 가치 피라미드 상태를 알아보는 것이 매우 중요하다.

우리에게 진정한 초월은 일종의 영적 깨달음(spiritual enlightenment)이다. 세상에 있지만 더 이상 세상에 있는 것이 아니다(To be in the world, but no longer of it.). 우리는 다른 사람들의 필요를 먼저 생각하는 사람들이 우리가 존경하고 바라는 대로 노력하는 사람들이라는 데 동의한다. 하지만 어쩌면 신비로운 성과가 아니라 최고의 자아가 되는 또 다른 측면일 것이다. 초월은 수단이 아닌 목적으로 자신 및 다른 사람, 다른 종, 자연, 우주 등과 관련 있는 가장 높고 포괄적인 수준의 인간 의식이다(인간의 본성, 뉴욕, 1971, 269쪽). 자아실현보다 자기 초월을 두면 근본적으로 다른 모델이 된다. 자아실현은 자신의 잠재력을 성취하는 것을 의미하지만, 자기 초월은 문자 그대로 자기를 초월하는 것을 의미한다. 그리고 성공한 경우, 자기 초월자는 최고 경험을 얻었으므로 개별 자아를 초월한다. 그러한 신비, 미학적 또는 정서적 상태에서 우리는 강한 기쁨, 평화, 복지, 그리고 궁극적 진실과 모든 것의 연합에 대한 인식을 느낀다. 매슬로우는 이런 상태가 일시적인 것만은 아니며 일부 사람들도 쉽게 접근할 수 있다고 믿었다. 이로 인해 그는 '고원 경험(Plateau Experiences)'이라는 또 다른 용어를 정의하게 되었다. 대부분 정서적이고 일시적인 경향이 있는 최고 경험과는 대조적으로 이들은 더 오래 지속되고 고요한 인지 상태이다. 또한 고원 경험에서는 황홀감뿐만 아니라 다른 사람들에게는 그러한 경험이 없다는 것을 깨닫는 슬픔을 느낀다. 매슬로우는 자아 실현적이고 성숙한 사람들은 이러한 초월적 경험을 가질 가능성이 가장 높지만, 모든 사람들이 (잠재적으로) 그 경험을 할 수 있다고 생각했다.

2) 사회환원을 위한 재단 설립 전 고려사항

부를 축적한 사람은 한번쯤 재단 설립에 대해 생각하게 된다. 사회환원으로 자신의 이름을 남기고 오랫동안 영향력을 미치면서 자녀에게 교훈도 되고 그들에게 재단을 운영할 기회를 주고자 하기 때문이다. 미국에서 잘 알려진 사례인 포드, 록펠러, 빌 게이츠 재단 등이 롤 모델(role model)로서 그들을 본받아 좋은 재단을 만들고 싶어

한다. 그러나 현재 기부선진국에서 재단의 기본 컨셉이 조금씩 변하고 있다. 재단이 영원히 보존되는 문제는 필란트로피(Philanthropy)의 근본 취지에서 벗어난다는 측면에서 이에 대한 새로운 도전이 일어나고 있다. 예를 들어 미국의 필란트로피스트(Philanthropist)인 John Hunting은 1999년에 자신이 설립한 재단의 모든 재산을 10년 안에 사회에 환원하겠다고 공언한 대로 이 일을 이행한 것을 두고 학계 및 전문 모금가 사이에서 화제가 되었다. 그는 재단은 제한된 수명을 가져야 한다고 주장했고, "예방의 온스는 치료의 파운드 가치가 있다"고 말해 왔다. 과거에 중요했던 일들이 지금은 중요하지 않은 것처럼, 현재 중요한 사회적 문제가 10년 후에도 여전히 중요하다는 보장이 없기에 지금의 문제는 지금 해결해야 한다는 것이다. 본래 재단의 설립자들은 재단이 영원히 유지되길 원하기 때문에 이와 반대로 비교적 짧은 시간에 재단 설립의 목적을 이루고자 했던 그의 의도는 참신했다는 평을 받았다.

왜 그는 그런 결정을 했을까? 그의 행적이 비영리단체와 기부자들에게 주는 교훈은 무엇인가? 이 질문에 대한 답이 되는 요소는 다음과 같다.

- 공익목적이라는 패러다임이 법적으로 변하고 있으며, 최근에는 공익의 개념도 변화하고 있다. 과거에는 공익을 목적으로 재단을 설립했지만 최근에는 반드시 그런 것만은 아니다.
- 설립 당시의 미션을 이루기에는 외부조건이 너무 빨리 변하고 있다. 빌&멀린다 게이츠 재단(Bill & Melinda Gates Foundation)도 초기에는 AIDS 홍보에 기부하다가 현재는 환경이 바뀌어 치료와 연구에 기부하고 있다. 자신이 살아 있을 때 필란트로피를 실현할 수 있고, 사후에 이사회로부터 'Mission Drift'가 일어날 것을

미리 차단하는 것일 수도 있다. 특히 환경문제는 현재 해결해야 할 중요한 문제이며, 시간이 지날수록 더 악화되므로 지금 투자해야 하는 것이다.

- 부는 세대 간에 충분이 이전될 것이므로 이 세대의 것은 이 세대를 위해 사용하고 다음 세대는 다음 세대가 충분히 만들 것으로 믿는 것이다.

3) 자선 역량(Philanthropic Capability)의 한계

현명한 기부의 첫 걸음은 자신의 자선 역량을 아는 것이다. 영어 속담인 "bite off more than you can chew"는 자신이 책임질 수 있는(역량) 것 이상으로 약속하거나 행동하는 것을 말한다. 누구나 한 번쯤은 섣불리 남을 돕겠다고 나섰지만 자신의 역량을 벗어나서 스스로 소진된(burn out) 경험이 있을 것이다. 그래서 다른 사람을 자문해 줄 때는 먼저 그의 역량을 조사하는 것이 바람직하다. 기부약속이 미담으로 미디어에 소개되었던 사람들 가운데 시간이 흐른 뒤에 조사해보면 말했던 대로 실행에 옮긴 사람은 많지 않았고, 실행한 사람들 중에서도 자신의 역량을 벗어나 힘들었다고 고백한 사람도 있다. 연세대학교 철학과 김형석 교수는 "60세 이후에 인격을 형성해서 다른 사람이 인격을 형성하도록 돕는 것이 진정한 행복이다"고 했다. 이 말은 아직 나눔의 인격이 형성되지 않았는데 잘못 흉내 내다가 상처를 입거나 행복을 느끼지 못한다는 것에도 적용된다. 심한 경우 후회하고 남을 돕는 것에 주저하게 된다. 특히 감정적으로 또는 체면이나 허세로 한 경우에 더욱 그러하다. 보통은 자신의 역량, 즉 시간조절과 에너지 교환의 양, 힘의 조절 등을 잘 모르고 기부를 시작하기 때문이다.

역량에는 재정적인 것과 심리적인 것이 있다. 재정적인 역량은 자신이 남과 나눌 수 있는 시간, 갖고 있는 공간, 에너지를 말한다. 심리적인 역량은 자신의 자선 결정에 가족과 친지들이 이를 수용하는 역량도 포함한다. 하지만 재정적인 역량이 크다 하더라도 심리적인 역량이 따라주지 못하면 기부하기가 괴롭고, 재정적인 것은 작은데 심리적 역량이 커도 문제이다. 주위의 반대를 물리치고 설득할 역량이 부족하여 만족할 만한 자선 결과를 얻지 못하게 된다. 그래서 미국에서는 대부분의 재단 설립자가 전통적으로 그들의 자녀들의 자선 교육 차원에서 자신의 자선 역량을 정확히 파악하는 것을 교육에 포함하고 있다. 어설픈 자선행위로 인한 소진(burn out)을 미리 방지하기 위함이다. 기부한파 발생은 국민의 자선 역량의 소진(burn out)이 가장 큰 이유 중 하나이다. 정치적 목적때문에 국민의 자선 역량을 벗어나 다른 나라를 돕겠다고 했다가 망신당하는 경우도 있다. 가끔 전문적인 모금가가 개인의 기부 역량을 최대로 끌어 내기 위해 노력하지만 대부분 코너로 모는(put them on edge) 형태로 불편함을 주기도 한다. 모금캠페인의 경우 이해관계자의 역량을 끝자락까지 몰고 가는 전략을 쓰기도 하지만 잘못하면 부작용이 발생한다. 그래서 모금캠페인을 불편하게 생각하는 사람들도 많다.

기부를 시작하면서 자신의 자선 역량을 알게 되는 경우도 있다. 자신의 한계가 어디까지 인지 아는 것은 매우 중요하다. 이제 막 기부자가 된 사람에게 '흉내내기'는 기부 습관의 씨앗이 된다. 흉내내기로 조금씩 역량을 늘이고 스스로 만족하고 행복을 느끼는 정도까지 가면서 한계를 알아가는 것이다. 이것은 마치 역기를 시작할 때 자신이 들 수 있는 무게를 선택하여 연습을 통해 조금씩 늘여 자신의 역량을 키우는 것과 같다. 수영할 때 깊이 잠수하는 능력과 멀리 가는 능력에 대한 것이기도 하다. 학자들 대부분은 이 능력이 DNA에 달려 있다고 하지만 후천적으로 반복된 훈련과 습관으로 늘려 나갈 수 있다. 한편 비슷한 의미의 자선의 용량(capacity)은 조금 다른 의미로서, 이것은 담을 수 있는 그릇의 크기를 말한다. 기부의 용량이 크다는 뜻은 재정적 및 심리적으로 본래 크다는 뜻이 된다. 용량은 공정의 잠재적인 산출물이며 여러 방법으로 계산된다. 이에 비해 역량은 프로세스가 주어진 기간 동안 생산할 수 있는 양이다. 측정은 부품/시간이다. 기능은 프로세스가 제품/서비스 고객 사양을 지속적으로 충족시킬 수 있는 능력이다.

3. The Culture of Philanthropy

1) The Culture of Philanthropy 운동이 필요한 이유

오늘날에도 우리가 예전부터 늘 해왔던 수준의 감사와 도덕적 결의로 충분히 세상에 접근할 수 있을 것인가 의문이다. 현 시대는 매우 도전적이어서 정치적 분열 및 확대, 전 세계에 걸친 무의미한 폭력, 자유 언론에 대한 위협, 가짜 뉴스의 확산, 계급간 격차 심화, 기후 변화의 실질적인 위협 등, 이 모든 사건이 우리의 통제력에서 벗어나기 시작하면서 세상은 잔인하고 야만적인 곳처럼 보일 수 있다. 그래서 필란트로피 활동은 애매하게 보일 수 있는 바로 그 시점에 와 있다. 단순한 '나눔' 그 이상의 삶의 질의 향상, 더 좋은 세상 만들기, 교육, 공동체 건설의 영역으로 넓혀 나가야 한다.

본래 필란트로피 문화(The Culture of Philanthropy)는 조직 내 문화 특히 비영리조직 문화의 일부분으로서 기부 및 모금 문화를 제대로 만들기 위한 것이다. 조직 내 문화의 개념을 확장하여 같은 원리를 적용하고 유산기부를 포함한 기부문화(culture of giving) 혹은 '나눔 문화'에 실제적인 영향을 주기 위함이다. 한마디로 현명한 기부와 스마트한 모금의 발전을 위한 운동이다.

2) 구성요소

그림 1-1 The Culture of Philanthropy 핵심 구성요소

1 개발에 대한 공동 책임	2 미션과의 통합 및 조정
3 참여로 모금활동에 집중	4 강력한 기부자와의 관계

출처: http://www.bethkanter.org/npxperts-philanthropy/culture-of-philanthropy/

Gibson(2016)은 The Culture of Philanthropy의 4가지 핵심 구성요소(Four Core Components)에 대해 언급했는데, 이 4가지 핵심 구성요소는 필란트로피 문화를 만드는 방법에 대한 심층적인 이해를 제공하지만 그럼에도 불구하고 이 인식이 직면하는 장벽은 여전히 존재한다. Gibson이 설명한 핵심 구성요소는 다음과 같다.

- 개발에 대한 책임 분담(Shared Responsibility for Development): 조직 내에서 책임 분담의 필요성을 해결한다. 직원, 임원을 포함한 이사, 이사회 및 자원봉사자 등의 이와 관련된 작업으로 기금조성 외에도 네트워킹, 연결, 구축 및 유지 관리를 포함한다.

- 조직의 미션과의 통합 및 조정(Integration and Alignment with Mission): 조직의 자금 개발 방법이다. 필란트로피 문화를 가진 조직은 기금 개발이 단순히 돈을 모으는 것이 아니라 임무 수행에 도움이 되는 자원을 포함한다.
- 참여로 모금 활동에 집중(A Focus on Fundraising as Engagement): 자금 개발이 더 이상 참여와 분리되어서는 안 된다. 조직은 여러 채널을 통해 다양한 이해관계자와 소통해야 한다.
- 강력한 기부자 관계의 개발 및 유지(Strong Donor Relationships): 기부자와의 관계를 구축하고 유지하는 것은 중요하고 기부자가 조직의 일과 비전에 연결되는 것은 매우 중요하다.

다음 그림은 조직의 문화를 일반 대중을 대상으로 하는 필란트로피 캠페인 인식개선 메시지로 확징 발전시키는 것을 보여주는 것이다.

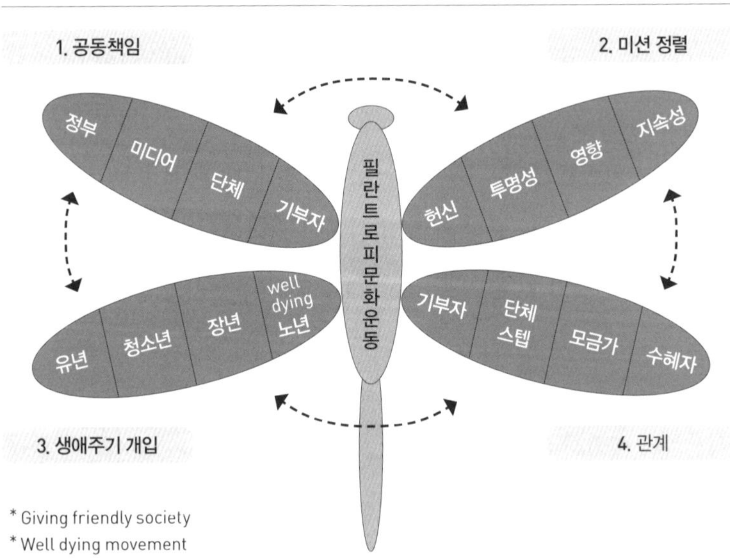

- 첫째, 사회환원과 사회혁신 문제는 어느 특정인에 국한된 문제가 아니라 우리 모두(정부, 미디어, 단체, 기부자 등)가 짊어져야 할 공동의 책임이다.
- 둘째, 조직의 꿈과 비전을 진심을 모아 사회의 공익에 정렬을 맞춘다.
- 셋째, 모금의 부정적인 의미를 바꾸고 기부, 요청, 참여, 서빙을 하는 사지 복합형으로 전 인생주기(유년, 청소년, 장년 그리고 노년)에 걸쳐 개입하여 전환한다.
- 넷째, 기부 및 모금에 기부자의 의도를 존중하는 기부자 중심에서 수혜자 중심으로 전환하고 인간관계 중심으로 발전한다.

① 공동책임

그림 1-2 4자 협력관계

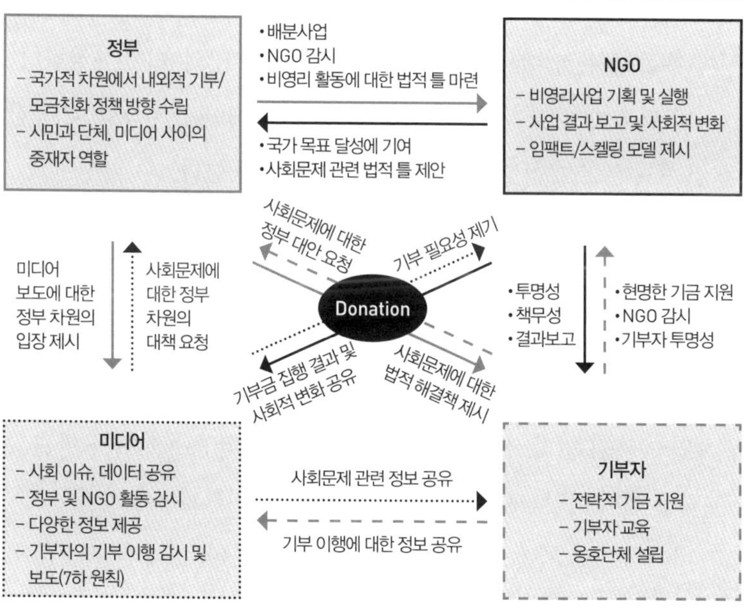

정부, 미디어, 비영리단체, 기부자 등 4자 파트너십으로 기부 및 모금 문제를 공동으로 책임지지 않으면 현대 기부문화의 문제는 해결되지 않는다. 이때 정부의 역할은 페실리테이터(facilitator)로서 함께 참여를 독려한다.

② 미션 정렬

비영리단체가 도달하고자 하는 궁극적인 목표점은 어디인가? 조직이 시작되고 여러 과정을 거쳐 결과가 나타나서 지속이 가능하도록 하는 것이 궁극적 목표이다. 즉 목표점을 향해 시작, 과정, 결과, 유지 등의 4단계를 지나게 된다. 이것이 부족하면 '진정성이 없다' '투명성이 부족하다' '임팩트가 없다' '지속 가능하지 않다' 라고 표현한다.

첫 단계에서, 조직을 시작하거나 혹은 캠페인을 시작할 때 공감을 얻는 좋은 스토리로 진정성을 갖고 헌신해야 한다.

두 번째 단계에서, 비록 진정성을 갖고 있더라도 진행 과정에서 투명성을 보여야 한다. 투명성은 수단이지 목표는 아니다. 이를 위해 투명성의 본질을 이해해야 한다.

세 번째 단계에서, 투명성이 있다 하더라도 결과적으로 영향력이 없으면 효과가 없다. 실제 변화가 나타나 순 가치(net value)가 창출되고, 비용 대비 이익(cost/benefit)이 발생했음이 인정되어야 한다.

마지막으로 지속 가능한 단계까지 가야 한다. 그래야 모든 과정이 모델로서 확산(scaling)이 가능해진다.

만약 결과는 좋았지만 과정이 비윤리적이고 동기가 불순하다면 문제가 되고, 반대로 결과는 안 좋았지만 과정이 좋았을 때 인정을 받을 지에 대해서는 논쟁의 대상이다. 또한 아무리 결과가 좋더라도 유지가 안되면 그것은 사례도 안되고 한번의 이벤트로 끝나게 된다. 각 단계 마다 평가를 위해 진정성 지수, 투명성 지수, 영향력 지수, 지속가능 지수로 측정할 수 있다.

③ 필란트로피의 생애교육(Life Cycle Education)

국민 모두에게 생애주기에 맞춰 산림서비스를 제공받을 수 있도록 했다. 생애주기별 산림복지는 출생기(산모 숲태교 프로그램 운영) → 유아기(유아 숲체원 운영) → 아동 · 청소년기(산림교육 프로그램 확대) → 청년기(산악레포츠 시설 운영) → 중 · 장년층(자연휴양림, 산림치유 공간 조성 · 운영) → 노년기(산림요양 서비스 및 자원봉사) → 회년기(수목장림 확충)으로 이어진다. 마찬가지로 필란트로피 교육도 생애주기로 서비스를 마련해야 한다. 출생기(산모 태교 프로그램), 유아기(나눔 체험교육), 청소년기(유스 필란트로피 교육), 중장년층(거버넌스, 기부교육), 노년기(웰다잉, 유산기부)로 이어진다.

④ 관계 정립

필란트로피 생태계에 등장하는 인물은 기부자, 수혜자, 모금가, 그리고 기관의 이사회를 포함한 조직 구성원이다. 이들 간의 역학 관계와 역할 분담이 제대로 정립되어야 필란트로피가 자리 잡는다. 그 중심에 늘 기부자가 있다. 하지만 점점 수혜자도 결정권에 포함시켜야 한다는 'right based'가 주목을 받고 있다. 또한 수혜자에겐 'meet his needs, not his wants', 기부자에게 'meet his wants, not his needs'라는 말을 강조한다. 때때로 사람들에게는 원하는 것과 필요한 것이 다를 때가 많다. 수혜자의 필요와 원하는 것이 같으면 다행이지만 막상 수혜 현장에서는 다를 때가 많다. 원하는 것만 주다 보면 결과는 필요한 것이 아닌 것으로 판명이 나기도 하고, 단체의 본래 미션과 효과성 문제는 뒷전이 되고 만다. 그래서 비영리단체는 전문성과 경험으로 전체 상황과 큰 그림을 보기에 그 차이를 이해하고 간격을 좁히는 노력이 필요하다. 한편 모금가의 입장에서는 전략적으로 수혜자와 기부자에 대한 접근방식이 다르다. 수혜자에게는 니즈(needs)가 더 우선 순위이고 기부자에게는 그의 원츠(wants)에 초점을 맞추어야 기부생태계의 순환이 원활 해진다.

참여적 기부금 조성(participatory grantmaking, 기금 제공자가 목표로 하는 지역사회의 기금조달에 관한 의사결정 권한을 부여하는 기부금 조성) 및 신뢰 기반(trust-based philanthropy[1], 자금과 수혜자 간의 권력 불균형 해소를 위한 노력) 단체와 같은 자선에 대해 대안적이고 더 나은 접근 방법이 있다. 이러한 접근 방식은 매우 중요하고 도움이 되며, 기금을 주는 자가 적절하게 탐색하고 구현하는 것이 현명하다.

3) 무엇을 해야 하는가?

필란트로피 문화운동은 사회변화의 원동력이고 7가지 ship이 필요하다. 앞에서는 Leadership, Fellowship, Followship 등이고, 뒤

1 A trust-based approach relies on six key pillars of practice:
- Multi-year, unrestricted funding
- Do the homework
- Simplify and streamline paperwork
- Transparent and responsive communication
- Solicit and act on feedback
- Support beyond the check

에는 Citizenship, Stewardship, Fundraisingship, Partnership이다. 이 7가지에 맞는 교육이 필요하다.

p34의 잠자리 그림에서 각 날개는 독립적으로 움직인다. 원만한 비행을 위한 왼쪽 첫 날개의 움직임의 핵심은 파트너십(partnership)으로, 이에 필요한 것이 산업화이다. 사회환원과 사회혁신문제는 어느 특정인의 문제가 아니라 모든 사회구성원(정부, 미디어, 단체, 기부자 등)의 문제이며 짊어져야 할 공동의 책임임을 언급했다. 나눔의 본질은 고통을 분담하자는 것이다. 여기에는 협동이 핵심이고 윤리적 이해관계의 정립이 선행되어야 한다. 기부문화에서 기부산업으로의 체계화 및 산학 협동을 통해 필란트로피 기초 R/D와 응용 분야에 투자하여 4차 산업혁명 대열에 참여해야 한다. 실용학문으로 일자리를 창출하고 먹거리 산업으로 발전시켜야 하는 것이다.

오른쪽 앞 날개의 핵심은 청지기정신(stewardship)이다. 이 정신을 갖기 위해 철학과 윤리가 융합된 인문학이 필요하다. 조직의 꿈과 비전을 사회의 공익에 정렬을 맞추고(물론 개인의 이익과 공익의 선을 서로 인정하면서) 개인의 자아실현이 기부문화에 표출되어야 한다. 내공이 외공보다 커야 하기에 지속 가능성과 실현 가능성에 방점을 둔다. 개인화는 필란트로피의 본질에서 가장 중요한 요소로서, 기부자의 개인화 및 수혜자의 개인화가 동시에 균형을 이루도록 한다. 한국에 맞는 모범사례(best practice)를 개발하고 철학적 및 역사적 기록을 찾아내어 교육 과정으로 사용한다.

왼쪽 뒤 날개의 핵심은 시민정신(citizenship)으로, 물리적인 융합을 넘어 생물학적 통섭이 필요하다. 우선 모금의 부정적인 이미지 전환을 위해 기부, 요청, 참여, 서빙 등 4가지를 복합형으로 전환한다. 기부 4.0의 목표로 통합적 캠페인을 디자인하여 전 생애 주기별로 개입하여 사회에 쓰임이 되는 역할을 하게 한다.

오른쪽 뒤 날개의 핵심은 펀드레이징 정신(fundraisingship)으로 인간 중심이다. 기부 및 모금에서 '갑과 을'의 관계를 넘어 기부자 의도가 존중되는 기부자 중심에서 수혜자 중심으로 전환하고 인간관계 중심으로 발전하는 것이다. 투명성을 단체에게만 요구하는 것이 아니라 양방향으로 이루어져야 한다. 기부자, 단체, 수혜자들의 want와 need가 다르기에 솔직한 소통은 투명성의 본질이 된다.

4) 필란트로피 리더십

각 날개마다 필요한 필란트로피 리더십의 역할이 다르다. 앞, 옆, 뒤에서 일을 만들도록 하는 4가지 역할이 있다. 타고난 성격과 기질에 따라 또는 상황에 따라 역할을 분담하기도 하고, 한 사람이 중복된 역할을 하기도 하며, 조직이 역할을 하기도 한다. 4가지의 리더십이 협동과 균형을 이루어 역할을 한다면 필란트로피 비행이 성공할 수 있다.

그림 1-3 Philanthropy Leadership의 종류

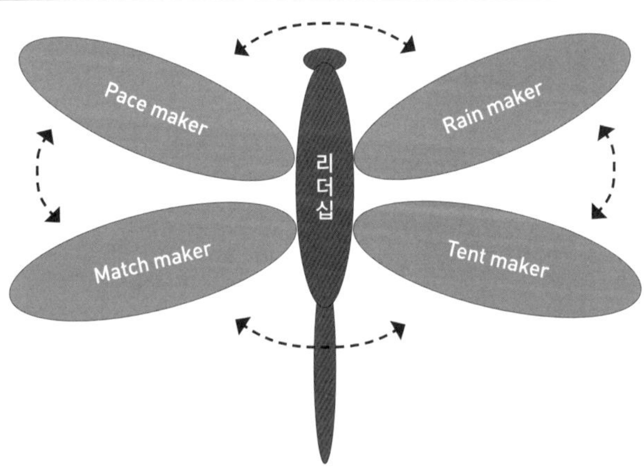

- Pace Maker: 마라톤은 시간의 싸움이고 에너지 분배의 싸움이다. 그래서 주자 중에 승리가 목적이 아닌 앞서 나가 주자를 돕는 역할이 있다. 종종 승리가 목적인 주자에게 사정이 생겨 역할을 하지 못하면 대신하여 본인이 승리자가 되기도 한다.
- Match Maker: 본인이 주연이 아니고 두 주연을 연결해 주는 역할이다. 상대의 장단점을 파악해 서로 윈-윈 하도록 뒤에서 도와준다. 가끔 서로 다른 이해관계자를 만나게 되면 다른 maker들 간의 소통을 담당하며 갈등을 조종한다.
- Tent Maker: 성경에 나오는 사도 바울의 선교여행은 선교가 목적이고 소명이지만 다른 직업(텐트 메이커)을 통해 먹고 사는 문제를 해결했다. 필란트로피가 자신에게 사명이고 가장 큰 가치이지만 다른 직업에 종사하면서 뒤에서 운영 자금을 보내주며 보이지 않게 큰 희생을 한다.
- Rain Maker: 실제 기금을 갖고 오는 사람이다. 가끔 '인디안 rain maker'라는 조롱 섞인 말을 듣기도 하지만 결국 성실하게 주문을 걸어 비를 내리게 하는 주연이다. 물론 위에 언급한 세 종류의 역할자의 도움을 받아야 한다.

위에 언급한 각 역할에 균형을 맞춘다면, 효율성 있는 필란트로피 비행이 가능해지고 현대의 공유경제, 순환경제, 주목 경제, 선물경제, 경험경제가 포함된 운동으로 발전하도록 도울 수 있다.

제2장

필란트로피의 이해와 실천

1. 필란트로피의 본질적 요소

1) 필란트로피의 4가지 축

우리는 현재 구제, 개선 및 사회개혁, 시민참여 등 전통적이고 특색 있는 필란트로피의 네 가지 축을 경험하고 있다. 이 각각의 전통 안에서 자선사업의 원칙과 목적이 다르게 정의되어 왔다. 처음에 자선 혹은 필란트로피 활동의 구호는 인간의 고통을 덜어주기 위해 '연민의 원칙(Principle of Compassion)'에 따라 움직이는 것으로 이해된다. 다음으로는 '진보의 원칙(Principle of Progress)'에 따라 개선되고 개인의 잠재력을 극대화하고자 하는 것으로 이해된다. 다음으로는 '정의의 원칙(Principle of Justice)'에 따라 개혁이 진행되고 사회 문제를 해결하고자 하는 것으로 이해된다. 최근에는 재단 및 기타 비영리단체가 필란트로피적 방식으로 방향을 전환하기 시작했으며, 일부 사람들은 '참여의 원칙(Principle of Participation)'에 따라 시민참여를 언급하기 시작했다. 그들은 지역사회와 관계를 강화하고 시민들 간의 대화를 증진하는 데 재원을 투자하고 있다.

그림 1-4 필란트로피의 4가지 축

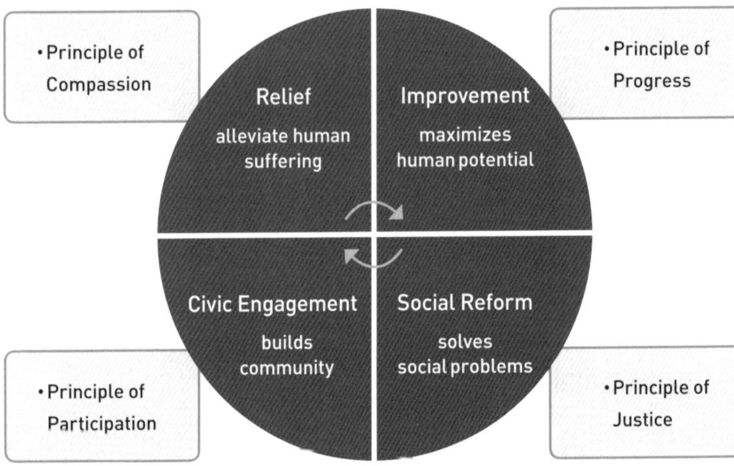

2) 필란트로피 역할의 본질적 요소

위대한 철학과 종교는 하나같이 사랑의 중요성을 강조한다. 그러나 행동 없는 사랑은 소용이 없고, 사랑 없는 행동은 무의미하다. 이들이 융합할 때 많은 문제를 해결할 수 있다. 이것이 필란트로피 역할의 핵심이다.

필란트로피 역할의 본질을 어떤 관점에서 파악하는가에 따라 이에 대한 정의, 국가정책과 비영리단체의 필란트로피에 대한 실행과정 및 목표가 달라진다. 그래서 필란트로피 역할의 본질적 요소를 다섯 가지 측면에서 분류하고, 이에 따른 부작용은 어떤 것이 있는지 살펴보고자 한다.

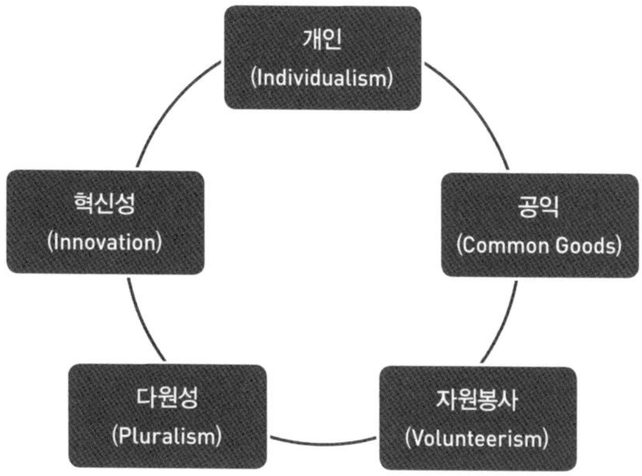

① 개인주의적(Individualism) 요소

필란트로피는 기본적으로 개인주의에서 출발한다. 개인이란 민간이란 말로 대변할 수 있고, 이는 정부나 기업의 간섭을 배제하려 노력한다는 것을 의미하기도 한다. 결국 개인의 필란트로피 실현의 문제이며 개개인의 몫이다. 그래서 미국은 개인기부가 우세한 반면에 한국은 그룹으로 묶어 생각하는 경향이 있어서 기업기부가 우세하다. 개인주의가 강할 때 나타나는 부작용은 기부자의 의도가 단체의 미션을 넘어서 발생하는 문제(Mission Drift)이다.

② 공익(Common Goods)의 요소

한국에서 공익의 의미는 사회 전체의 이익을 대변하고, 서양의 공익은 '자유', '홀로 서기'를 의미한다. 때론 사람에 따라 차이를 보이는데, 이로 인해 사회문제의 범위와 종류가 달라진다. 여기에서 발생하는 부작용은 공유지의 비극(Tragedy of Commons)[1]을 초래할 수 있다.

1 하딘(G. J. Hardin)의 논문. 하딘은 "공유지의 비극"에서 개인주의적 사리사욕이 결국 공동체 전체를 파국으로 몰고 간다고 했다. 다른 사람이 희생해서라도 끊임없이 자기 이익과 권리

③ **자원봉사**(Volunteerism)

필란트로피는 강압이 아니라 자원하는 것을 원칙으로 한다. 그러나 비영리단체의 실무자들은 현실적으로 약간의 압력을 행사하는 것이 필요하다고 고백한다. 적극적인 요청이나 옵트-아웃(opt-out) 방식도 도가 지나치면 상대는 강압으로 느낀다. 이에 따른 부작용은 사람들이 가장 편하고 마찰이 적은 방법을 선택하게 되므로 열정은 일시적으로 발생하고 소극적이어서 결과적으로는 비효율적일 수도 있다(Complacency Trap).

④ **다원성**(Pluralism)

필란트로피는 복지만을 다루는 것이 아니라 인권, 문화예술, 환경 등 다양한 사회문제를 다룬다. 미국의 프린스턴 대학교의 피터 싱어(Peter Singer) 교수는 "왜 링컨 센터에 많은 돈을 기부하는가? 예술보다 많은 생명을 살리기 위해 아프리카의 빈곤에 투자해야 한다"라고 주장한다. 이러한 논제는 다원성 문제에서 나온 것이다. 이에 따른 부작용은 논리에 맞지 않은 분야에 비효율적 투자를 한다.

⑤ **혁신**(Innovation)

필란트로피는 사회 환경에 따라 변화하며 꾸준히 진화한다. 도전하는 마음으로 새로운 기술과 혁신을 주장하며, 전통과 편안함을 추구하는 세력과 힘겨루기도 한다. 혁신이라는 미명 아래 오직, 최고, 첫 번째(only, best, first)의 개념을 갖게 되어 비효율적인 부작용을 낳는다. 결국 혁신의 함정(Innovation Trap)에 빠질 수 있다

의 극대화를 추구할 경우, 결과적으로 자신을 포함한 공동체 전부가 피해를 입게 된다는 교훈을 준다.

3) Philanthropist와 Humanitarian의 차이점

두 용어의 개념은 비슷하면서 차이가 있다. 간혹 모금현장에서 기부자를 분류할 때 혼동을 주기도 하지만 고액모금에서 그 차이를 모르면 당황하게 된다. Philanthropist가 Humanitarian일 수는 있지만, Humanitarian이 반드시 Philanthropist인 것은 아니다. Philanthropist는 주로 계획적이고 조직적인 기부로 근본적인 사회변화를 위해 적극적으로 참여하며 이끌어가는 사람들이고, Humanitarian은 개인적인 자선기부의 개념으로 즉흥적이며 조직과 연계되는 것을 원하지 않는다. 그래서 거액기부금(Mega Gift))은 Philanthropist로부터 나온다.

잘 알려져 있는 빌 게이츠(Bill Gates)는 Philanthropist이며, 이 외에도 알려지지 않은 많은 Philanthropist가 활동하고 있다. Humanitarian으로는 Mother Theresa가 있으며, 알려지지 않은 많은 Humanitarian들도 존재한다. 미국은 인구의 8%가 잠재적인 Philanthropist이고 13%가 Humanitarian으로 추측되지만, 아직 한국에는 통계가 없다. 그래서 모든 모금단체는 Casual Donor에서 Humanitarian을 찾고 궁극적으로 Philanthropist로 발전시키는 것이 목표이다. 문제는 누가 Philanthropist이고 누가 Philanthropist가 될 잠재적 인자가 있는 것인가이다. 물론 일부 학자는 Philanthropist나 Humanitarian은 태어나는 것이 아니라 Development 된다고 주장한다. 그래서 비영리단체의 역할 중 하나는 그들을 찾아내어 개발시키는 것이다.

Philanthropists (필란트로피스트)	• 미국 인구의 8% • 재력을 충분히 갖춘 안정적인 기부자 • 고학력이고, 환경 친화적이고, 기술에 정통하며 충성하는 사람 • 속한 부류: 순 자산이 많은 Philanthropists, 재정적으로 안정적인 Philanthropists, 상위로 가고 있는 Philanthropists
Humanitarians (인도주의자)	• 미국 인구의 13% • 보통의 재력을 갖고 있지만 더 자주 기부한다 • 니즈(needs) 메시지에 의해 참여하게 됨 • 속한 부류: 꾸준하게 활동하는 Humanitarians, 헌신적인 Humanitarians, 종교적인 Humanitarians
Casual Donors (대충 건성인 기부자)	• 미국 인구의 35% • 소득이 있는 다양한 계층에서 건성으로 대충 주는 기부자 • 긍정적인 메시지에 응답하지만 더 많은 니즈(needs)에 관계함 • 속한 부류: 중산층 및 서민층에서 미미하게 또는 가끔 기부하는 기부자
Enigmas (알쏭달쏭한 기부자)	• 미국 인구의 4% • 기부이력은 없지만 자산에 근거하면 기부자가 될 가능성이 있음 • 기부자로 전환시키려면 헌신적인 노력과 설득력 있는 논쟁이 요구됨 • 속한 부류: 풍족한 부류 중에서 잘 알 수 없는 사람
The Masses (대중)	• 미국 인구의 40% • 새력이 거의 없고 기부이력도 없음 • 저학력이고, 환경적인 인식이 있으며, 기술에 정통하고, 충성도가 있음 • 속한 부류: 노동자층 및 초보가 아닌 대중

2. 필란트로피의 진화

1) Philanthropic Morphosis (필란트로피의 변태)

기부문화의 진화 형태는 곤충의 변태와 비슷하다. 곤충은 알 → 유충 → 애벌레 → 번데기를 통해 성충으로 발전하는 완전 변태와 잠자리처럼 알에서 유충으로, 그리고 번데기 과정 없이 바로 성충이 되는 불완전 변태가 있다. 기부문화는 역사적으로 구제(Charity), 필란트로피(Philanthropy), 전략적 필란트로피(Strategic Philanthropy), 임팩트 투자(Impact Investment)라는 진화 과정을 거쳐왔다. 한국의 경우는 필란트로피와 전략적 필란트로피 과정이 없었거나 축소되고 바로 임팩트 투자로 진입하는 현상을 보인다. 서양에서는 기부금을 내는 방법도 동전으로 시작해서 개인 수표, 신용카드, 현재는 비트 코인이나 디지털 화폐로 변하고, 중국은 점차적인 과정을 거치지 않고 바로 fintech 화폐로 대체하고 있는데 나름대로 큰 문제없이 효과를 보고 있다.

인생에서도 유년기에 더하기, 청년기에 곱하기, 장년기에 빼기, 그리고 노년기에 나누기를 하는 완전 변태의 형태이지만, 현재 장년기에 빼기가 아니라 더하기를 하고 있고 노년기에 나누지 못 하는 불완전 변태로 가고 있다. 남을 돕는 문제도 물고기를 잡아주는 시대에서 잡는 법을 가르치는 시대로, 물고기의 맛을 보여주는 시대로, 그리고 물고기를 기르는 데 투자하는 시대로 완전 변태에서 물고기의 맛을 보여줄 기회를 상실하는 불완전 변태가 되고 있다. 이같이 불완전 변태에서 성공적인 기부문화를 위해 잠자리(Dragonfly) 모델을 적용하여 개념을 정립해 볼 때, 잠자리는 오래된 기부문화처럼 고대 곤충이란 점에서 공통점이 있다. 잠자리는 네 개의 날개마다 6개의 근육으로 연결되어 이 근육의 움직임(위아래, 앞뒤, 좌우)으로 자유롭게 날게 된다. 이와 같이 필란트로피의 완벽한 비행에는 네 날개의 독립적인 움직임과 균형적인 연결이 필요하다.

2) 기부자의 발전 단계

기부자가 단순 기부자에서 점차적으로 발전 단계를 지나 필란트로피 세계로 깊숙이 들어가게 된다.

그림 1-5 기부자의 효과적인 필란트로피 활동 단계

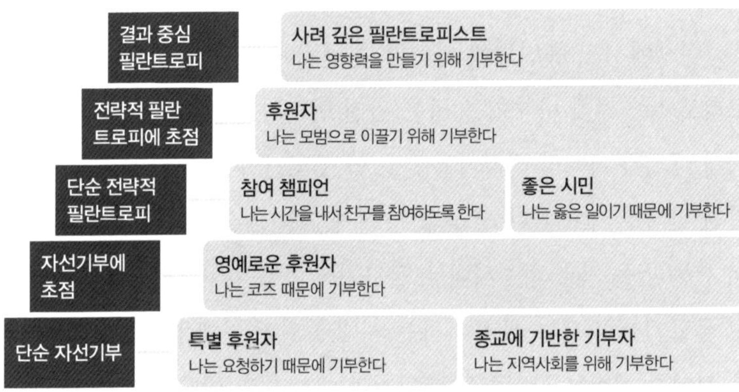

출처: http://www.bethkanter.org/npxperts-philanthropy/culture-of-philanthropy/

- 첫 단계는 단순하게 조직이나 지역사회를 위해 또는 종교적인 이유로 기부한다.
- 두 번째 단계는 사회적 코즈에 반응하여 집중해서 주는 단계로, 단체의 입장에서는 충성된 후원자이다.
- 세 번째 단계는 단순하게 필란트로피를 실행하는 단계로, 바른 일이기 때문에 기부하는 시민의식을 갖고 다른 사람들에게 참여를 독려하고 챔피언의 역할을 하는 전략적 필란트로피스트이다.
- 네 번째 단계는 집중적으로 필란트로피를 실행하면서 자신이 모델이 되고자 하는 'benefactor'의 역할을 하는 전략적 필란트로피스트이다.

- 마지막 단계는 결과를 근거로 하는 필란트로피스트로 사려 깊은 혹은 비판적 사고(critical thinking)로 필란트로피를 실행하고 영향력(impact)을 만드는 필란트로피스트이다.

3) 자선의 황금단계

중세 유대 철학자이고 랍비이며 유대인들이 램밤이라 부르는 모세스 마이모니데스는 자선에도 가장 낮은 단계인 1단계부터 가장 높은 8단계까지 등급이 있다고 설명한다. 이 자선의 8단계를 통해 자기 자신의 기부 모습을 한번 돌아보는 기회를 가졌으면 한다.

첫 번째 단계는 주고 난 후 후회하는 경우이다. 엉뚱한 사람에게 주었거나, 필요하지 않은 사람에게 주어서 후회하는 것이다.

두 번째 단계는 주기는 주되 상대의 형편을 감안하지 않고 주는 경우이다. 몇 년 전 한 사회봉사 단체에서 소년소녀 가장 청소년들에게 동내 식당의 무료 점심 티켓을 주었다. 동네에서 이 티켓을 주고 공짜 점심을 먹으라는 뜻이다. 하지만 한창 감수성이 예민한 학생들은 이 티켓을 휴지통에 버렸다고 한다. 이것은 상대편의 입장을 고려하지 않고 베푼 경우이다.

세 번째 단계는 주기는 주되 달라고 하기에 주는 경우이다. 물론 대부분의 기부는 달라고 하기 때문에 준다. 달라고 했을 때 주는 것은 달라고 하기 전에 주는 것보다는 낮은 단계이다.

네 번째 단계는 달라고 하기 전에 주는 경우로서 상대를 기분 나쁘게 하며 주는 경우이다. 친구가 어렵다는 이야기를 듣고 찾아가 자존심을 상하게 하면서 도와주는 경우이다. 그래도 이 경우는 세 번째인 달라고 해서 주는 경우보다는 낫다.

그럼 우리가 신경을 쓰면서 중요하게 생각해 보아야 할 것은 다섯 번째와 여섯 번째 그리고 일곱 번째이다.

다섯 번째 단계는 주는 사람은 받는 사람이 누구인지 모르는 경우이다. 예를 들어 누구누구의 장학금인 경우로서, 일단 누구누구는 장학금을 내고 제3자인 관리인이 대상자를 뽑아 장학금을 지불하는 경우이다. 이때 준 사람은 받은 사람의 이름을 알지 못하는 것이다. 또 다른 예로 이름을 밝힌 어느 독지가가 노인 복지에 써 달라면서 기부를 하는 경우 여러 노인들이 혜택을 받았지만 그 독지가는 어떤 노인이 받았는지 알지 못하는 경우이다.

여섯 번째 단계는 준 사람은 받은 사람을 알지만 받은 사람은 누가 준 것인지 모르는 경우이다. 예를 들어 우리 전통 풍습 중에 '담치기'는 동네 청년들이 그 동네에서 가장 도움이 필요한 사람에게 쌀이나 기타 양식을 자루에 담아 담 넘어 던지는 풍습이다. 또 다른 예로 무명으로 어떤 특정한 사람에게 직접 장학금을 주는 경우를 말한다.

일곱 번째 단계는 준 사람과 받은 사람이 서로 모르는 경우이다. 우리가 여기서 관심 있게 보는 것은 이 3가지 중 가장 높은 단계이다. 예를 들어 어느 비영리단체에 누군가가 무명으로 기부를 했을 때의 경우는 주는 사람도 받는 사람을 모르고 받는 사람도 주는 사람도 모르는 경우이다.

여덟 번째 단계는 가장 높은 단계로 미리 빈곤을 면하게 하는 단계이다. 이자 없이 돈을 빌려주거나 동업을 해서 그가 스스로 자립할 수 있도록 도와주는 것이 여기에 속한다. 오래전에 국가에서 주도하는 미소금융이나 사회적 기업의 일자리 창출은 이런 맥락에서 나온 것이라고 볼 수 있다.

4) 기부의 세 단계

(The 3 Stages of Giving: Deference, Arrogance and Inquiry)

만약 빈곤 퇴치를 위한 자선단체에 10억을 기부한다고 가정하면 단체는 어떻게 사용할 것인가? 먹을 것을 만들 주방을 설치해 줄 것인가? 금융 문맹 퇴치 프로그램? 교육 장학금? 정책 변경을 촉구하는 조직에 기부할 것인가 등의 다양한 선택이 있을 수 있다. 사람들은 비영리단체에서 종사하면서 사회문제 해결에 접근하는 방식을 깨닫기 전에 자신이 해결한 일보다 해결하고 싶은 것에 대해 더 많이 말해왔다. 진정한 차이를 만들고 싶다면 먼저 문제에 대해 어떤 생각을 갖고 있는지 알아야 하고, 더 넓은 차원에서 차이를 만들고 싶다면 기부자와 비영리단체 지도자들이 어떤 생각을 하고 있는지 알아야 한다.

비영리단체는 기부를 예측하기 위해 나이, 성별, 소득, 결혼 여부 및 부모의 지위와 같은 인구 통계학적 특성을 고려한다. 어느 누구도 사람들이 어떤 생각을 하는지 이것을 고려할 만한 범주에 넣지 않았지만, 시간이 지나면서 개인의 사고가 어떻게 변하는지 분석하는 방법을 배우게 된다. 사람들이 자신의 생각을 구성하는 방법이 자선의 선택에 어떻게 영향을 미치는지, 그리고 기부자의 생각이 얼마나 중요한지를 발견하게 된다.

A가 주는 돈은 B나 C보다 더 낫지도 더 중요한 것도 아니다. 그러나 오늘날 인류가 직면하고 있는 복잡한 문제를 해결하려는 사람들이 있다면, 그들이 이 문제에 대해 어떻게 하는 것이 더 현명한지 생각해야 한다. 예를 들어 초기의 기부자들은 종종 반응형으로, 즉 노숙자들에게 바로 음식을 나누어 주는 것과 같은 즉각적이고 긴급한 필요를 다루는 기부에 대해 이야기한다. 이 때는 자신의 생각보다

다른 사람들의 의견에 의존하는 경향이 있다. 전문가적 경험에 비추어볼 때 그들은 다른 사람들의 아이디어에 의지하여 세상을 이해한다. 개발 이론가들은 다른 사람의 아이디어, 경험 및 감정에 의존하면서 수행할 작업을 결정하고 시간이 흐르면서 성장하고 변화하는 단계를 '초기 개발 단계'로 설명한다.

어느 기부자들은 대학에 다니는 저소득층 학생 수를 늘리는 것과 같은 결과를 가져오는 전략적 기부를 선호한다. 개발 이론가들은 이것을 다양한 경험과 지식 및 관점에서 자신의 독창적인 아이디어를 도출할 수 있는 '중간 개발 단계'로 설명한다. 이 단계에서는 자신의 의견에 의문을 제기하지 않으며, 비영리단체가 존재하는 이유를 단체의 사명으로 해결된 문제에 큰 영향을 미치기 때문이라고 주장한다. 그들은 지역사회 기반의 관계개발, 지역사회의 요구 해결 또는 대규모 프로그램의 혜택을 받지 못하는 사람들에게 서비스 제공과 같은 다른 유효한 것이 있는지 궁금해하지 않는다. 자신이 가정한 것에 의문을 제기할 수 있게 되면 중간 개발 단계에서 다음 단계로 전환한다.

다음 단계의 기부자들은 장기적인 영향에 대해 논의한다. 그들의 토론은 장단기 활동을 종종 세대 간 관점에서 상호 교환한다. 이들은 종사자들이 자신의 업무를 수행하도록 능력을 향상시키고, 자신이 지원하기로 결정한 조직의 역량을 구축하는 데에 관심이 있다. 개발 이론가들은 이것을 '후기 개발 단계'로서 앞으로 나아가는 형태라고 설명한다. 그들은 자신들의 아이디어 뒤에 있는 가정에 대해 질문하고 해체하기도 한다.

표 1-1 개발 구조 파악(Identifying development structure)

Kegan의 단계 (Kegan's stage)	예제 (Sample)	구조의 예 (Example of structure)
사회화된 마음 (Socialized Mind)	"어느 단체에 기부하게 되어 기뻤다. 스텝들이 프로그램에 대해 매우 흥분하는 것을 볼 수 있었다. 과연 올바른 개입일까? "글쎄요, 스텝들은 이 연구가 이 접근법을 지지한다"고 했다. 그리고 솔직히 말해서 만약 내가 모금가에게 '아니오'라고 했다면 내 기분이 썩 좋지는 않았을 것이다	단체 직원의 생각과 기부자의 생각이 얽혀 있고, 연구결과에 대한 직원의 해석에 의존한다. 기부자만의 의견을 피력하기가 힘들고, 그들의 기분을 상하게 만들고 싶어하지 않는다.
자기 자신의 마음 (Self-Authored Mind)	"나는 어느 단체에 기부할 수 있어서 매우 기뻤다. 나는 오래전부터 마약 치료보다 마약 예방이 더 효과적이라고 믿어 왔으며, 나 자신의 경험과 연구한 근거에 의하면 그들의 접근법이 이치에 맞는다고 생각한다. 다음에는 다른 지역으로 프로그램을 확대하기를 원한다"	기부자는 명확한 신념이 있고, 자신의 판단으로 결론을 내린다.
자기 변형의 마음 (Self-Transforming Mind)	나는 이 새로운 마약 예방 프로그램의 가능성에 대해 흥분된다. 하지만 나는 또한 우리가 놓칠 수 있는 것에도 관심이 있다. 그렇다, 이 접근법을 지원하는 많은 연구가 있다. 하지만, 나는 우리가 아직 조사하지 않은 몇몇 가정들이 있다고 생각한다. 예를 들어 가족역학 요소나 환경적인 문제에 대해 생각해 본 적이 있는가?	기부자는 자신의 판단으로 접근 방식을 식별한다. 해결점을 식별하는 가정들의 의문점에 흥미를 느낀다.자기 변형의 마음

표 1-2 참여자의 공감표현(Participants expression of empathy)

행동 논리 (Action Logic)	공감표현 (Expressions of Empathy)
초기	개인의 육체적 감정적 욕구에 초점을 맞춤. 고통을 완화하기 위해 행동함
중기	행동은 그들과 그들의 생각을 좀더 이해하기 위한 시도를 반영한다
후기	상대의 정신적 심리적 경험에 초점을 맞춘다. 상대의 능력을 증가하게 하고 그리고/또는 인간관계 형성을 위해 행동함

출처: https://theconversation.com/the-3-stages-of-giving-deference-arrogance-and-inquiry-94609

5) Money Spending Matrix(소비 유형)

돈을 제대로 소비하는 방식에는 늘 시대정신이 반영되어 왔다. 이때 시대정신이란 '어떤 특정 시대의 문화를 대표하거나 문화에 영향을 주는 지배적인 사상'으로 정의될 수 있다. 노벨 경제학상을 받은 시카고 대학의 밀턴 프리드먼 교수(Milton Friedman, Quantity Theory of Money(QTM)는 그의 저서에서 정부의 낭비를 지적하면서 돈을 소비하는 4가지 방식을 피력했다. 첫째는 내 돈을 나를 위해 쓰는 경우, 둘째는 내 돈을 남을 위해 쓰는 경우, 셋째는 남의 돈을 나를 위해서 쓰는 경우, 넷째는 남의 돈으로 남을 위해 쓰는 경우이다. 이 유형에 따라 돈의 효율과 생산성은 엄청나게 달라지고 부작용도 따른다. 다음은 Money Spending Matrix로서 프리드먼 교수의 4가지 방식을 메트릭으로 만들어보았다.

그림 1-6 Money Spending Matrix

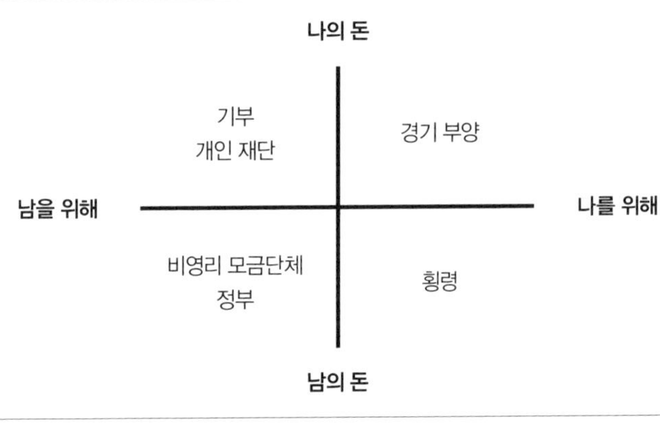

물론 사람마다 다르지만 첫 번째인 내 돈을 나를 위해 쓰는 것이 가장 효율적이면서 생산성을 기대할 수 있다. 자유 시장경제 체제에

서는 내 돈을 나를 위해 쓰는 것이 미래에 더 많은 이익을 기대하기 때문에 소비가 다시 생산을 높여 경기부양으로 이루어지기에 투자라고 할 수 있다. 또한 인간의 본능상 한정된 비용을 가장 효율적으로 사용하려고 하기 때문에 어디에서 무엇을 하는 것이 가장 효율적이며 생산적일지에 대해 치밀하게 준비하며 사용하려고 노력한다. 하지만 나를 위해 거리낌없이 잘 쓰는 사람이 남을 위해 곳간의 키를 잘 혹은 효율적으로 쓰진 못한다.

두 번째인 내 돈을 남을 위해 쓰는 경우로는 기부 행위나 선물을 주는 행위가 이에 해당된다. 소비의 만족도를 추구하기보다는 효율에 더 초점을 맞춘다. 자기 돈이기 때문에 가장 효율적으로 쓰이기를 바란다. 그 효율을 스스로 판단하기 때문에 이론상 효율을 따지기는 어렵기에 누군가 중간에서 간섭을 해주어야 하는데, 그런 메커니즘이 부족하여 현재 한국의 기부문화에서 큰 문제점이 되기도 한다. 하지만 부작용으로 기부처를 선택할 때 집을 사듯이 하는 것이 아니라 수박을 고르듯이 하여 꼼꼼히 살피지는 못한다. 비록 자신의 돈이라고 해도 자신을 위한 집을 구입하려고 할 때와 같은 성실한 마음이 되지 못한다.

세 번째의 남의 돈을 나를 위해서 쓰는 경우는 소비의 효율을 기대하기 보다는 최대 만족에 초점이 맞춰진다. 단체비용으로 회식을 한다고 했을 때 비용을 최대한 절약해 사용한 후 남는 돈을 단체에 반납하는 것이 아니라 주어진 한도 범위 내에서 남김없이 몽땅 사용하려고 한다. 더 나아가 횡령의 유혹이 생기기도 한다. 남의 돈이다 보니 비행기 일반석을 이용할 사람이 비즈니스 석을 선택하기도 한다. 자기 돈이라면 절대 하지 않을 스위트룸을 빌려서 잠을 자고 고급 식당에서 밥을 먹게 된다. 하지만 돈을 준 사람의 눈치를 봐야 하므로 은밀하게 조직적 비효율이 일어난다.

네 번째인 남의 돈을 남을 위해서 사용하는 경우는 소비패턴이 효율을 기대하기 힘들다. 정부도 마찬가지다. 내 돈이 아니고 국가 돈이다 보니 마구 쓴다. 자기 주머닛돈이 아니라 국민이 낸 세금, 즉 남의 돈이니 아까울 리 없다. 그러다 보니 효율이 떨어지면서 정부가 비대해지고 시장보다는 관치가 더 많아진다. 여기서 비영리 모금기관도 마찬가지이다.

그러나 현실적으로 가장 힘든 과제는 위에 언급한 메트릭 안에 A처럼 나의 돈과 남의 돈이 섞여 있고 나를 위해 쓰기도 하고 남을 위해 써야 하는 경우가 있다. 이런 경우는 철저한 윤리관과 경영관 없이는 모든 이해관계자를 만족시키기 힘들다. 내가 내 돈 쓰는 것은 그나마 쉽지만 남의 돈을 옳게 쓰는 것은 어렵다. 내 돈과 남의 돈을 섞여 써야 하는 돈은 그래서 가장 어렵다. 기부자가 원한다는 명분을 이용해 기관의 곳간의 키를 오용할 수도 있다. 그들이 위하는 기부자 속에는 내가 들어가 있으며 내 돈으로 잔치를 하는 잘못된 생각을 꼼꼼히 지적해야 하는 것이다.

6) 현대의 기부자

단순한 이타주의로 행동하는 기부자 시대는 과거 이야기이다. 사람들이 비영리단체가 '선한 일을 하기 때문에' 지원할 것이라는 믿음만으로는 충분하지 않다. 비영리단체가 아니어도 좋은 일을 하는 사람들은 많이 있다. 비영리단체 외에도 B Corporation 및 사회적으로 의식이 있는 비즈니스 등 기부자를 얻기 위한 경쟁은 치열하다. 미국의 기금모금 전문가 협회의 마이크 가이거(Mike Geiger)는 "연간 50~250달러를 기부하는 기부자는 주요 기부 프로그램이 없는 단체의 주를 이룬다. 이 기부자들의 숫자가 천천히 장기적으로 하락하면 많은 단체의 업무와 영향이 위험에 처하게 될 겁니다" 라고 했다.

현재와 미래는 주요 기부자를 포함하여 전략적 기부자 관계구축 관리를 적극적으로 수용하는 조직이 보존을 유지하게 된다. 우리가 주요한 기금모금 운동을 시작할 때 무엇보다 고려해야 할 두 가지 중요한 사항은 다음과 같다.

- 현재의 월정 정기 기부자들을 어떻게 갱신하도록 유도할 것인가?
- 기존 및 새로운 기부자 모두가 단체와 함께 하도록 격려하기 위해 무엇을 할 것인가?

단체는 기부자에게 단체가 그들에 대해 잘 알고 있다는 것, 그들에게 관심을 갖고 있다는 것, 그들에게 감사하고 있다는 것, 그들에게 더 잘 대우하기 위해 알고 싶다는 것 등을 어떻게 보여줄 것인가? 이에 대해 페넬로페 버크(Penelope Burk)의 획기적인 기부자 중심 연구결과에 따르면, 기부자는 자신을 잘 알고 있고 개인적으로 가치가 있다고 여겨질 때만 기부한다고 했다. 그녀는 "당신을 알고 있다는 것을 보여주어라" 라고 진언했다. 즉 이것은 그들을 아는 것(Know them), 그리고 그들에게 그것을 보여주는 것(Show them) 등 두 가지를 의미한다. 이 두 가지 중 하나만 만족하면 실패하는 것이다.

3. 필란트로피 교육

1) 인생의 4칙 연산

기원전 3세기경 인도에 '마누 법전(Code of Manu)'이 있었다. 이 법전에는 인생을 네 구간으로 나누어 이에 대한 가르침이 기록되어 있다. 인생의 여정에 있어서 사람의 수명을 80년으로 가정하고 네 구간으로 분류하여 적용했다. 이 네 구간을 기부의 사칙 연산으로 적용해 보면 다음과 같이 설명할 수 있다.

첫째 구간은 학생기(0-20세)로서, 지식과 세상사를 배우며 육체적으로 필요한 영양분과 지식의 축적에 대한 꿈이 있는 '곱하기' 시기이다.

둘째 구간은 가장기(21-40세)로서, 가족을 위해 필사적으로 일하며 자기계발을 하여 영양분, 돈, 지식의 축척에 대한 희망이 있는 인생의 '더하기' 시기이다.

셋째 구간은 임주기(41-60세)로서, 생활의 구속에서 벗어나 조용한 곳에서 앞으로의 인생을 생각하며 축적해온 연구, 기술, 능력을 체크한다. 지금까지 축적해온 지식과 능력을 서서히 나누기 시작하는 '마이너스' 시기이기도 하다.

넷째 구간은 유행기(61세~)로서, 지금까지 축적해 온 연구, 기술, 능력을 본격적으로 후세에 남기고 사회에 전달하기 위해 활동한다. 지식의 축적, 보유하고 있는 책, 재산 등을 사회에 환원하는 '사랑의 나누기'이고, 결국에는 자신이 보유한 3T(Talent, Treasure, Time)를 유산기부로 나누는 시기이다.

구간마다 시기를 놓치고 엉뚱한 일을 하고 있다면 사회적으로 부작용이 생길 수 있다. 어떤 사람은 개인적 욕심으로 한곳에 너무 오래 머물 수도 있다. 이러한 이유는 개인의 문제도 있겠지만 사회 시스템에 문제가 있기 때문이다. 정상적인 사회 시스템이란 이 네 구간을 자연스럽게 잘 넘도록 도와주어야 하는 것이다. 하지만 우리 사회는 청년실업 문제, 너무 빠른 은퇴 등으로 구간이 다시 거꾸로 되돌아가고 있다. 전 세계 10대 기부자의 연령대는 80대가 주를 이루고 있다. 그리고 이들은 공통적으로 첫 구간부터 조금씩 나누던 습관이 있던 사람들이라는 것이다.

2) 더 많은(more) 필란트로피에서 더 나은(better) 필란트로피

사람들은 부를 축적하면 종종 자선에 대해 생각한다. 기부 자문사들은 그들의 자선활동에 대한 생각을 유발하기 위해 대화할 필요가 있다. 사람들이 기부하지 않는 여러 이유 중 하나는 기회에 대한 자신감과 인식 부족이다. 주요 정보는 자선단체에서 모금활동을 통해 얻는다. 전문적인 조언이나 기부교육을 받는 기부자는 자선단체에서 쉽게 더 나은 정보를 얻을 수 있다.

사람들이 반드시 기쁨을 맛보기 위해 기부를 시작하는 것은 아니지만, 기부로 만족과 즐거움을 얻는 사람들은 다시 기부할 가능성이 높다. 이것은 변화의 촉매제에 대한 만족, 기부를 통한 관계, 사람들의 지위 구축 및 이 외의 여러 동기에서 비롯된다. 기본적으로 기부로 인한 즐거움과 만족은 자선단체와의 관계를 통해 구축되지만 피어 네트워크에서도 나올 수 있다. 사람들의 행동을 방해하는 것에 관한 문헌에서도 동료의 영향이 변화를 일으키는 데 얼마나 중요한지를 설명한다. 그만큼 동료들은 지위와 의무감을 가져오는 데 도움이 된다. 언론 또한 필란트로피와 필란트로피스트들을 묘사하는 데 중요한 역할을 하며 사람들의 기부에 영향을 미친다. 직장 역할 모델은 또한 자선사업을 좋은 아이디어로 전파하는 데 도움이 된다. 다시 말하지만 사람들의 행동을 방해하는 것에 관한 문헌에서는 사람들이 쉽게 줄 수 있으면 기부할 가능성이 높아진다고 했다. 이것은 기부자 조언기금(DAF)을 자문하는 전문가가 사람들에게 아이디어를 제공하는 네트워크 및 자선단체의 모금 커뮤니케이션과 같은 통로를 통해 나올 수 있다.

사람들은 미국에서 기부자가 높은 수준으로 기부하는 이유로 세금 감면을 많이 인용한다. 한국 사회에서의 입지와 세금 감면에 대한 논의가 필란트로피를 대변하는 것은 이러한 구조가 제대로 유지되도록 하는 데 중요하기 때문이다. 개별 필란트로피스트에게는 기부

그림 1-7 More Philanthropy

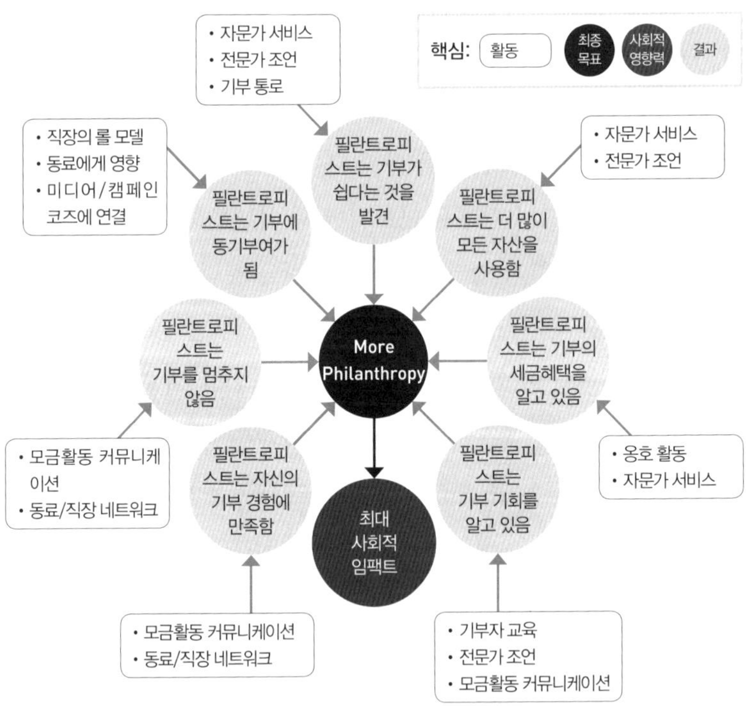

가 세금 효율적이 되도록 하는 조언이 중요하다.

사람들은 여러 가지 이유로 기부에 동기부여를 받는다. 어떤 사람들은 받은 것을 다른 사람에게 돌려준다는 의미에서, 또는 세상에서 차이를 만드는 데 참여하는 의미에서 동기부여를 받을 수 있다. 이러한 동기부여는 직장의 역할 모델, 미디어, 동료 또는 코즈에 연결되어 있는 등 다양한 소스에서 나올 수 있다. 사람들에게는 동기부여 이외에 자극이 필요하다. 때때로 이것은 삶의 내부적인 사건이지만, 모금활동이나 동료 네트워크에 의해 요청되는 것과 같은 외부 트리거가 더 흥미롭다.

한편 많은 기부금에 포커스를 두는 것을 넘어 더 나은 필란트로피를 이끌어내는 결과는 더 많은 필란트로피를 이끌어내는 결과와

그림 1-8 Better Philanthropy

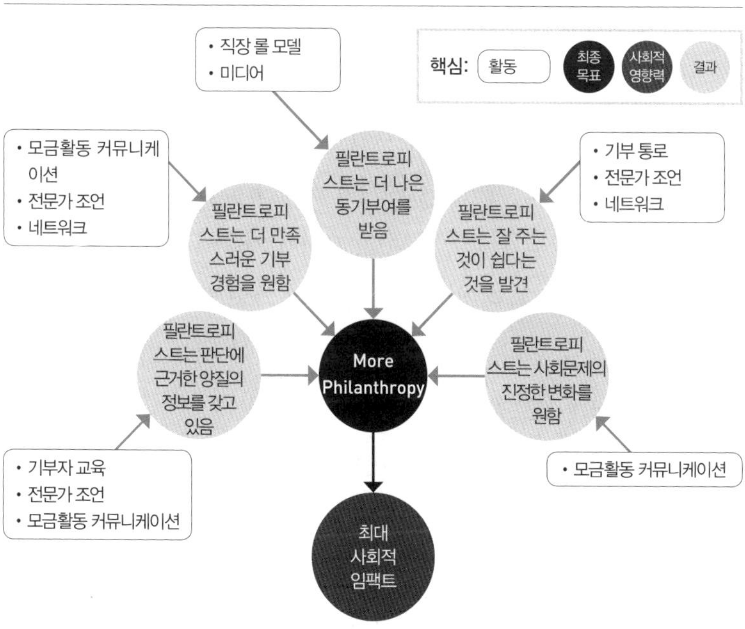

비슷하지만, 더 나은 기부로 이어지는 방법에 대한 세부 사항은 더 많은 기부를 얻는 방법과는 다르다. 기부의 문제 중 하나는 자선단체와 사회적 기업의 효과에 관한 정보가 부족하다는 것이다. 의사결정의 기반이 되는 양질의 정보를 얻는 것은 더 나은 질을 제공하기 위한 필수 전제조건이다. 이 정보는 자선단체와 사회적 기업 자체의 기금모금 커뮤니케이션을 통해 나올 수 있다. 기부자 교육 또는 전문 상담 서비스에서 제공될 수도 있다. 더 만족스러운 기부 경험을 원하는 사람들은 종종 더 나은 기부를 하는 데 중요한 부분을 차지한다. 이러한 만족은 기부로 인해 변화를 가져왔음을 알게 될 때 나온다. 비효율적인 기부에 대한 불만은 사람들이 만족을 주는 형태의 필란트로피로 이동하는 이유가 된다. 기부에 대한 동기부여는 역할 모델이나 더 나은 기부에 대한 미디어의 영향에서 비롯되기도 하지만, 자선가가 사회문제에 대한 실질적인 변화를 원하는 데 이유가 있다.

3) 필란트로피를 위한 엘리트 교육

자녀에게 감사와 관대함의 핵심 가치를 가르치고 싶은가? 자녀의 나이가 5세이든 25세이든 관계없이 자녀가 자선활동에 참여할 수 있는 가장 좋은 방법을 찾아야 한다. 자녀가 기부에 참여하는 것보다 더 좋은 방법은 없다. 이것은 가족이 함께 가치를 공유하고 시간을 함께 만들어갈 수 있다. 부모로부터 기부에 관해 배운 기부자는 훗날 자신의 자녀에게 가르칠 확률이 65%라고 한다.

다음은 각 연령대별로 참여하는 자선활동이다.

① 초등학생

- 주는 것에 대해 이야기한다. 대화를 시작할 좋은 방법으로는

당신이 지원하는 단체에 대해 이야기하는 것이다.

- 저축 및 기부를 장려하기 위해 '기부금 용돈(giving allowance)'을 책정한다. 용돈을 저축, 지출 및 기부 등 세 부분으로 분류하면 훌륭한 저축 습관과 관대함의 가치를 강화하는 데 도움이 된다. 몇 달에 한 번씩 앉아서 함께 기부할 곳을 선택할 수 있다.
- 매달 가족이 자원봉사 할 곳을 소개한다. 비교적 어린 아이들도 공원 청소와 같은 활동을 도울 수 있다. 모두가 함께 변화하는 것은 보람과 즐거움을 줄 것이다.

② 청소년

- 재정적 가치와 문해력(文解力)을 가르친다. 재정적 소양은 모든 젊은이에게 중요한 교훈이며, 건전한 돈 관리기술은 미래의 성공을 위해 도움이 될 수 있다. 기부는 지출 및 저축, 장단기 목표설정 및 기타 금융 문맹(financial literacy) 퇴치를 위한 논쟁의 주요 주제가 된다. 십대들에게 그들이 관심을 갖는 것을 지원하고 기부하도록 격려한다.
- 자원봉사는 십대들이 새로운 사람들을 만나고 즐길 수 있는 활동에 참여하면서 책임과 팀워크에 대한 귀중한 교훈을 배우는 데 도움이 된다. 청소년이 기부를 위해 마련한 기금의 일부를 자발적으로 분배할 수 있도록 '임의 기부(discretionary giving)'를 도입한다. 십대 자녀들에게 예산을 세워주고 기금을 어디로 줄 것인지 선택하게 한다. 이것이 지원할 조직에게 어떤 영향을 미칠지, 또한 이 외에 여러 조직에 대해서도 대화를 나눌 수 있는 좋은 기회이다.

③ 대학생 및 청년

- 재량적인 권한 부여를 확장한다. 당신의 자녀는 기금 분배 방법에 대해 책임감 있고 사려 깊은 것으로 입증되었다. 상당량의 포트폴리오를 제공하는 가족은 기부금액과 수령자를 선택하는 데 20대 자녀의 역할을 확장할 수 있다. 좋아하는 자선단체의 위원회 회원 자격을 장려해 본다. 위원회 회원은 조직에 대해 더 많은 기여를 하고 배우는 좋은 방법으로 청년들이 직장과 학교 생활을 넘어 네트워크를 구축할 수 있는 훌륭한 기회이다. 또한 위원회 역할은 귀중한 리더십 경험을 할 수 있다.
- 보조/차세대 이사회 구성원으로서의 역할을 장려한다. 많은 비영리단체는 젊은이들로부터 나오는 신선한 아이디어와 재능을 활용하기 위해 차세대 이사회 구성원을 모집하고 육성함으로써 이사회를 새롭게 하기를 원한다. 그리고 기부에 관한 대화에 계속 참여하도록 유도하고, 봉사활동에 관하여 계속 이야기한다. 이러한 토론은 특정 코즈에 대한 열정을 공유했거나 기부자와 자원봉사자로서 서로의 경험을 통해 새로운 통찰력을 얻을 수 있다는 점에서 무엇보다 가치 있고 보람 있는 일임을 알게 될 것이다.

4) 모금의 경청

모금의 경청은 '현재 이 순간에 의도적인 판단을 하지 않고 주의를 기울이는 것'을 뜻한다. 이 의미에서 알 수 있듯이 모금의 경청에는 현재 순간, 의도, 비판단, 주의를 기울임 등 네 가지 요소가 있다. 여기에서 중요한 것은 태도이다. 즉 모금의 경청은 기술을 익히는 것이 아니라 태도를 익히는 것이다. 이 태도에는 판단하지 않기, 인내심 갖기, 초심 견지하기, 믿음 가지기, 너무 애쓰지 않기, 수용하기, 내려놓기 등 7가지가 있다.

그렇다면 모금의 경청이 소통 및 대화에 어떻게 연관되는 것일까? 조지 베일런트(George Vaillant)는 1930년대 종반에 하버드대학에 입학한 2학년생 268명을 대상으로 72년 동안 추적연구한 결과를 하버드대학교의 인생성장 보고서인 『행복의 조건(Aging Well)』에 담았다. 여기에서 '행복하고 건강하게 나이 들어갈지를 결정짓는 것은 지적인 뛰어남이나 계급이 아니라 사회적 인간관계'라는 것을 알 수 있다.

인간관계의 핵심은 말버릇이다. 어릴 때부터 좋은 말버릇을 만들어가지 않으면 나이 들어서는 고치기가 힘들다. 모금의 경청을 통해 더 나은 인간관계를 맺을 수 있는 의사소통을 훈련하여 삶에 적용해야 한다. 의사소통 태도에는 수동형, 공격형, 주장형 등 세 가지 유형이 있다. 수동형은 자신의 의견을 잘 말하지 않고 목소리가 약한 특징이 있다. 이 유형은 의사소통의 목적이 상대방을 기쁘게 하는데 있지만 자신이 듣기 싫은 말은 듣지 않으려 한다. 이와 반대되는 유형이 공격형이다. 이 유형은 단정적으로 표현하고 위협적인 언어도 사용한다. 큰 목소리를 내거나 무섭게 침묵한다. 이 유형의 목표는 자기 의견을 관철하고 관계를 지배하는 것이다. 이 둘과 다른 유형인 주장형은 해롭지 않은 방식으로 의견을 표현해서 긍정적으로 주장하는 특징이 있다. 위트와 유머를 사용하며 다른 사람의 말을 경청한다. 주장형의 목표는 정확히 소통하고 의견 존중을 받는 것이다. 그래서 좋은 모금가에게 주장형이 많다.

모금의 경청 대화를 실습해 보자.

모금의 경청 요소를 생각하면서 잠재기부자와 대화한다고 가정하자. 첫째, 대화할 때 자동적인 자신의 마음 속 반응을 알아차린다.

둘째, 상대가 대화할 때 갖는 욕구는 무엇이고 내가 기대하는 것은 무엇인지 알아차린다. 이것을 각자 주장을 통해 표현해야 한다. 셋째, 공감적인 듣기다. 경청은 소통에서 매우 중요한 요소이다. 넷째, 마음을 표현하는 것이다. 자동적으로 반응하는 것이 아니라 상대가 기분 나쁘지 않게 정확한 표현으로 자신의 생각과 감정을 전달하는 것이다.

모금의 경청 대화에서 유념해야 할 것은 우선 나의 느낌이나 생각은 내가 아님을 기억해야 한다는 것이다. 그저 지금 일어나고 있는 나의 내적 사건일 뿐이다. "그 말은 좀 심한 말이었어"라고 말하기 전에, 그것이 진정 '심한 말'이었는지, '내가 심하다고 생각한 것'인지 구분해야 한다. 아주 미묘하지만 중요한 차이가 있다. "당신이 그렇게 말하니까 내가 기분이 안 좋아"라고 내 안에서 일어나는 사건을 말해야 한다.

5) 7가지 의미 있는 기념기금(Memorial Fund) 아이디어

헌사에서 장학금에 이르기까지 크라우드 펀딩을 이용하여 사랑하는 사람들을 기억하고 존중하는 기념기금이 있다. 다음은 인기 있었던 기념기금 사례이다.

① 그의 인생을 존중하기 위해 다른 사람들을 돕는다

잃어버린 사람의 삶을 기념하는 한 가지 방법은 다른 사람들을 돕는 것이다. GINA Montalto 기념 재단은 미국 플로리다 주 파크 랜드의 마저 리 스톤 먼 더글라스 고등학교에서 지나(Gina)의 비극적인 죽음 후 지나의 부모에 의해 설립되었다. 이후에 학생들은 Gina와 같은 상황의 가족을 돌보기 위해 430,000 달러 이상을 모금했다.

② 애도하는 시간에 슬퍼하는 가족을 돕는다

비극적인 손실을 겪은 가족을 위해 기념비나 장례식의 비용을 상쇄하도록 돕는다. 트리니다드 가족이 끔찍한 교통사고로 가족 중 5명이 사망하고 한 명만 생존했을 때, 그들의 지역사회는 30만 달러를 모금하고 최종 비용과 살아남은 어머니인 메리 로즈에게 필요한 추가 지원금을 더 모금했다.

③ 치료를 위한 희망 기금

많은 기념기금 모금 자들은 연구기금을 마련하기 위해 돈을 모으고 같은 상황에 놓인 어려움을 겪는 사람들을 돕는다. Maddie는 우울증과 알코올 중독으로 고생한 후 자살로 아버지가 사망한 후 캐롤 프리먼 기념 재단을 설립했다. Maddie는 이 나라의 정신 건강 관리의 차이를 인식하고 아버지와 같은 사람들을 지원하기 위해 GoFundMe를 통해 8700 달러 이상을 모금했다.

④ 장학 기금 만들기

장학금은 학생들의 삶을 개선하기 위해 노력하면서 유산을 유지하는 데 도움이 된다. 하버드대학 학생 코티 블레어와 가족은 귀넷 카운티 공립학교의 졸업생을 위해 연간 1000 달러 장학기금 모금을 시작했다.

⑤ 사랑하는 사람이 좋아하는 대의를 지지한다.

많은 사람들이 사랑하는 사람이 가장 걱정했던 코즈(cause, 모금 이유)를 지원하기 위해 기념기금을 만든다. 예를 들어 환경 운동가라면 지구를 보호하는 환경단체를 위해 기금을 마련하는 것에 대해 생각해 본다. 과학 교사인 경우 어린이를 위한 과학 교육을 지원하거나 대학생에게 과학 인턴쉽을 제공하는 기념기금 모금을 시작할 수 있다.

⑥ 지속적인 찬사 조각 만들기

사랑하는 사람이 특정 공원이나 공공 장소를 소중히 여겼는가? 그렇다면 사랑하는 사람의 인생을 기념하는 공원 벤치, 공공 상패, 나무 또는 기타 영구 비품을 위한 기금을 모을 수 있다. 이러한 유형의 공물은 전통적인 장례식 대신에 사람의 삶을 축하하는 더 좋은 선택이 될 수 있다.

⑦ 미결제 부채

당신이 사랑하는 사람의 죽음에 대처하는 동안 의료비와 그 외의 다른 빚에 대해 걱정하는 것은 엄청난 스트레스를 줄 수 있다. Giang의 가족은 장례 비용과 비싼 암 치료 비용을 충당하기 위해 기금모금을 시작한 많은 사람들 중 하나일 뿐이다.

6) 기부 예절 교육

기부자에게 기부 예절 교육이 필요하다고 하면 이에 동의하는 기부자는 많지 않다. 기부하는 것 자체가 대단한 일인데 교육까지 받으라는 것이 말이 되는가? 하고 불만을 내비친다. 하지만 기부는 자신에게 필요함에도 불구하고 이를 희생하는 것이 더 가치 있다고 생각하기 때문에 주는 것이며 돈보다 더 가치 있는 것을 지키기 위해 주는 것이다. 한마디로 '남을 바르게 돕는 방법'이다. 그래서 더욱더 기부를 바르게 하는 방법, 단체를 바르게 대하는 방법을 배워야 한다.

전통적으로 오랜 부자와 벼락 부자가 남을 돕는 방법에는 차이가 있다. 평생을 방글라데시의 빈민촌에서 의료봉사를 하는 의사 이석로는 "자립하려면 삶의 태도를 바꿔야 합니다. 가난한 사람은 좀처럼 달라지지 않아요. 어디까지 도와주어야 하고 언제 도움을 주지 말아야 하는지 늘 고민합니다. 가족과 공동체가 당신을 돕지 않는데 왜 내가 당신을 도와주어야 하는가?'고 때론 외면하고요" 라고 말한다. 달라이 라마는 "우리가 예절을 배우는 목적은 예절을 깨는데 있다. 그런데 그것을 적절히 깨는 방법을 배우는 것이다" 라고 말했다. 요즘 도저히 쓸 수 없어 곧바로 폐기 처리해야 되는 기부물품이 전체의 3분의 2에 달한다고 한다. '버리느니 기부' 하는 이들이 이처럼 많은 현실에서 "기부의 양도 중요하지만 올바른 기부문화의 정착이 더 시급하다"고 말하면 배부른 소리로 여길 것인가? 우리는 언제부터 인지 기부의 의미를 양적으로 판단하고 액수로 평가하는 데 익숙해져 있다. 어떻게 도왔는지 보다 얼마를 기부했는지가 더 중요한 문화 속에서 우리의 기부문화 수준은 뒤축이 다 닳아버린 구두처럼 참담할

그림 1-9 매너 및 에티켓(Manner and Etiquette)

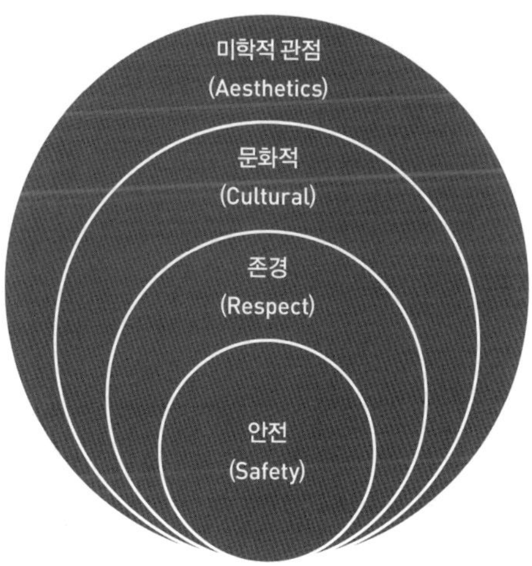

뿐이다.

생각을 넓혀보면 기부 예절의 실종으로 나타난 배려의 소멸 사태는 '갑 질'의 양산과도 관련이 깊다. 배려와 나눔의 대상인 약자마저 내가 살기 위해 딛고 올라서야 할 발판으로 인식하는 순간 갑 질은 시작된다. 기부를 가장한 폐기물 투기 역시 도움이 절실한 이들을 무시한 또 다른 형태의 갑 질인 셈이다. 다만, 그런 물품을 기부했다고 해서 애초의 '선의'까지 폐기 대상으로 모는 것만은 경계해야 한다. 기부 예절이 곧 나눔의 마음가짐이라면 희미한 선의마저 얼마든지 그 씨앗이 될 수 있을 테니까. 무엇을 얼마나 나누느냐 보다 어떻게 나눌 것인지를 더 중히 여기는 사회적 공감대 형성이 절실하다.

기부 예절에서 가치가 서로 충돌한다면 가장 우선순위는 안전에 관한 문제, 즉 법적 문제이다. 둘째는 사람에 대한 존중과 배려이다. 세째는 다른 관습이나 문화이다. 그리고 마지막으로 미학적인 문제이다. 한마디로 외관상으로 '좋아 보인다' 정도이다. 이것은 마치 식사 예절에서 테이블 매너의 우선순서와 같다.

7) 기부 지침서

자신이 힘들게 번 돈을 남을 돕기 위에 기부하는 행위는 매우 의미 있고 가치 있는 일이다. 기부자는 이러한 가치를 드러내기 위해 기부 전에 반드시 다음 10가지 사항을 숙지할 필요가 있다.

① 가능하면 기부금이 필요한 수혜자에게 직접 주는 행위는 피하는 것이 현명하다. 신뢰할 만하고 전문성이 있는 비영리단체를 통하는 것이 직접 하는 것보다 낫다. 비영리단체는 효과적이고 효율성이 높기 때문이다.

② 잘 알지 못하는 단체로부터 걸려온 강압적인 기부요청 전화에 응하지 않는다. 진정한 비영리단체는 그렇게 강압적이지 않고 급하게 요구하지도 않는다.

③ 현금으로 기부하지 않는다. 진정한 단체는 현금 기부를 원하지도 않고 필요하지도 않다. 현금은 투명성을 보장받기 힘들며 내부 횡령을 조장해 오히려 단체입장에서는 문제가 발생하기도 한다. 현금을 요구한다면 대부분 문제가 있는 단체이다.

④ 기부금을 수납하기 전에 단체의 이름을 확인한다. 사기성이 있는 단체는 유명한 단체와 비슷한 이름을 사용하여 기부자를 혼동케 한다.

⑤ 기부금이 단체 유지나 모금운동 비용으로 어느 정도 사용되는지 알아본다. 통상 10~25%를 인정하지만 만약 35% 이상이라면 기부를 고려할 필요가 있다.

⑥ 단체는 기부자에게 기부 전에 자료를 보내주는 것이 일반적이다. 받은 적이 없다면 자료를 요구해야 한다. 만약 자료를 줄 수 없는 단체에게는 기부하지 않는 것이 좋다. 여러 가지 밝힐 수 없는 이유가 있는 단체는 신뢰할 수 없기 때문이다.

⑦ 기부금 영수증을 발행하는 단체인지 확인하라. 기부금 영수증을 요구할 수 있고, 또한 단체는 이것을 보내야 할 의무가 있다.

⑧ 전화로 기부금을 요구하는 단체를 피하는 것이 좋다. 만약 공공기관 이름을 들먹이면서 은근히 믿음을 갖게 하는 것은 대부분 전화로 이루어진다.

⑨ 신용카드번호를 가가호호 방문하는 기부요청 자에게 주지 않는다. 이메일이나 전화로 기부할 때 반드시 회신전화가 가능한지 확인하고 한번 시험을 한 뒤에 신뢰가 생기면 기부한다.

⑩ 미국의 경우, 보통 비영리단체의 1년 수입이 2만 5000달러가 넘으면 미국세청(IRS)에 일년에 한번 990 form을 기입해 보고하게 되어 있다(종교단체는 제외). 이러한 회계자료들은 www.guidestar.org이나 www.give.org라는 웹을 통해 일반인이 볼 수 있도록 하여 그 단체 운영의 효율성과 투명성을 어느 정도 알 수 있게 한다. 한국도 마찬가지로 만약 큰 규모의 기부를 하고 싶다면 반드시 사이트에 들어가 단체의 존재성 확인과 기부금이 어떻게 사용되고 있는지 알아본다.

4. 필란트로피스트의 여정

1) 필란트로피 여정

사람들이 기부를 하고는 있지만 더 많은 사람들이 기부할 수 있고 또 해야만 한다. Philanthropy Impact의 연구에 따르면 부유한 사람들 중 단지 12%만이 기부 자문사에게 문의한다고 한다(한국의 경우는 데이터는 없지만 더 낮은 비율로 추정). 일반적으로 더 나은 것을 제공하기 위해 세 가지 종류의 '필란트로피 여정'을 매핑한다. 이를 위해 기부자문사에게 기부자 유형에 맞는 개별화된 자문이 요구된다. 이 필란트로피 여정 방식은 제품이나 서비스의 상호 작용 또는 사용 경험을 지도화(mapping) 하여 장벽과 동기를 식별하는 데 도움이 된다. 인터뷰, 워크샵 및 경험에 따라 개인의 필란트로피 여정은 다양하지만, 이 여정을 개발하는 데 사용했던 공통 주제가 있음이 분명하다.

〈그림 1-10〉부터 〈그림 1-12〉까지의 짙은 색 박스는 자선 부문이 개별 필란트로피스트가 개입할 가능성이 있는 곳을 보여주고, 나머지

박스는 자선 부문에서 일하는 사람들의 영향을 받지 않는 사건이나 활동을 나타낸다. 자선 부문이 필란트로피스트를 위한 경로를 개선하기 위해 노력하도록 장벽이 발생하는 위치를 나타내주는 것이 유용하다.

① 여정 1

첫 번째 여정은 성공한 비즈니스 맨의 여정이다. 이 여정은 비즈니스를 매각한 후 기업 공개 시 최초 오퍼링을 통해, 또는 큰 보너스를 받은 후일 수 있다. 이런 사람은 종종 민간 부문에서 성공한 후 사회 부문에 전문 지식과 경험을 제공한다. 이것은 임시적인 제공이지만 캐피털 캠페인으로 자선 목표를 향한 추가 헌신과 재정적 수단을 가져올 수 있다. 종종 동료, 회계사, 법률 고문 등 전문가로부터 얼마를 왜 기부해야 하는지, 그리고 세금의 의미에 대해서 조언을 듣는 경우가 많다. 이러한 전문적인 조언을 통해 더 많은 자산을 기부하기 시작하며 사회 부문을 스스로 탐색하기 시작한다. 필란트로피 전문가

그림 1-10 필란트로피 여정 1

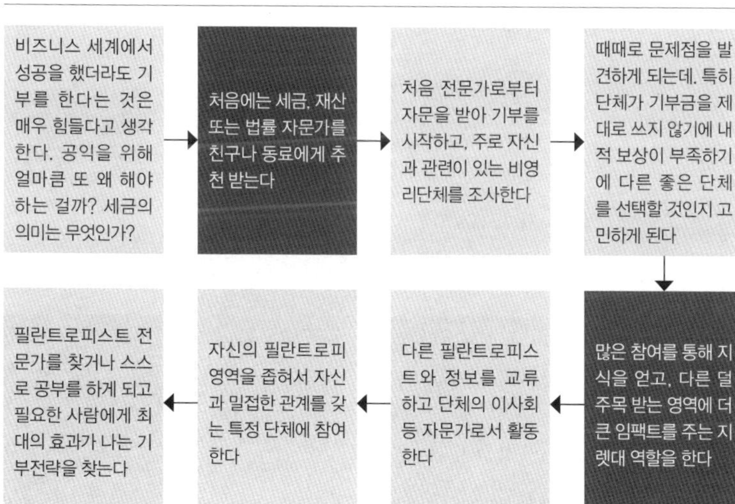

의 도움을 받거나 스스로 교육을 받고 자신의 기술 및 자원으로 가장 필요한 영역에 주력하기 위해 기부 전략을 개발할 수 있다. 종종 특정 비영리단체 또는 코즈에 더 적극적으로 참여하고 자선 부문과 더 밀접한 관계를 갖는다. 부문 별로 지식을 높이고 많은 자원을 활용하여 큰 영향력을 보이면서 사람들의 관심이 덜한 프로젝트에 자금을 지원할 수 있다.

② 여정 2

두 번째 여정은 부유한 가정에서 성장한 사람의 여정이다. 이들은 부유하게 자랐지만 가족의 자선 기부금과 직접적으로 관련이 없을 수도 있다. 그러나 그 가족에게는 새로운 필란트로피스트가 배울 수 있는 강력한 기부 이력이 있을 수 있다. 개인적인 기부로 필란트로피를 실천할 수도 있지만 많은 시간을 할애하지 않았을 수도 있다. 노년층은 가족의 필란트로피 활동에서 점점 할애할 시간이 부족해지고, 가족 구성원이 사망하게 되면 젊은 세대가 가족 재단의 수탁자가

그림 1-11 필란트로피 여정 2

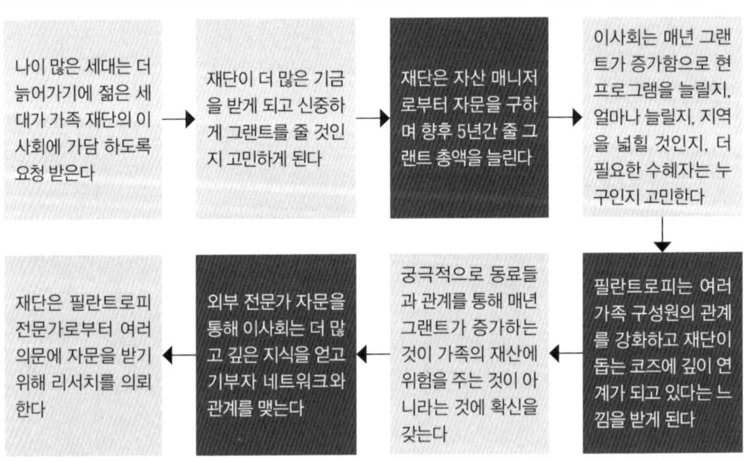

되기도 한다. 이러한 인력 변화는 재단을 위한 자본 투자 전략 때문일 수 있다. 젊은 세대가 가족 재단의 관리인이 되었을 때 연간 보조금 조성 예산을 조정하는 방법에 대해 확신이 없다. 그러나 재단이 향후 몇 년간 점차적으로 보조금 조성 예산을 늘릴 수 있는 상당한 부를 보유하고 있음을 확신한다. 관리위원회가 매년 보조금 조성을 시작하면서 현재 프로그램 영역을 확장해야 하는지, 보조금 규모를 늘려야 하는지, 지리적으로 확장해야 하는지 등을 외부 전문가의 조언을 통해 재단의 프로그램 영역에 대한 지식을 높이고 기부자 네트워크에 더 깊이 관여하기 시작한다. 피어 참여(peer engagement)는 관리위원회에게 보상하는 것이며, 가족의 부를 위협하지 않는 정도의 증가된 연간 보조금은 그들을 안심시키는 것이다. 필란트로피는 대가족의 관계를 강화하고, 가족은 재단을 지원하는 코즈와 깊게 관련되었다고 느끼게 된다. 재단은 필란트로피 전문가에게 맞춤형 연구를 의뢰하여 해당 분야의 전문 지식을 통해 조언을 제공할 수 있다.

그림 1-12 필란트로피 여정 3

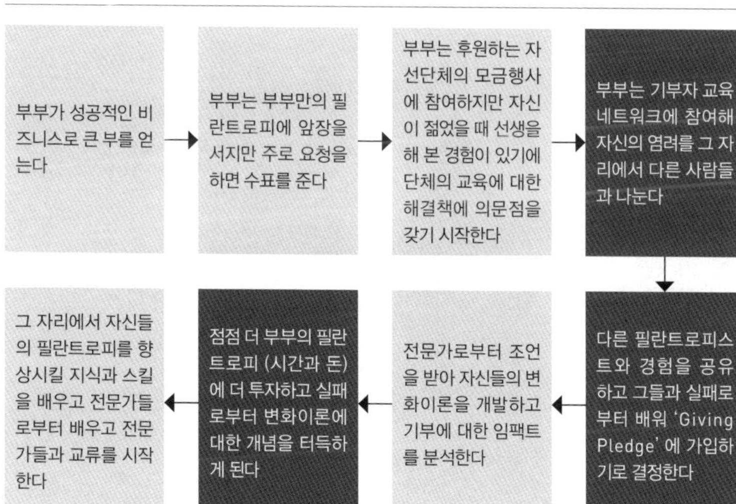

③ 여정 3

세 번째 여정은 사회 문제의 변화에 대한 경험이 있는 사람의 여정이다. 여기에는 자선 사업가의 파트너 또는 예기치 않은 상속을 받은 사람이 포함될 수도 있다. 자선 사업가는 그들의 일이나 자원봉사를 통해 사회적 문제에 대한 지식을 가지고 있을 수 있고, 이러한 경험을 자선 사업에 적용한다. 필란트로피스트는 종종 다양한 단체에 기부하면서 시작하지만 복잡한 문제에 대해 간단한 해결책이 제시되면 환멸을 느낄 수도 있다.

대부분의 사람들에게 필란트로피 여정은 간단한 길이 아님을 보여준다. 이 여정에는 자기 반성, 다른 사람들로부터 배우려는 의지, 정보를 찾는 능력이 필요하다. 처음에는 자신이 모르고 있다는 것을 잘 알지 못하며, 때로는 시스템 제공에 만족하지 못할 수 있다. 만약 계속 그렇게 느낀다면 기부하는 것이 이전에 생각했던 것만큼 쉽지 않다는 것을 깨닫기 시작한다. 그들은 경험이나 동료 및 전문가를 통해 초기에 우려했던 것들을 극복하고 새로운 도전을 할 수 있다. 필란

그림 1-13 필란트로피의 의식 있는 유능한 여정

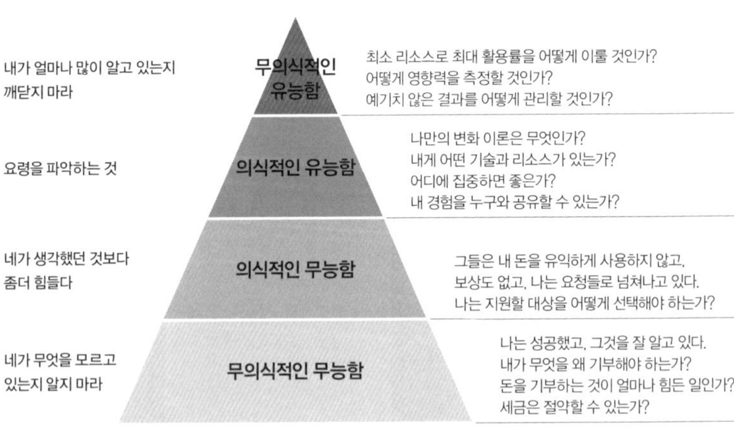

트로피 여정을 통해 얼마나 많은 지식을 습득했는지 알지 못할 수 있다. 그러나 이런 과정은 반성할 기회와 능력이 있을 때 개인에게 보상이 될 수 있다. 때때로 이런 반성은 다른 필란트로피스트들과 그들의 경험을 공유할 것을 요청을 받을 때 하게 된다. 〈그림 1-13〉은 이 프로세스를 4단계로 요약한 것이다.

필란트로피 부문의 역할은 사람들이 이 여정을 시작하고 그 여정을 고수하며 시간이 흐르면서 사려 깊고 참여하는 필란트로피스트가 되도록 돕는 것이다. 이것은 사람들이 더 나은 기부와 더불어 더 많은 기부를 함으로써 필란트로피 부문의 잠재력을 열어줄 것이다. 다음은 사람들의 필란트로피 여정을 방해하는 사항으로서, 동료, 가족, 자문 및 기금모금 행사가 개인 기부에 영향을 미치는 중요한 역할이 있음을 알게 해 준다.

- 더 많은 돈을 원한다: 기부자의 더 많은 부를 쌓으려는 욕구와 노력이 기부하는 행위를 방해할 수 있다. 고소득층의 사람들은 종종 동료들에 비해 부유하다고 느끼지 않아서 그들 보다 더 많은 부를 창출해야 한다고 생각한다. 또한 재정 고문은 고객의 부를 늘리기 위해 기부에 대한 아이디어를 제공하지 않고 독려조차 하지 않는다.
- 다음 세대에게 부를 남기려는 욕구: 때때로 상속인에게 가능한 한 많은 부를 남기려는 욕구가 기부 행위의 장벽을 초래한다. 이전 세대로부터 부를 물려받은 사람들은 종종 다음 세대까지 자산을 보존해야 하는 것이 의무라고 생각한다.
- 무리를 따르려는 욕구: 대부분의 사람들은 평균 기부금액 정도를 기부하기 원한다. 대부분의 기부자들은 조직에서 가장 많이 기부한 기부자가 되는 것을 원치 않기 때문에 기부금 목록표를

요청한다. 이것은 기부자 의존성 관점에서 신중해야 하지만 종합적으로 볼 때 고액기부의 평균 기부금 수준을 감소시킨다. 부유층 기부자에 대한 대부분의 정보는 평균적인 경향을 보이는데, 이는 재정 능력 평가에 기반하지 않고 오직 가이드를 찾는 사람들에게 벤치 마크나 편의를 제공하는 것이 될 뿐이다.

8) 필란트로피스트 연구: Chuck Feeney의 사례

이 사례의 시작은 어떤 글에서 출발한다. 일반적으로 '부(wealth)', 혹은 '부의 복음(the Gospel of Wealth)'으로 알려진 글은 1889년 6월 앤드류 카네기(Andrew Carnegie)가 작성힌 기사로, 새로운 상류층에 의한 자선의 책임을 기술하고 있다. 자수성가한 부자에 관한 이 기사는 미국 설립을 위한 여론 잡지인 North American Review에 실렸다. 그것은 나중에 Pall Mall Gazette에서 『부의 복음』으로 출판되었다. 많은 미국의 기업가들이 이 책을 읽고 미국의 필란트로피의 씨앗이 되었고, 한 나라를 변화시키는 '계보'가 되는 시발점이 되었다.

앤드류 카네기(Andrew Carnegie)는 부의 불평등의 새로운 현상을 다루는 가장 좋은 방법은 부유한 사람들이 자신의 잉여 자산을 책임감 있고 신중하게 활용하는 것이라고 제안했다. 이 접근법은 부를 상속인에게 물려주는 전통적인 문화와 대조되었다. 가족에게 과도한 부를 넘기는 것은 부담이 될 수 있지만 정부에 넘기는 것은 부패를 조장할 수 있다는 내용이다. 대신 카네기는 '우수한 지혜, 경험 및 관리 능력'이 있는 사람이 도움이 필요한 사람들에게 개인적으로 나누어 줄 것을 촉구했다. 이 에세이는 "그와 같이 부자로 죽는 사람은 수치를 당한다"는 말로 끝을 맺는다. 공공의 목적으로 부를 사용할 의지가 있는 곳인 '필란트로피' 역사가인 벤자민 소스 키스(Benjamin Soskis)는 이 기사를 현대 박애주의의 '자본'이라고 언급했다.

2012년 여름 빌 게이츠는 포브스에게 팁을 보냈다. "여러분은 척 피니(Chuck Feeney)를 살펴봐야 합니다. 그는 워렌과 저의 자선사업에 대한 생각에 큰 영향을 미쳤습니다." 물론 워렌 버핏 (Warren Buffett)은 게이츠 서약(Gates on The Giving Pledge)의 게이츠와 파트너십을 맺은 전설적인 투자자이다. 매일 수천 개의 이야기가 포브스 뉴스룸에 넘쳐나지만 지구상에서 가장 부유한 두 사람이 이 이야기를 나누기 위해 시간을 보내면서 행동하게 된다. 게이츠가 언급한대로 The Atlantic Philanthropies의 억만 장자인 Chuck Feeney에 대해 조사한 후 그의 자선행위가 격(class)과 결(texture)이 다름을 발견하게 된다. 한마디로 필란트로피의 '숨은 영웅(unsung hero)'이 발견되는 순간이었다.

자비로운 작전을 하면서 지구를 여행한 기업가인 '자선의 제임스 본드(James Bond)'인 척 피니는 교육, 건강, 인권과 같은 코즈로 거의 모든 재산을 기부하기 위해 사는 인물인 것을 발견했다. 척 피니 이상으로 기부한 사람은 거의 없었으며, 아직 살아 있는 동안 아무도 부를 완전히 기부로 준 사람은 없었다. 대담한 내기, 큰 금액의 수표, 극적인 영향력 등은 척 피니가 사는 동안 기부하는 방식이다. 그래서 'giving while living'은 현대 필란트로피의 개념의 시조가 된다. 샌프란시스코에서 열린 최근 회의에서 척 피니는 "살면서 돈을 주면 빨리 일을 하게 되어 모든 사람들이 행동과 결과를 보게 된다. 우리가 해결하고자 하는 문제는 우리가 사람들을 돕는 일"이라고 말했다. 그는 카네기의 필란트로피의 정신적 제자라고 스스로 밝혔다.

척 피니는 종종 이슈가 자신과 관련이 있거나 특히 가치가 있다고 생각되는 곳에 투자하기로 결정한다. 하지만 그의 기부에 대해 복음적인 적이 없었다. 그는 단순히 자신이 믿었던 일을 했다. "저는 돈으로 무엇을 해야 하는지 누구에게도 말하지 않습니다. 돈을 벌면 원하는 일을 할 수 있지만 사람들을 도와서 얻을 수 있는 만족도는 확신할 수 있습니다. 그렇게 하지 않으면 얻을 수 없는 만족입니다."라고 말했다. 그의 접근 방식은 빌 게이츠(Bill Gates)와 그의 기부 서약 (Giving Pledge)을 통해 자선활동에 혁명을 일으켜 부유한 사람들이 자신의 부의 대부분을 자선에 바치겠다고 결심하게 했다. 필란트로피의 역할 모델이 된 척 피니의 철학은 Bill & Melinda Gates Foundation의 설립에 영감을 주었으며, 게이츠는 자신의 생애 동안 지구를 더 나은 곳으로 만들기 위해 할 수 있는 일을 하려는 열망에 불을 당기게 되었다

척 피니는 누구든지 자신의 이름을 건물이나 벽에 부착하는 것을 금지했다. 하지만 다른 사람은 특권을 지불하게 하여 추가 기부금을 모으는 것을 환영했다. 척 피니와 같은 강박적으로 사적인 사람에게는 대중의 눈을 피하는 것이 중요했다. Giving While Living 철학은 빌 게이츠, 워렌 버핏, 세일즈 포스의 마크 베니 오프와 같은 유능한 기업가 이외에도 마크 주커 버그, 더스틴 모스코 비츠, 조 게 비아와 같은 새로운 세대의 젊은 비즈니스 리더들에게 영감을 주었다. 다른 나라 특히 Jack Ma Foundation을 만든 마윈의 필란트로피 행동에 결정적인 모델이 되었다.

5. 전략적 필란트로피(Strategic Philanthropy)

전략적 필란트로피는 비영리단체, 기업, 그리고 기부자의 입장에서 보는 관점이 조금씩 다르다. 비영리단체와 기업은 전략적 파트너십(strategic alliance)과 관련이 있고, 세 부문의 관점 모두 효과적인 이타주의(effective altruism), 즉 현명한 기부와 관련이 있다.

우선 기부자 입장에서 전략적 필란트로피를 살펴보면, 필란트로피의 변천 과정 중 3번째 wave로 나오는 것이 전략적 필란트로피이다. 전통적인 필란트로피와 차별화된 전략적이란 말 자체는 혼동을 주기도 한다. 비영리단체의 리더는 매우 중요한 역할을 하는 인물이기에 리더의 역량을 강화하여 수혜자에게 제대로 전달할 수 있도록 단체의 역량을 키우는데 기부한다. 지금까지 필란트로피는 수혜자에게 초점이 맞춰져 있었지만 지렛대 역할인 단체에 투자를 하는 것이다. 또한 여러 창의적인 아이디어를 갖고 있는 사람이나 단체와 미팅을 주선하거나 한번만 기부하기 보다 꾸준히 관심을 갖고 기부하게 하는 제도적 정책 변화를 갖게 하는 시스템 개발에 기부하는 것을 말한다. 한마디로 메타 자선(meta charity) 기관에 기부하는 것을 말한다.

최근 토론토 대학과 스탠포드 대학의 연구(Proceedings of the National Academy of Sciences)에 의하면 미국인들의 수입 차이가 작은 주보다 큰 주에서 기부가 적다는 사실을 발견했다. 한마디로 경제적 불평등은 부자를 더 인색하게 만든다는 것이다. 그 이유는 가난한 사람은 'entitlement' 현상으로 의존하게 된다는 생각과 자신들의 부는 정당하다고 느끼기 때문일 것으로 추정된다. 그래서 기부를 이타주의나 자비심으로 유도하는 방법보다 오히려 수입의 평등을 갖게 하는 것이 더 기부를 이끌어내는데 현명하다는 뜻이 된다. 비록 이 연구가 이론상 문제가 있는 'dictator game'에 의해 돌출한 결과이고 유럽과 일본에서 같은 결과를 얻지는 못했지만 이미 전에 비슷한 많은 데이터를 통해 증명이 되었고, 이는 한국의 기부문화 증진 전략에도 시사하는 바가 크다. 따라서 그들의 연구는 전략적 필란트로피를 추구하는 기부자에게 새로운 코즈 개발에 영감을 제공할 것으로 기대한다.

다음으로 기업의 입장에서 보면, 어려운 경제 상황의 맥락에서 많은 기업들은 자선단체의 기부 제안을 거부할 수 있다. 그들이 어려움을 겪고 있다면 더 이상 기부할 수 있는 방법이 없다. 이것은 이미지에 영향을 미치기 때문에 자선단체 뿐만 아니라 비즈니스에도 가혹하다. 결과적으로 많은 사람들이 전략적 기부자로 전환하여 수혜자 뿐만 아니라 기부자에게 많은 이점을 가져다 준다.

1) 전략적 자선사업의 개요

전략적 자선활동을 통해 기업은 지원을 받을 수 있으며 이로 인해 혜택을 다시 얻을 수 있다. 이러한 자선활동은 기업의 비즈니스 목표를 지원한다. 따라서 이 기업이 하는 일은 전략적 자선사업의 일반 명칭을 통해 자선단체와 기업 모두의 이익을 지원하는 것이다. 이러한 공동 작업은 두 부문 모두에 도움이 된다. 기업은 자선활동과 관련된 기회를 얻음으로써 명성과 좋은 이미지를 창출하는 반면, 자선단체는 필요한 자금을 확보하고 자선활동을 지원한다. 이 아이디어는 두 가지 목표를 하나로 모으기 때문에 지역사회를 돕는 동안 기업은 자체 혜택을 받는다.

2) 전략적 자선사업의 이점과 특성

기업들이 전략적 자선활동을 고려해야 하는 이유에는 여러 가지가 있다. 물론 주요 목표는 지역사회와 도움이 필요한 사람들을 도우려는 조직에 기금을 제공하는 것이다. 그러나 자신의 조직을 위해 몇 가지 간접적으로 이점을 주는 조직을 선택하여 기금을 제공할 수 있다.

① 이점

전략적 자선활동과 관련된 가장 보편적인 이점은 노출이다. 비영리단체와 공동작업을 시작하면 공개되어 더 많은 사람들이 이에 대해 듣게 되고 평판이 좋아져 성공 확률이 높아진다. 이것은 직원의 활동에 반영되기에 그들은 회사를 떠날 가능성이 줄어들고 동기 부여와 참여가 증가할 것이다. 따라서 기업은 곧 좋은 결과를 얻는다. 어떤 상황에서는 전략적 자선사업도 이익을 가져올 수 있다.

② 속성

전략적 자선활동과 관련된 일련의 요소이다. 이 관행은 기업간에 일반적이며 개인이나 소규모 기업에서는 거의 볼 수 없다. 또한 철저한 연구를 거친 후에 공동 작업을 마무리한다. 선호하는 자선단체를 선택하기 전에 기업은 협력이 의미하는 바가 무엇인지, 어떻게 작동시켜야 하는지 탐색해야 한다. 그런 다음 철저하게 행동 계획을 수립하고 각 결과를 분석해야 한다. 이렇게 하면 제대로 작동하지 않는 것이 있으면 무엇을 바꾸어야 하는지 알 수 있다. 비영리조직의 이점은 분명하다. 그러나 그들이 받는 기금과 자선단체와는 별도로, 그들은 또한 약간의 노출을 얻을 수 있다. 유명한 기업과 관련된 것은 다른 가치 있는 기부자를 유치할 수 있다는 것이다.

3) 전략적 필란트로피의 7가지 교훈

단순히 구제에 대한 기부를 넘어서 전략적 자선사업 분야는 복잡하고 민감한 측면이 있다. 세상에는 필란트로피스트가 변화를 가져올 수 있는 기회가 더 잘 정의되어 있지만 아직도. 한국적 필란트로피스트의 '모범 사례(Best Practice)'에 대한 이해가 진화되질 못했다. 미션에 기반을 둔 자선사업은 고도로 개별화되어 있고 폭넓게 적용되는 교훈이 있다.

① 의사 결정 과정에서 두 개의 렌즈 사용

필란트로피 목표를 설정할 때 기부자는 두 가지 렌즈로 보아야 한다. 외장 렌즈는 '우리 지역사회, 국가 또는 세계를 위해 무엇을 성취하기를 희망하는가?'라는 질문에 대답할 수 있도록 자문사가 도와줄 수 있다. 내부 렌즈는 우리가 힘들게 번 돈과 소중한 시간을 자선활동에 기부함으로써 가족, 사업 또는 자아를 위해 무엇을 성취하고자 하는가? 두 가지 질문 모두 중요한데 잠재기부자의 사려 깊은 대답은 자선활동을 통해 내적 및 외적 목표를 달성하는 효과적인 전략을 알려준다. 이 질문 중 하나 또는 둘 모두를 무시한 기부자는 '변화' 뿐만 아니라 가족 구성원이나 비즈니스 이해관계자가 가치, 목표, 우선 순위 및 교훈에 대해 진정으로 의미 있는 의사 소통을 할 수 있는 기회를 놓치게 된다.

② 가족을 위한 안전지대(Safe Zone) 만들기

대부분의 경우, 자선사업은 가족 자산에서 작은 부분을 차지한다. 이러한 자산을 고려하기 위해 별도의 테이블을 만들고 가족 구성원 모두가 동등한 자리에 앉도록 초대해야 한다. 이것은 자선에 관한 의사 소통 개선을 위한 '안전지대'를 창출하기 위한 핵심 단계로서, 더 많은 참여로 가족 역동성 향상 및 더 큰 영향을 가져올 수 있다. 종종 가족의 각 세대는 내외부에서 필란트로피를 수행하는 역할에 대해 다른 견해를 갖고 있다. 새로운 세대는 그들의 독특한 삶의 경험으로 인해 부를 창출했던 세대와는 다른 의견을 가지고 있다. 이 공동의 필란트로피 여정에서 각각 다른 구성원들에게 배울 점을 제공하기에 경청할 필요가 있다.

③ 비즈니스에서 다른 이해관계자와 소통

비즈니스 이해관계자에는 직원, 이사, 주주, 고객, 공급 업체, 규제 기관, 지역사회 지도자가 포함될 수 있다. 각 이해관계자는 지역사회에서 기업의 역할에 대해 다양하고 가치 있는 다른 시각을 제공한다. 필란트로피 계획 및 실행에서 광범위한 이해관계자를 참여시키기 위한 노력의 일환으로 'C Suite(임원급)'를 넘어 소통하는 것은 내적 및 외적 효과를 크게 향상시킬 것이다.

④ 넓은 것보다 깊게 간다

많은 기부자가 다양한 비영리단체에 기부하는 '땅콩 버터' 방식, 즉 얇고 넓게 펴 바르는 전략을 채택하고 있다. 기부자와 수혜자 모두 기부자가 신중하게 선택한 주요 문제 또는 원인에 집중할 때 모두 이익을 얻는다. 기부자는 자선활동을 넓게 가 아니라 깊이 관여하는 혁신으로 진보될 수 있다.

⑤ 살아 있을 때 주라

현재에 주는 것은 죽은 후에 주는 것보다 훨씬 만족스럽다. 살면서 줄 때 자선활동의 내외부의 영향을 배우고 경험할 수 있다. 또한 지금의 문제가 장래에는 문제가 되질 않는 경우가 많다.

⑥ 미션에 맞는 투자를 조정한다.

현재 많은 자금이 재단 및 기부자 기금에 묶여 있다. 이 돈은 세금공제를 받았으며 반환할 수 없다. 매년 그 금액의 5~20%만이 비영리단체에 배분되고 나머지는 재무 성장의 단일 수익에 투자된다. 연무가 아닌 자산 엔진을 사용함으로써 '자선의 헌신적인 자본'을 모두 배치하여 임무를 완수하는 데 도움을 줄 수 있다. 미션 관련 투자, 프로그램 관련 투자 및 사회적 책임 투자 도구로 사용되는 영향력 있는 투자는 자선활동에 더 많은 임팩트를 줄 것이다.

⑦ 대담하게 주고 위험을 감수

사람들은 더 이상 자기 자신이나 사랑하는 사람들을 위해 제공할 수 없다고 느끼면 자선단체에 기부하는 일은 거의 없게 된다. 그러나 많은 사람들이 자신이 할 수 있는 것보다 훨씬 더 많은 것을 주곤 한다. 필란트로피가 겉으로 보기에는 다루기 어려운 문제를 해결하려고 하기 때문에 '위험 자본'으로 간주될 수 있다. 보조금으로서 위험을 계산하면 낡은 문제에 대한 새로운 해결책을 찾을 수 있는 유일한 방법일 수 있다. 자선활동은 삶에 의미, 기쁨, 목적을 부가하고 비즈니스 성공을 향상시키는 강력한 도구이다.

6. Philanthropy Canvas와 운영 모델

1) 재단 이론에 대한 배경

비영리단체가 자신들의 미션과 조직의 운영 방식에 대한 기본적 신념 및 가정을 탐구할 수 있는 내성을 키우기 위한 틀이 필요하다. 목표는 프로그램 또는 보조금 활동을 넘어 기관으로서 재단에 대한 토론을 자극하고, 재단이 영향을 미칠 목적과 자원을 보다 효과적으로 조정할 수 있도록 돕는 것이다. 초기 단계에서 재단의 헌장, 사회적 간절함 및 운영 기능으로 구성된 핵심 프레임 워크를 개발하고, 이러한 요소들이 함께 모여 조직의 구조와 접근 방식을 알려준다.

2) 자선활동 캔버스 및 운영 모델

- 핵심 프레임 워크를 운영 모델로 변환한다.
- 특정 운영 모델을 추진하는 요소에 대한 심층 탐구를 수행한다
- 미션, 전략 및 영향을 위해 모델의 모든 요소를 조정하는 데 유용한 도구인 "Philanthropy Canvas[2]"를 제안한다.

① 자선 캔버스

자선 캔버스는 재단 직원, 관리 위원 및 기타 주요 이해관계자를 초대하여 핵심 프레임 워크 및 영향을 받고자 하는 외부 환경과 관련하여 재단 전략을 구현하는 데 필요한 요소를 매핑하도록 하는 시각

2 https://www.rockpa.org/theory-foundation-philanthropy-canvas 참조

적 모델이다. 이때 순서에 영향을 미친다.

재단 또는 프로그램의 운영 모델이 유사한 다른 재단 또는 유사한 목표를 가진 프로그램과 비교하는 방법을 이해하는 것은 추가 분석 및 잠재적 변경을 위한 영역을 강조하는 중요한 연습이 될 수 있다. 따라서 캔버스는 조직의 계획 및 개발을 위한 도구로 사용될 수 있으며, 재단의 운영 기능과 기존 시스템을 전략 및 목표에 맞게 조정하는 방법으로 볼 수 있다.

그림 1-14 세계의 상태(State of the World)

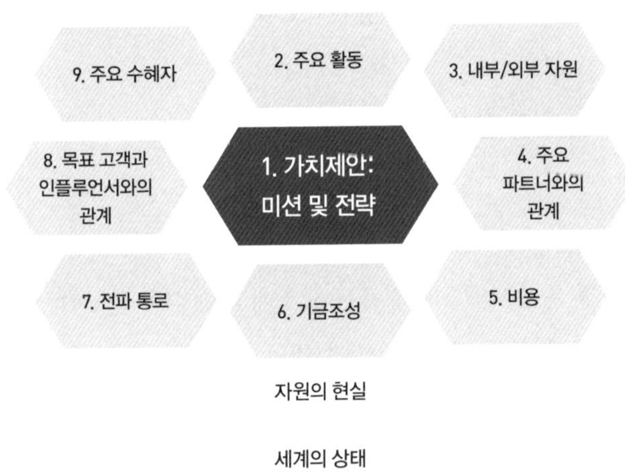

② 운영 모델 유형

현재까지 필란트로피 실행자들로부터 받은 피드백을 바탕으로 몇 가지 역할적으로 식별 가능한 운영 모델 유형이 개발되었다. 이것이 완전하지는 않지만 많은 프로그램이나 재단이 이 6가지 유형중 하나에 적합하다.

- 캠페인 관리자: 정책 변화는 체계적인 변화를 위한 기본 도구이며, 종종 다른 사람들과 협력하여 제도적 힘을 빌려 정책이나 솔루션을 광범위하게 채택할 수 있다.
- 촉매자: 재단이 예측하거나 관리하지 못했던 새로운 아이디어를 개발하거나 실현할 수 있도록 유연한 자금을 제공한다. 대신에 수혜자가 성공하여 다른 사람들을 테이블에 데려올 것이라는 희망으로 자신의 프로그램을 추진할 수 있도록 해주는 수동 접근 방식을 유지한다.
- 필드 빌더: 이슈나 운동에 활기차고 강력한 생태계를 창출할 새로운 기관의 구조를 만드는 데 중점을 두고 조직과 운동을 키워 큰 영향을 줄 수 있는 역량에 도달한다.
- 인재 에이전시: 프로그램 목표 또는 전략적 관심보다 잠재력에 더 많은 관심을 기울이면서 문제에 가장 가까운 선도적인 변경 에이전트를 선택, 강화 및 홍보함으로써 개별 리더 또는 주요 조직에 대한 베팅의 우선 순위를 정한다.
- 싱크 탱크: 내부 정책 또는 시스템 솔루션을 설계하고 접근 방식을 '마케팅'한 다음 해당 솔루션의 구현자를 찾기 위해 전문 지식을 적용한다.
- 부동산 개발자: 다양한 이해관계자 또는 컨소시엄을 소집하여 일반적으로 부문과 전통적인 프로그램 또는 이슈 영역을 교차하는 복잡하고 시간 집약적인 솔루션을 구현한다.

'유형'을 이해함으로써 조직은 이 정보를 사용하여 전략을 알리고 자신의 강점과 역량을 반영하는 프로그램을 개발할 수 있다. 가설을 계속 테스트하면서 추가 모델을 탐색하고 다양한 유형에 대한 주요 고려사항을 식별한다.

제3장

기부 자문

1. 비영리 영역의 전문가

이젠 한국에서도 비영리 활동가에서 비영리 전문가 시대로 바뀌고 있다. 비영리 선진국인 미국은 과연 어떤 사람을 비영리 분야의 전문가라고 하며, 한국에서는 전문성 강화를 위해 어떤 노력이 필요한지 찾을 때가 되었다.

미국은 기부문화를 단순한 윤리적 교육으로 시작했기 때문에 실패한 경험을 가지고 있다. 한국도 '나눔'이라는 주제를 윤리나 교양 정도로 생각하고 시작했다면 실패할 확률이 높다. 현재 활동하고 있는 '나눔지도사'는 나눔을 지도한다는 명분으로 직업 창출과 기부문화 확산을 목적으로 만들어졌다. 하지만 수요가 있다 해도 전문가에 대한 대우가 적절하지 않고 비용적인 면에서 정부가 계속적으로 대신할 수는 없다. 이런 상황에서 교육적 가치를 가진 모델을 만들기는 매우 어렵다. 미국은 필란트로피(Philanthropy)가 문화 차원을 넘어 전문성을 인정받은 기부산업으로 승화되었고, 재단관리 및 비영리 개발전문가 등의 직업교육으로 발전하였다. 예를 들어 폐품의 재활용이 환경운동도 되지만 산업을 만났을 때는 적절한 보상이 있는 직업으로 활력을 주게 된다. 비영리 전문가가 어떻게 전문성을 유지해야 하는지는 국제공인기금조성전문가(CFRE, Certified Fund Raising Executive)를 벤치마킹 한다면 도움이 될 것이다. 적어도 다음에 제시한 다섯 가지는 갖추어야 비영리의 전문가(Professional)로 인정받을 수 있다.

- Recognized Body of Knowledge: 반드시 인정받은 Body of Knowledge(BOK)가 있어야 한다. BOK는 단순한 용어모음, 도서 목록, 웹사이트 모음, 전문가의 기능 설명 등과 같은 서류뭉치 이상의 포괄적인 지식의 모음을 말한다. 특히 조사(survey)를 통한 직업분석(job analysis), 업무분장(job description), 보상, 연구자료(research) 모음 등을 충분히 갖추어야 한다. 이것은 어느 날 갑자기 만들어지는 것이 아니라 구성원의 헌신적인 노력, 자본, 시간이 소요된다. 많은 전문가 집단이 생기지만 유지하기 힘든 이유는 바로 BOK가 부실하기 때문이다.
- Continuing Education for Professionals: 직업적으로 활동하면서 계속해서 교육을 받아야 한다. 사진사가 좋은 장비를 갖추어 사진을 찍는다고 좋은 결과물을 얻는 것은 아니다. 좋은 결과물을 얻기 위한 교육으로 전문 사진사의 영역에 들 수 있는 것처럼, 비영리의 전문가가 되기 위해서는 충분한 교육과 훈련이 필요하다. 교육과 훈련은 구름 위에 떠 있는 이상을 현실 감각으로 만드는 것이기도 하다.
- Code of Ethics: 윤리적 사고에 있어서 조직, 팀원에 대한 믿음과 사회에 대한 가치관이 드러나는 행동이 일치해야 한다. 그리고

윤리적 딜레마를 만날 때 그것을 넘을 수 있는 가이드라인이 필요하다. 비영리 영역의 활동가들이 공감하고 동의한 윤리 규정을 정기적으로 점검, 수정, 보완해야 한다.

- Certification for Practitioners in the Profession: 교육으로 얻을 수 있는 것은 수료이고(certificate), 교육과 더불어 경험의 검증을 통해 얻는 것이 자격증(certification)이다. 자격증은 그 자체보다 이것을 얻기 위해 준비하는 과정을 통해 기술과 지식을 더 습득하게 된다. 결과도 중요하지만 본인의 희생과 노력이 동반되는 그 과정을 체험하면 직업에 대한 자긍심이 더 커질 수밖에 없다.
- Research Studying the Profession: 전문가는 데이터를 토대로 연구조사를(Research)하여 영향을(Impact) 평가할 수 있는 도구를(Tool) 만들 줄 알아야 하며, 이렇게 해서 나온 결과물을(Outcome) 관련 분야의 종사자들과 공유해야 한다. Testing(신념과 경험을 계속 테스트하고 있는가), Review(결과를 검토하고 있는가?), Create Knowledge(지식을 만들어 내고 있는가?), Shared(지식을 공유하고 있는가?), Relevance(배움이 사명(mission)과 관계가 있는가?)를 스스로에게 질문해 보았을 때 만족할 만한 대답을 할 수 있다면 진화하는 전문가이다.

이렇게 다섯 가지의 조건에서 내적 동기로 충분히 훈련하고 조언해 줄 멘토와 직업을 유지할 환경이 된다면 국제사회에서 인정을 받는 전문가가 될 것이다. 비영리 전문가들의 업무수행을 열정이나 희생만으로 강조하던 시대는 지났다. 데이터에 근거한 과학적인 접근과 결과를 중시하는 시스템 안에서 이루어져야 하고, 평생 전문가로서 일한다는 것은 시간의 경영(Time Management)이 아니라 에너지 경영(Energy Management)임을 잊지 않아야 한다.

2. CPAE / Gift Planner의 역할

1) 전제 조건 파악

CPAE(Certified Philanthropy Advisor and Educator, 기부 자문 및 교육사)/Gift Planner는 변호사, 회계사 및 기타 재정 설계자의 자선 질문에 응답하고, 기부자가 지역사회 전역에서 선한 일을 할 수 있도록 도와주는 자문 역할을 한다. 기부자는 단체의 방식이 아닌 자신의 자선 목표를 이루어 줄 사람을 원한다. 자선 기획 전에 어느 정도의 순자산이 있는 사람이 자신과 가족을 위해 충분한 부를 축적하고 있는지 먼저 살펴야 한다. 이것은 세금 환급, 자산 이득 또는 소득세 등을 전제로 하는 것이 바람직하다. 자선 기획은 전반적인 재무 계획 과정의 일부일 때 가장 효과적이며. 그 과정에서 먼저 다음 사항에 대해 파악하도록 한다.

- 재무 계획 과정에서 자선을 위한 자산의 유무에 대한 것이다.
- 기부 교육을 한다: 예를 들어 암 연구나 미술 박물관과 같은 특정 이슈에 사회적 자본을 투입할 수 있다고 설명한다. 현명한 기부란 '생명보험으로 가족에게는 세금이 없는 유산으로 남기고, 필란트로피의 계획 도구를 이용해 세금을 사회로 이전하는 것' 등에 대한 것이다.
- 필란트로피에 대한 열정을 발견하도록 돕는다: 고객이 소중한 코즈를 파악하는 것이 필란트로피 계획의 핵심이고 가장 중요한 부분이다. 개인적인 가치에 대해 탐구적인 토론이 필요하다. 이것이 성공적으로 관리될 때 프로세스는 고객을 위한 카타르시스가 될 수 있으며, 새로운 열정을 경험할 수 있다.

- 고객의 자선활동에 대해 성문화 작업이 필요하다: 과거 고객의 기부 내역을 분석하면서 시작한다. 이것은 종종 고객에게 계몽적일 수 있다. 때로 고객이 생각하고 있는 코즈 보다 고객 주위에 있는 친지의 코즈가 더 많이 반영될 수도 있다. 자신이 한 기부가 의도적이지 않았을 수 있다. 여기에 자문사에게 좋은 경험이 있다면 본인의 부모를 포함해서 조상이 지역사회에서 무엇을 했는지, 그들이 자신의 삶에서 얼마큼 중요했는지에 대해 이야기할 수도 있다. 이런 이야기는 종종 고객의 가치관과 열정과 관련하여 공통점을 찾게 한다. 이 부분에서 그들의 재능에 집중할 것을 권고한다.
- 직접적인 질문은 무엇보다 중요하다: 세상에서 어떤 것이 바뀌기를 원하는가? 당신은 이를 위해 최선을 다하고 있는가? 비영리단체에 기부하고 있는가? 자원봉사자 지원 서류에 서명하겠는가? 등등. 이사회에 참여하기를 원하는지 고객의 관심사를 파악한 후 고객과의 연관성이 있는 비영리단체를 조사한다. 자원봉사 활동에 가장 적합한 곳은 어디이며, 관심이 없는 코즈는 무엇인지를 파악한다. 다음으로 고객이 파트너로 자선활동에 나설 것을 권장한다. 신생 비영리단체는 기금 외에도 적절한 기술이 필요하다. 자선에 대한 상담 툴킷(tool kit)에는 민간 재단, 기부자 조언 기금, 자선 신탁 등이 포함된다.

기부 자문을 할 때 기부자의 마음을 따라야 하는지 아니면 수혜자의 필요가 우선인지는 필란트로피 종사자가 겪는 딜레마 중 하나이다. 미국의 경우 1%의 부자가 낸 기부금이 전체 기부금의 33%를 차지하고, 부자의 20%가 낸 기부금이 전체 기부금의 80%를 차지한다는 통계가 있다. 경기가 나쁠수록 기부자의 목소리는 커지고 기부자문사는 기부자의 눈치만보고 자신의 의견을 말하는 데 주저한다. 미국에서 전문적인 기부 자문사가 상담을 할 때 기부자에게 보편적으로 묻는 질문은 다음과 같다.

- 인생에서 가장 중요하게 여기는 것이 무엇인가?
- 이루고자 하는 것이 무엇인가?
- 지금까지 경험한 것으로부터 보답을 얻은 것이 있다면?
- 어릴 적에 누구를 가장 존경했는가?
- 더 나은 세상을 만들기 위해 어떤 것을 하고 싶은가?

이런 질문으로 그가 무엇을 원하는지를 유추해 볼 수 있다. 개인적 관심과 가치관을 찾아 기부하려는 단체와 연결하려는 것이다. 그러나 이 방법은 많은 이견이 있다. 기부 의도를 너무 존중하다 보면 진정으로 필요한 단체에게 줄 수가 없게 된다는 것이다. 예를 들어 어느 기부자가 전 자산을 동물애호에 기부한다고 한다면 과연 어떻게 할 것인가이다. 단체의 입장과 기부자의 입장 사이에서 전체의 필요를 이해하고 설득해야 하는 윤리관이 새로이 추가된다.

현대의 기부 패턴은 기부자 서클, 기부자 서비스, 벤처 필란트로피 등으로 기부자가 컨트롤을 하기 위한 시스템으로 디자인되었다. 점점 수혜자가 설 땅을 잃게 되어 버린 것이다. 기부자의 의도는 실제 이세상이 필요로 하는 분야와 맞지 않은 경우도 많은 것이다. 그래서 새로운 패러다임은 기부 자문사가 장타와 정확도를 위해 골프채를 너무 꽉 잡지 않는 것과 같이 기부자가 너무 컨트롤하지 않게 하는 역할이 새로이 요구되고 있는 것이다. 솔직이 단체의 필요성을 이야기하고 설득하는 자세가 필요하다고 보지만 끝까지 기부자가 자신의 방향으로 원할 경우에는 과감히 거절을 하는 것이 옳다.

2) 가치 피라미드에 근거한 기부 디자인 조언

기부는 가치의 교환으로서 단체는 기부자에게 무엇을 제공할 것인지 혹은 어떤 가치 상품을 팔 것인지, 즉 '가치제안(Value Proposition)'을 디자인하는 것이다. 단체의 기부자 구성에 따라 다르기에 기부자가 어떤 이유로 혹은 가치로 단체와 관계를 유지했는지를 먼저 조사할 필요가 있다. 이것은 고액기부 프로그램이나 캐피탈 캠페인의 예우 정책을 위한 기본 개념설계에 필요하고 예우 책정에 반영하기 위한 것이다.

그림 1-15

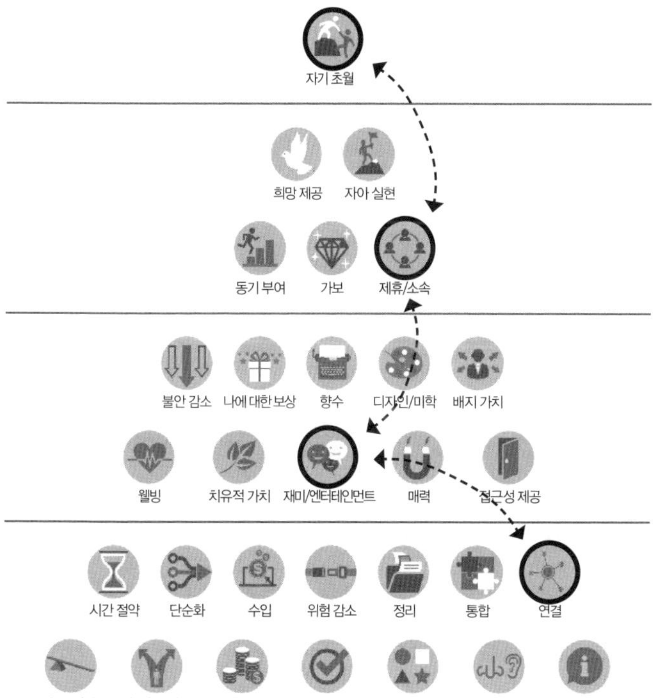

출처: Elements of Value Interactive Graphic–Bain & company

기부 자문사가 기부자가 생각하는 가치를 미리 파악하면 어떤 비영리조직이 기부자에게 만족을 줄 수 있는지 찾을 수 있어서 조언이 가능하다. 특히 고액기부자의 동기는 기능적(functional)으로 시작해서 감정적(emotional)을 거쳐 라이프 변화(life changing)를 통해 사회적 임팩트(social impact)를 주는 것으로 진행된다. 그래서 기부자가 무엇 때문에 기부하고 또 재기부하며 기부금액을 증가하는지, 즉 가치 포트폴리오(value portfolio)를 조사해 단체의 기존 기부자 예우프로그램과 매치가 되도록 안내해야 한다.

예를 들어 〈그림 1-15〉에서 마치 식당의 매뉴판처럼 기부자가 기능적인 요소로서 인맥을 갖기 위해 단체에 가입하고, 감정의 요소로서 모임을 통해 즐거움을 얻어 업그레이드 하고, 고액기부를 통해 라이프 변화의 요소로서 기빙 클럽이나 어너 소사이어티에 소속감을 갖게 하고, 마지막으로 사회적 임팩트를 주는 프로젝트에 초월성의 유산기부를 하도록 여정을 디자인하는 것이다. 또한 기부자에 따라 또는 기부금액에 따라 단계를 건너뛰고 바로 진입하는 경우도 있다. 기존 데이터가 없다면 역량에 맞는 예상 가치를 디자인하는 방법밖에 없다. 주기적으로 모니터링을 하면서 기부자 만족을 점검하여 변경이 가능하도록 디자인해야 한다.

3) 기부자에게 죽음을 상기시키는 것이 도움이 되는가?

죽음을 상기시키는 것은 매우 공격적이라는 것은 사실이다. 개인에게 죽음을 상기시키면 회피 반응이 증폭된다. 죽음을 상기시킬수록 사람들은 더 소통하지 않으려 한다. 자선 심리학자이자 지속 가능한 자선 연구소(Institute for Sustainable Philanthropy)의 공동 설립자인 젠 샹(Jen Shang) 박사는 웰빙(wellbeing)에는 세 가지 필수 특성이 있다고 한다.

- 자율성(autonomy): 통제 의식
- 연결성(connectedness): 관계의 양과 질
- 능력(competency): 효과

모금을 계획할 때 기금 모금가들은 기부자로부터 유산기부를 가능한 빨리 받으려고 한다. 그것이 모금가의 목적지이지만 기부자에게 유산기부는 원하는 목적지에 도달하는 데 도움이 되는 수단일 뿐이다. 기부자는 자신의 기부행위에 대해 다음 사항을 알고 싶어한다.

- 사람들이 나의 이런 기부행위를 좋아하는가(연결성)?
- 내가 오래 동안 지속될 일에 일원이 될 수 있는가(자율성)?
- 나의 가치가 영속되도록 도울 수 있는가(능력)?

더 자율적이고, 연결되고, 유능한 사람들이 느끼면 느낄수록 개인적인 복지의 느낌이 더 커진다. 반대로, 사람들이 그 특성이 쇠퇴한다고 느끼면 웰빙이 쇠퇴한다고 느낀다. 새로운 전염병이 창궐하고 있을 때 이와 관련된 건강상 위험 외에 심리적 스트레스를 경험한다. 사람들은 이런 사건들이 그들을 압도하고 일상에서 밀려나 직업과 사생활에 대한 통제력을 상실하게 만든다고 생각한다. 단기간의 불확실성으로 인해 사람들이 자신의 삶에 대해 많은 통제력을 상실했다고 생각하는 것은 놀라운 일이 아니다. 전염병의 대유행으로 집에 머물러야 하고 사회적 거리를 두며 식료품 구입과 같은 필수 활동조차 제한하면 이웃, 가족, 친구, 동료를 포함한 다른 사람과의 연결성을 상실한다. 그리고 전염병이 유행하고 있는 동안 사람들은 새로운 상황

에 직면했을 때 자신의 역량에 대해 고민한다. 처음으로 재택 공간을 설정하거나 다른 사람들과 보다 효과적으로 의사 소통하기 위해 새로운 기술을 배우기도 한다. 사람들은 행복감을 원하기에 더 많은 자율성, 연결성 및 역량을 느낄수록 더 나은 느낌을 갖게 된다. 일반적으로 자신의 복지 향상을 위한 행동을 시도한다. 또한 더 큰 복지를 얻는 데 도움이 되는 개인 및 조직에 감사하게 된다.

그렇다면 이 모든 것이 레거시 기부(계획된 기부금의 주요 유형)에 어떤 의미가 있는가?

기부 자체는 실제로 기부자의 목적지가 아님을 이해하면 기부자가 목적지에 도달하고 기부를 약속하는 데 도움이 되는 창의적인 방법을 개발하는 것이 더 쉬워진다. 창의적으로 기부자에게 집중함으로써 여전히 기존 기부에 대해 소통할 수 있으며 다른 사람에게 피해를 줄 위험을 최소화할 수 있다. 그래서 어느 학자 그룹은 특히 유산기부 상담에서 죽음을 상기시키는 단어 사용을 금하는 것이 더 효과적이라고 조언한다.

4) 불완전 기부

기부와 관련한 크고 작은 분쟁이 증가하고 있어 모금상품의 '불완전판매(mis-selling)'는 기부자 보호의 관점에서 매우 중요한 이슈로 인식되고 있다.

'불완전판매'란 본래 금융 관련 법규상의 공식적인 용어는 아니지만 금융회사가 금융소비자에게 금융상품을 판매하는 과정에서 지켜야 할 중요사항들을 누락하였거나 허위·과장 등으로 오인에 이르게 하였을 때를 의미하며 거의 모든 금융권역에서 통용되고 있다. 또한 보험업계에도 널리 쓰인다.

이러한 불완전판매의 유형에는 여러 가지가 있지만 그 중에서도 금융회사의 이익을 위해 무리하게 금융상품의 구매나 투자를 권유하거나 해당 금융상품에 대한 핵심적인 내용, 즉 고객이 부담하게 되는 비용 및 위험요인과 같은 필수사항에 대한 충분한 설명을 하지 않는 경우가 대부분을 차지한다. 특히 불완전판매로 인한 피해구제를 신청하는 금융소비자들의 대부분이 노인이나 가정주부와 같이 상대적으로 금융역량이 취약한 금융소비자 계층이어서 금융소비자 보호 차원에서 바라볼 때 문제의 심각성이 더욱 크다고 볼 수 있다.

따라서 금융소비자의 정보와 교섭력 등의 열위를 이용하여 금융회사가 이익을 취함으로써 금융소비자에게 손실을 초래하는 불공정거래로도 이해할 수 있다. 마찬가지로 모금기관이 기부자와의 정보의 불균형으로 인해 수혜자에게 기부금이 도달하는 과정을 왜곡하거나 일부러 빼먹는 경우가 이에 해당된다.

다음 글은 현재 미국 필란트로피 기부자문사를 위한 표준 프렉티스에 대한 모델이다. 비록 기부환경은 미국과 다르지만 앞으로 한국의 기부 자문사들에게 필요한 디딤돌이 될 수 있다.
('부록' 원문 참조)

Model Standards of Practice for the Charitable Gift Planner

이 글의 목적은 자선 기부계획 프로세스, 기부계획 담당자, 기금모금 컨설턴트, 변호사, 회계사, 재무 계획자, 생명보험에 종사하는 사람이 다음과 같은 실무 표준을 채택하도록 함으로써 책임 있는 기부계획을 장려하기 위함이다. 대리인 및 기타 금융 서비스 전문 (이하 통칭하여 "기부 플래너"라고 함) 및 해당 직원이 대표하는 기관을 포함한다. 또한 이 진술은 자선 기부의 권유, 계획 및 관리는 자선, 개인, 재정 및 세금 고려와 관련된 복잡한 과정이며 공정한 기부를 구성하기 위해 함께 협력해야 하는 다양한 분야의 전문가를 포함한다. 기부자의 이익과 자선기관의 목적 사이의 적절한 균형이 요구된다.

I. 자선 동기 부여의 우위

자선단체 기부를 만들기 위한 주요 근거는 기부자 측이 자선단체의 활동을 지원하려는 욕망이 있어야 한다.

II. 세금 관련 설명

의회는 자선기부에 대한 세금 인센티브를 제공했으며, 자선 동기 부여에 대한 이 진술의 강조로 인해 기부 기획자가 인센티브와 그 의미에 대한 완전하고 정확한 설명의 필요성과 적절성을 최소화하는 것은 결코 아니다.

III. 전체 공개

기부 계획 프로세스에는 각 당사자의 보상 방법 및 대상을 포함하여 관련된 모든 당사자의 역할과 관계를 기부자에게 완전히 공개해야 한다. 기프트 플래너는 자선단체의 명시적인 지식 및 승인 없이는 자선단체의 대표자로 행동하지 않아야 하며, 자선단체에 의해 고용된 동안 기부자 없이는 기부자의 대리인으로서 행동하지 않아야 한다. 자선단체와 기부자 모두의 동의가 있어야 한다.

IV. 보상

기프트 플래너에게 지급되는 보상은 합리적이고 제공된 서비스에 비례해야 한다. 기부를 전달하기 위한 조건으로 독립된 기프트 플래너에게 파인더 수수료, 수수료 또는 기타 수수료를 지불하는 것은 결코 적절하지 않다. 이러한 지불은 학대 관행으로 이어지고 특정 주 및 연방 규정을 위반할 수 있다. 마찬가지로, 자선기관에서 고용한 기프트 플래너에 대한 수수료 기반 보상은 절대 적절하지 않다.

V. 역량과 전문성

기프트 플래너는 선택한 지역에서 높은 수준의 역량을 유지하기 위해 노력해야 하며, 전문 자격을 갖춘 지역에서만 기부자에게 조언해야 한다. 지식 및 전문 지식의 한계에 도달했을 때 이를 알아채고 프로세스에 다른 전문가를 포함시켜야 한다. 그러한 관계는 예의, 재치 및 상호 존중으로 특징 지워져야 한다.

VI. 독립적인 고문과의 상담

자선단체를 대표하는 기프트 플래너는 모든 경우에 기부자가 그의 선택에 대한 유능한 독립 법률 및 세금 고문과 제안된 기부에 대해 논의하도록 강력히 권장한다.

VII. 자선단체와의 상담

기프트 플래너는 수행된 조직의 사전 지식이나 승인 없이 특정 자선 기부에 대해 기부자에게 자주 적절하게 상담하지만 기프트 플래너는 기부가 기부자의 목표를 달성할 수 있도록 기부 계획 프로세스 초기에 기부자를 격려해야 한다. 기부를 받을 자선단체와 제안된 기부에 대해 토론하고, 기부자가 익명성을 원하는 경우 기프트 플래너는 비공개 기부자를 대신하여 기부 계획 프로세스에서 자선 단체의 의견을 얻도록 노력해야 한다.

VIII. 기부의 설명과 표현

기부 기획자는 기부자가 제안된 자선 기부 계획의 모든 측면에 대한 자세한 설명과 정확한 표현을 받을 수 있도록 최선을 다해야 한다. 자선단체, 기부자 및 해당되는 기부자 가족에 대한 결과는 명백해야 하며, 재무적 근거를 뒷받침하는 가정은 현실적이어야 한다.

IX. 완전한 준수

기부 기획자는 기부 계획 프로세스의 다른 당사자가 모든 해당 연방 및 주 법률 및 규정의 서신과 정신을 완전히 준수하도록 장려해야 한다.

X. 공공의 신뢰

기프트 플래너는 기부자, 기관 및 기타 전문가를 대할 때 공정성, 정직성, 성실성 및 개방성으로 행동해야 한다. 기부자에게 공개된 서비스에 대해 수령한 보상을 제외하고, 개인 이익은 얻지 않아야 한다.

1991 년 5 월 7 일, 계획 기부에 관한 국가위원회와 미국 기부연금에 관한 위원회가 채택하고 가입했다. 1999년 4월 개정.

5) 모금가로서 기부 자문

모금가가 현명한 기부(wise giving)와 똑똑한 모금(smart fundraising)을 동시에 조언할 수 있을까? 라는 질문을 받는다. 모금가는 기부자와 단체의 경계선상에 놓여 있는 일종의 '경계인'으로, 단체에게는 기부자를 공략하는 방법을 조언하고 기부자에게는 이런 단체는 피하라고 조언하는 묘한 입장에 있다. 요청을 잘 하는 방법과 동시에 거절 방법도 배운다. 또한 선택하는 법과 선택을 받는 법을 배우면서 자신의 역할에 당황할 때도 있다. 사실 단체에게는 수혜자의 want 보다 need에 귀를 기울여야 하고, 기부자에게는 듣고자 하는 want만이 아니라 상대의 need 중심으로 말해야 정상이다. 하지만 기부자에 대한 마케팅 차원에서의 need가 아니고 want를 찾아내는 작업을 하는 사람들이다. 기부자의 동기에는 일반적인 흑백 논리로 간단하게 설명할 수 없는 복잡함이 내제되어 있다. 동기(why)를 알아야 방법(how)도 나오는데, 동기 규명이 복잡하니 방법도 복잡할 수밖에 없다. 문제는 대부분의 기부가 사회에 제일 필요한 곳에 기부되는 것이 아니고 기부자가 원하는 방향으로 기부한다는 데 있다.

한국의 정서는 독특한 모금 아이디어에 목을 매는 경향이 있다. 그러나 아이템이 중요한 것이 아니라 아이템을 이끌어가는 프로세스가 중요하다. 아이디어 상품은 이벤트성에 의존도가 높고, 지나치게 아이디어에 의존하면 근본적인 미션 수혜자의 임팩트(impact)가 소홀해질 수 있다. 아이디어의 성공 사례를 작은 규모의 단체에 벤치마킹을 하기에는 문제도 있다. 만약 성공 사례를 재현하려면 브랜드 명성과 아이디어를 실행할 재원이 있는 단체에서나 그나마 가능하다. 한번 성공한 아이디어가 시스템화 하지 못하면 비용 효율적인 면에서 재현하기는 매우 힘들다.

한국에서도 기부 유통산업과 소비재 경공업산업에서 중공업 기부산업으로 전환할 때가 되었다. 기부의 중공업이란 아이디어를 꾸준히 생산해 낼 수 있는 툴을 만드는 시스템을 구축하는 것으로 재정적, 조직적, 구조적, 윤리적, 법적, 제도적으로 밑바탕을 만드는 작업이다. 이를 위해 모금의 기본 철학과 이론 모델에 투자해야 한다. 공식을 만들어 주는 것이 아니라 공식을 만들어낼 기초 컨셉을 가르치는 것이다. 기초 산업에는 제품 자체의 품질이 좋아야 하고 사후 관리 서비스를 할 수 있는 능력이 있어야 한다. 이것을 갖추지 않고 홍보와 광고에 매진하는 것은 어리석은 일이다. 더 중요한 것은 단체의 홍보와 광고를 전달하는 인프라를 갖추는 일이다. 홍보와 광고를 위한 자금을 마련할 방법이 준비되어야 한다.

3. 필란트로피 임팩트 자문을 위한 프로토콜

1) 자선 사명을 정의한다(Define Your Charitable Mission)

선호하는 비영리단체를 지원하여 무엇을 달성하고자 하는가? 이 질문에 대해 올바른 방식과 지원으로 해결할 수 있다.

① 목표를 고려한다.

기부자들이 기부한 모든 것을 검토해 보면 '충동 기부'의 수가 적지 않다. 그래서 자선의 목표를 잘 설정하면 기부자의 기부에 영향을 줄 수 있다. 다음은 자선의 목표를 정의하는 데 도움이 되는 질문이다.

- 특히 귀하와 관련이 있는 특정한 코즈(cause)나 니즈(needs)가 있는가?
- 특정 지역의 사람들 또는 특정 지역사회가 당신에게 특별한 의미가 있는가?
- 재정 지원과 자원봉사를 병행할 수 있는가?

- 자선 목표에 가족을 포함시키고 싶은가?
- 기부금을 관리할 수 있는 세금 효율적인 방법을 찾고 있는가?
- 평생 동안 자선활동을 확대하고 싶은가?

② 자선단체를 확인한다

미국만 해도 백만 개 이상의 자선단체가 있다. 가족 및 친지로부터 자선단체에 대한 자료를 얻는 것도 좋지만 자선 목표를 더 넓은 범위에서 찾도록 한다. 예를 들어 미국의 Schwab Charitable 자선단체의 다양한 프로그램 설명과 재무 정보 및 보충 정보를 GuideStar® 에서 제공하고 있다. 또한 관심 있는 자선단체를 더 잘 평가할 수 있는 다양한 연구 자료에 대한 링크를 제공한다.

③ 사명 선언문을 작성한다

사명 선언문은 변화를 추구하는 비전에 대한 것이다. 여기에는 목표와 목표의 달성 방법을 포함한다. 이 방법이 기부 동기를 부여하는 데 크게 작용한다. 부부 및 가족에게 공통된 목적을 정의하는 완벽한 방법이기도 하다.

다음은 어느 기부자의 사명 선언문이다.

"우리는 돈을 줄 수 있을 뿐만 아니라 시간 및 재능과 관계를 맺을 수 있는 코즈에 기부하고 싶습니다."

2) 기부할 재원 파악(Identify Your Resources)

기부자는 종종 자선단체와의 관계는 자산을 제공하는 것 그 이상이라는 것을 알게 된다. 기부를 계획할 때 자선목표를 달성할 돈, 시간 및 기술의 조합을 고려한다. 이를 위해 다음 세 가지 전략을 고려한다.

① 자산을 집계한다

많은 자선단체들에게 시간을 기부하는 것이 돈의 기부만큼 중요할 수 있다. 특히 기술 세트가 필요한 경우 다음 사항이 포함된다.

- 매주 또는 매월 자원봉사 할 수 있는 시간
- 귀중한 기술 혹은 재능
- 재정 지원에 대한 연간 목표

② 자선단체와 대화한다

관계는 대화에서 시작한다. 자선단체에 필요한 것을 찾는 가장 좋은 방법은 그들에게 물어보는 것이다. 이것으로 새로운 아이디어가 떠오르고, 그들에게 가장 필요한 시기와 장소에 맞추어 제공할 수 있도록 도와준다.

다음은 좋은 대화를 시작할 수 있는 질문의 예시이다.

- 자원봉사자에게 가장 필요한 프로그램은 무엇인가?
- 조직의 회계 연도는 언제 종료되나?
- 조직의 연간 기금조성의 목표액은 얼마인가?
- 개선이 가장 필요한 내부 작업은 무엇인가?
- 조직의 사명에 가장 큰 도전은 무엇인가?

③ 가치 있는 금융자산을 잊지 않는다

일반적으로 현금을 기부하는 것보다 1년 이상 보유한 고가의 물품이나 자산을 기부하는 것이 세금 효과가 더 좋다. 공여 자선기금 계좌를 포함하여 가치 있는 자산을 기부하면 해당 자산의 판매에 따른 이득에 대한 세금이 제거되어 20%의 기부금이 증가할 수 있다. 상장 및 제한 주식, 사모 주식(C Corporation & S Corporation 및 제한된 파트너십 지분), 초기 공모, 상속 및 사모펀드 및 해지펀드 지분은 모두 자선단체에 세금이 유리한 기부가 될 수 있다. 자선단체는 종종 자산의 기부를 직접 받을 수 있는 소스나 능력이 없다. 그러나 영리조직 대부분은 프로세스를 지원할 툴(tool)이 있어서 폭 넓게 평가한 투자 및 자산을 수용하고 청산할 수 있다. 이런 조직은 기부자 조언기금 계좌를 단독으로 사용하거나 개인 재단, 자선기부연금 또는 신탁과 함께 사용하여 전반적인 자선 기부전략을 강화할 수 있다. 툴마다 기능과 장점이 다르므로 특정 상황에 대해서는 재정 고문, 회계사 또는 변호사와 상담하는 것이 가장 좋다.

3) 기부 방법의 정렬(Align Your Giving Vehicles)

다음 세 가지 질문에서 보여주는 계획 전략을 통해 선호하는 자선단체가 기금이 가장 필요할 때 기부약속을 이행할 수 있다.

① 비용, 세금 책임 또는 보조금 제한에 대해 우려하고 있는가? 민간 재단은 다음의 측면에서 기부자 조언기금과(DAF) 다르다.

- 설립 및 운영 비용과 복잡성
- 세금 고려 사항
- 보조금 지원 및 요구 사항
- 투자 관리
- 당신의 참여와 프라이버시

기부자 조언기금은 효과적인 독립형 솔루션으로서 세금 공제를 극대화하고, 원하는 수준의 고유성을 유지하고, 보조금 타이밍의 유연성을 허용하며, 재단의 사명에 맞는 보조금을 제공하려는 기부자를 위해 재단을 보완할 수 있다.

② 소득 보장이 중요한가?

기부자는 현금이나 기타 자산의 양도를 통해 자선 잔여신탁(CRT) 또는 자선 기부연금(CGA)을 창출할 수 있다. 이 두 가지 모두 기부자 조언기금 계정과 함께 사용하여 융통성을 부여하고 레거시(legacy)를 확립하는 데 도움을 줄 수 있다. 자선 잔여신탁은 취소할 수 없는 신탁한 현금 또는 기타 자산의 기부로 형성된다. 기부자는 수년간 또는 평생 신탁으로 수입을 수령하고, 지정된 자선 수혜자는 신탁 기간이 끝날 때 남은 신탁 자산을 받는다. 자선 기부연금은 취소할 수 없는 현금 또는 기타 자산의 양도에 대한 대가로 공인 비영리 자격을 갖춘 공공 자선단체가 환급금으로 평생 소득으로 지불하기로 동의하는 계약이다. 수령인의 수는 최대 2명이며 공동으로 또는 연속적으로 지불할 수 있다. 자선단체는 보험 계리 적 요소에 따라 판매 대금을 결정한다. 자선 잔여신탁과 달리, 자선 기부연금의 일부는 자선단체에서 즉시 사용할 수 있으며 나머지 기부금은 수취인의 수입원을 제공하기 위해 계정에 투자된다.

③ 재산세를 줄이는 것이 중요한가?

상속세를 절감하면서 평생 동안 자선단체를 지원하려는 기부자는 기부자 조언기금을 자선 리드 신탁(CLT)의 수혜자로 명명하는 것이 좋은 선택일 수 있다. 자선 리드 신탁은 취소할 수 없는 신탁에 대한 현금 또는 기타 자산의 기부이다. 지명된 자선단체는 몇 년 동안 신탁의 이익금을 받는다. 신탁의 구성 방식에 따라 기부자는 신탁에 기증된 자산에 대해 현재 수입, 기부금 또는 재산세 공제를 받는다. 소득원 기간이 끝나면 남은 자산은 자선 대상이 아닌 수혜자에게 분배된다.

계획된 기부금은 특히 경제가 불확실한 시기에 중요한 자금이 자선단체에 계속 유입되도록 도와준다. 경기 침체기 동안 기부자 조언기금 계좌로부터 지속적으로 기부금이 이전되어 빨리 회복할 수 있도록 한다. 또한 계획된 기부는 세금 혜택을 극대화하기 위해 현금 이외의 자산을 기부함으로써 기부자를 더 나은 위치에 두게 한다.

4) 기부를 구조화 한다(Structure Your Giving)

① 자선단체의 재정을 이해한다

대부분의 자선단체는 반복적인 기부를 통한 지속적인 지원에 높은 가치를 부여하지만, 때로는 프로그램이나 조직의 중요한 목표를 달성하는 데 도움이 되는 단일 기부가 필요할 수도 있다. 선호하는 자선단체의 재정에 관해 알아볼 사항은 다음과 같다.

- 조직은 재무 상황에 대해 어떤 종류의 정보를 제공하고 있으며, 어떤 형식으로 되어 있는가?
- 조직의 회계 연도는 언제 종료되는가? (많은 조직들이 회계 연도에 프로그램과 예산을 계획한다.)
- 기금의 어느 부분이 연간 기부금 또는 기타 반복되는 재원에서 오는가?
- 조직에 영구기금이 있는 경우 수익 기대치는 무엇인가?
- 올해에 어떤 프로그램이 자금 부족에 직면해 있는가? 이번 회계 연도? 장기적?

• 조직의 재무 건전성에 가장 큰 위협은 무엇인가?

② 잠재적 장기 성장을 위해 지정된 기부 계정에 투자한다

시간이 지남에 따라 투자할 때 세금 혜택과 기부금의 잠재적 성장을 활용하여 시간을 더 많이 줄 수 있다. 이 자선 기부금은 많은 금액을 추정할 수 있도록 도와준다. 기부자 자문 기금이 어떻게 기부자에게 더 큰 영향을 줄 수 있는지 살펴본다.

③ 시간과 돈을 합친다.

은퇴 후에는 자선단체에 기부할 시간이 더 있을 수 있다. 자선 목표에 환경, 건강 및 교육이 포함된 경우 가까운 지역사회 또는 세계 곳곳에서 자원봉사를 고려한다. 개개인은 종종 평균 이상의 편견을 갖게 되어 동료에 비해 성과를 과대 평가하는 경향이 있다. 예를 들어 대다수의 미국인은 수년 동안 경제가 꾸준히 성장했음에도 불구하고 가처분 소득의 1% 미만을 자선단체에 기부한다는 보고가 있었다. 그러나 성과가 자신이 생각했던 것보다 훨씬 저조하다는 것을 알게 되면 우리는 종종 많은 일을 하게 된다.

5) 자선 기부금의 영향 측정(Measure and Review)

① 자선 기부금을 재무 계획 및 자산 관리에 통합한다

자선 기부는 재무 계획 및 자산 관리의 다른 요소와 동일하게 신중하고 전략적인 방식으로 접근해야 한다. 예를 들어 Schwab Charitable TM 기부자가 Schwab.com 계정에 로그인 할 때마다 다른 Schwab 투자 계좌와 함께 기부자 조언기금 계좌가 표시된다. 이를 통해 기부자는 투자 포트폴리오와 마찬가지로 자선 기부를 추적할 수 있다. 또한 투자 계좌에서 자선 계좌로 주식을 쉽게 기부하고 세금 혜택을 극대화할 수 있다(기부자의 기부 내역을 보여주는 Schwab Charitable 대시 보드 샘플 참조).

② 매년 자선단체의 우선순위를 평가한다.

삶의 새로운 목표로 인해 자선 기부의 우선순위가 바뀔 수 있다. 일부 기부자들은 가족이 모여 연중 기부금을 정하는 것이 전통이라고 말하기도 하고, 또한 대다수의 기부자들은 자선 계획을 연간 재정 계획과 함께 조정하기도 한다. 당신의 전통이 무엇이든 매년 당신의 자선 기부의 우선순위를 표현하고 지원하는 자선단체에 당신의 목표를 계속 반영하도록 한다.

③ 선호하는 자선단체와 연락을 유지한다.

선호하는 자선단체에서 최신 개발 내용을 확인하면 자선활동에 더 만족스러운 경험을 할 수 있다. 대다수의 기부자들은 그들의 가장 보람 있는 경험이 반드시 큰 후원금을 통해서만 얻는 것은 아니라고 말한다. 예를 들어 Schwab 자선 계정에서 자선단체에 보조금을 추천하면 보조금 수표를 포함한 보조금 보너스 편지가 지정된 자선단체로 전송된다. 이 서한은 자선 계정의 이름과 연락처 정보를 포함하도록 개인화 하거나 익명으로 유지할 수 있다.

(출처: The protocol of advising on maximize client's philanthropic Impact: www.schwabcharitable.org/public/charitable/maximize_your_impact)

4. 기부자에 대한 이해 돕기

1) 기부자 이해하기

기부자를 상대하는 사람은 기부자의 인생을 지배하고 있는 영향력에 대해 이해해야 한다. 첫째는 기부자의 가족관계 및 가족사에 대한 것이다. 둘째는 가치관, 특히 모금/기부에 대한 생각과 사후에 남기고 싶은 것이 무엇인지에 대한 것이다. 셋째는 재정관으로, 특히 사후 재산 처리에 대한 것이다. 넷째는 인간관계로, 어떤 사람과 어울리며 어떤 봉사활동을 했는지에 대한 것이다.

그림 1-16 인생을 지배하는 4대 영향력(Four Life Domain)

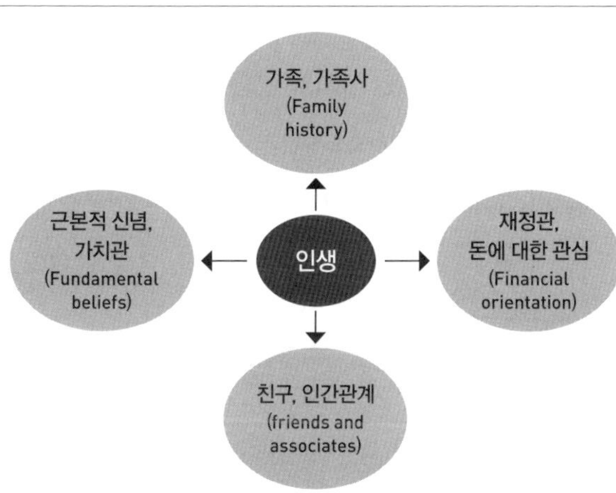

2) 기부 스타일(Giving Style)의 이해

기부자의 기부행적을 통해 기부 스타일을 살펴볼 수 있다. 그런데 만약 기부자가 단체의 모금상품에 의존해서 "알아서 좋은 일에

써 주세요"라며 어떤 선택을 하지 않는 경우는 그야말로 단체의 책무성을 낮아지게 한다. 골프 스윙도 자신만의 스타일이 있어야 멀리 정확하게 나가듯이 자신의 신념과 가치에 부합되는 기부 스타일을 찾는 것이 매우 중요하다. 기부 스타일은 교육이 필요하고, 교육을 통해 어떤 스타일이 나에게 맞는지 찾는 것이다. 미국의 Wiser Giving은 기부 스타일을 크게 6가지로 분류하여 제시하였다.

- Building Movement: 사회적, 문화적, 정치적으로 영향을 미칠 수 있는 풀뿌리 운동이나 공공 교육, 미디어 캠페인을 통한 노력들에 기부함(예: Occupy Wall Street, Tea party 등).
- Direct Service: 도움이 필요한 사람을 대상으로 직접 긴급구호, 빈곤문제 해결 등에 기부함(대부분 한국의 모금단체가 이 분류에 속한다).
- Making Change Stick: 사회적 변화의 이슈에 대해 모니터링 하는 단체에 기부함(AARP, Sierra club 등)
- Increasing Effectiveness: 단체의 필란트로피 실행에 효과를 내는 기술, 전략 기획, 확산, 새로운 거점확보보다 단체의 역량강화에 투자하는 형태
- Public Policy: 정부가 제정하는 공공정책에 영향을 미치도록 도움을 주는 곳에 기부함(Human Rights Campaign, MADD(Mothers Against Drunk Driving 등).
- Research and Big Idea: 사회적으로 영향을 미치는 혁신적인 아이디어 연구나 싱크 탱크에 투자함

3) 생산성이 높은 돕는 습관

돕는 방법도 지혜로워야 자선의 번 아웃(burn out, 소진)을 방지할 수 있다. 번 아웃 방지를 위해 다음과 같은 방법으로 교육한다.

- 도움 요청의 우선순위를 정한다. 가장 중요할 때 '예'라 대답하고, 필요할 때는 대답하지 말라.
- 에너지를 보존하여 더 큰 가치를 제공하기 위해 자신의 이익과 힘을 발휘할 방법을 제공한다.
- 기부금을 고르게 분배한다. 시간이나 기술이 없을 때 다른 사람에게 요청한다. 도움 방법에 대한 편견을 강조하지 않도록 주의한다.
- 다른 사람을 돕기 전에 자신이 먼저 산소 마스크를 장착한다. 자신의 필요를 무시하지 않으면 다른 사람들을 보다 효과적으로 도울 수 있다.
- 한 번의 관대한 행동으로 여러 사람을 도울 수 있는 방법을 찾아서 영향을 증폭한다.
- 일주일 내내 주기보다는 정해진 날 또는 시간 단위로 몰아서 한다. 보다 효과적이고 집중적이다.

주는 것이 우리의 삶을 더욱 의미 있게 만들어 주지만 항상 활력을 주는 것은 아니다. 보통 다른 사람들을 돕는 것은 사람들에게 그 정도의 작은 행복을 준다. 일부 연구에서는 실제로 수혜자가 주는 사람보다 인생에서 더 많은 즐거움이 있다고 보고한다. 그 이유를 발견하는 것은 어렵지 않다. 사람들이 받는 시점에서 이기적이지 않으면 그들 자신의 능력과 그로부터 오는 만족을 훼손한다. 관대함은 다른 사람을 돌보는 것을 의미하지만, 자신을 돌보는 것을 포기한다는 말은 아니다. 번 아웃으로부터 자신을 보호함으로써 이타적인 느낌이 들지 않을 수 있다. 실제로 더 관대함으로 주게 될 것이다.

4) 기부자의 번 아웃을 방지하는 방법

필란트로피에 이끌리는 사람들 대부분은 '주는 사람'이다. 그들은 지도자로서 도움을 줄 전문 지식과 경험을 가지고 있지만, 반면에 소진의 가장 큰 위험에 놓일 수 있다. 『Give and Take』의 저자 아담 그랜트(Adam Grant)는 자신의 시간과 에너지를 고려하지 않고 완전히 이타적이거나 자기 희생적인 방식으로 모든 사람들을 자신보다 앞에 두는 것이 사실이라고 말한다. Harvard Business Review에서는 관대성 구제에 관해 다음과 같은 해결책을 제시했다. "자기 보호 기부자(Self-Protective Givers)는 관대하지만 한계를 알고 있다. 모든 도움 요청에 대해 "예" 라고 말하는 대신, 관대함을 유지할 수 있도록 영향력이 높고 비용이 적게 드는 방법을 찾고 그 길을 따라 즐겨라."

이타적 기부자(Selfless Givers)는 다른 사람에 대한 관심은 높지만 자신에 대한 관심은 낮다. 그들은 경계를 거의 또는 전혀 설정하지 않아서 특히 수혜자들에게 취약하다. 그들은 자신의 필요를 무시함으로써 스스로를 지치게 하고, 역설적으로 다른 사람들을 덜 도와주게 된다. 에너지 측면에서 많은 비용을 들이지 않고 당신과 다른 사람들에게 유익한 방법을 찾을 수 있다면 실제로 더 행복하고 더 성공적이다. 이 퍼즐을 풀 수 있는 기부자는 실제로 'helper's high' 또는 'warm glow of giving' 때문에 Matcher와 Taker보다 더 많은 에너지 소비로 끝난다.

팟 캐스트에서 아담 그랜트(Adam Grant)는 "아니오"는 더 중요할 때 "예"라고 말할 수 있는 기회라고 말했다. 주는 사람이 번 아웃을 피하는 방법은 다음과 같다.

- 독창적이고 의미 있는 것을 제공해야 될 곳을 파악한다: 만약 자신이 훌륭한 작가라면 Excel 매크로를 사용하는 방법을 아는 것만으로 누군가에게 이것을 사용하는 방법을 가르치는 데 동의하지 마라. 많은 사람들이 얻을 수 있으며, 자신의 고유한 강점을 따르지 않을 수도 있다.
- 경계를 설정한다: 아담 그랜트(Adam Grant)에 따르면, "업계 전반에 걸쳐 가장 직접적인 지원을 제공하고, 가장 주도적인 조치를 취하고, 최고의 제안을 하는 조직에 지속적으로 기여하는 사람들은 자신의 작업 시간을 보호한다. 그들 자신의 목표까지도."
- 반응성이 아니라 적극적으로 돕는 것을 고려해 본다: 이것은 경계 설정의 한 형태일 수 있으며 번 아웃 대신 활력을 줄 수 있다. 누군가 책을 읽어 줄 것을 요청했을 때 시간이 없다면 책을 읽을 사람을 소개할 수 있다. 연결을 통해 여전히 도움을 주고 있고 자신의 시간은 보호하게 된다.
- 가능하면 도움을 조정하고 확대한다: 특정 종류의 도움에 대해 일주일에 수십 건의 요청을 받는 경우 한 번에 제공할 방법을 설정하는 것이 좋다. 같은 종류의 질문을 자주 받는 경우, 공유할 FAQ 문서를 만들어 자신이 배운 내용을 기꺼이 공유하여 도와줄 수 있다.
- 스코프 크리프(scope creep)에 주의한다: 가장 힘든 도움 중 하나는 일회성으로 생각한 것이 정기적인 헌신이 될 때이다. 그러므로 당신의 시간과 능력의 범위에 대해 명확하게 설명한다.
- 5분의 호의를 받아들인다: 누군가 도움을 요청하면 5분 이내에

목표를 달성할 수 있는 사람 또는 기타 리소스를 참조하여 도움을 완료하도록 한다. 매일 한 번의 작은 호의가 아닌 일주일에 5개의 호의를 한다면 더 큰 영향력과 만족감을 느낄 것이다.

- 당신의 약속을 최우선으로 생각하라: 내부 계층 구조를 갖추면 언제 대답해야 하는지 알 수 있다.
- 수용자를 조심한다: 당신은 주는 사람으로서 훌륭한 'Taker' 레이더를 가지고 있을 수도 있고 그렇지 않을 수도 있지만, 먼저 지원하지 않고 당신을 대신할 사람들을 발견하는 법을 배운다.
- 다른 번 아웃 증상(스트레스 증가, 분노, 좌절 등)을 찾는다: 특히 주의를 기울인다. 분개는 화상을 입었다는 신호이다.

5) 기부자의 의중 파악

① 기부자의 의중

기부자와의 대화는 내용(text)보다 맥락(context)이 더 중요하다. 예를 들어 단체의 장이 팀장들과 회의를 했다고 하자. 각 팀장들은 부서로 돌아와 팀원들에게 회의 결과를 전달한다. 그런데 여기서 전달되는 얘기를 들여다보면 '배경 설명'이 있고 '결론'이 있는데, 어느 팀장은 결론은 9분동안, 배경 설명은 1분동안만 할애한다. 다른 어느 팀장은 배경 설명에 9분을, 결론은 1분을 할애한다. 전자는 설득이 아니라 설명이다. 아니, 지시에 가깝다. 의도와 이유를 밝힘으로써 배경을 공유한 후자가 기부자의 의중을 잘 전달할 수 있는 사람이다. 의중은 실제로 있을 수도 있고 없을 수도 있다. 하지만 늘 있다고 생각하는 것이 바람직하다. 그래야 의중이 보인다. 없다고 생각하는 사람에게는 절대 보이지 않는 게 의중이기 때문이다.

의중과 관련해 우리는 니즈(needs: 필요한 것, 결핍, 필요조건)와 원츠

(wants: 원하는 것, 욕구, 충분조건)를 구분해야 한다. 뜻은 비슷하지만 두 단어 사이에 미묘한 차이가 있다. 니즈는 겉으로 드러나지만 원츠는 꼭꼭 숨겨져 있다. 자기 술잔이 비었을 때 술을 달라고 말하는 것은 니즈에 해당한다. 자기 술잔이 빈 것에 대해서는 말하지 않고 상대에게 한잔하라고 권하는 것은 원츠를 표현한 것이다. '내 잔이 빈 것을 봐 달라'는 것이다. 니즈와 원츠를 기부자의 의중에 대비시켜 보자. 니즈는 기부자라면 누구나 가져볼 만한 바람, 희망 같은 것으로 내세우는 입장이다. 이것은 이미 드러나 있다. 이에 반해 원츠는 기부금 요청을 받아들인 기부자만의 바람, 욕망이고 숨겨진 관심사다. 이것은 겉으로 드러나지 않는다. 바로 이 원츠가 기부자의 의중이다.

② 기부자의 본심

기부자는 누구나 본심이 있다. 기부 선진국은 기부자의 본심을 최대한으로 인정하는 방향에서 모금을 한다. 한국은 애써 본심을 외면하는 것이 진정한 모금이고 기부자라고 믿는 사람이 많다. 사람마다 정도의 차이는 있지만 기부자가 원하는 것이 무엇인지 크게 4가지로 분류해 볼 수 있다. 기부에 관한 논쟁의 주제와 그에 따른 개혁의 내용도 이 4가지와 관련이 있다.

- 영향력(Influence): 아무리 좋은 일이라도 내가 포함되지 않으면 관심사에서 멀어진다. 자신이 대부분 출연하여 재단을 만들면 직간접이든 영향력을 행사하고 싶어 한다.
- 기간(Duration): 자신이 투자한 기부금이 영원히 또는 다음 세대까지 유지되기를 원한다. 보통은 20~30년 정도를 한 세대로 제한을 하지만 미국에서는 10년 이내로 소진하자는 'Bold Giving' 운동이 활발하다.

- 결과(Outcome): 기부한 후 잊고 지내는 것이 아니라 제대로 긍정적인 결과를 가져와 사회에 변화를 이끌어내고 싶어한다. 하지만 어떻게 측정하는가에 따라 서로 기대치가 다를 수 있다. 과도한 결과를 제시하도록 요구하는 것은 오히려 효율이 떨어진다는 논쟁이 있다.
- 인정(Recognition): 기부한 것에 대해 한번보다 여러 번 길게 칭찬과 존중을 받고 싶어한다.

기부금을 받기 전에 대화를 통해 기부자의 본심이 무엇인지 발견하는 것은 매우 중요한 일이다. 문제는 어느 선까지 인정하는가에 달려 있다. 위법인지 비윤리적인지 종목에 따라 다르기에 세심한 연구가 바탕이 된 지침서가 필요하다.

6) 열정 공학: from monetized passion to monetized compassion

① 열정(Passion)

기부자를 자문할 때 기부자의 잠재된 열정(passion)을 찾아내기 위해 열정(passion) 공학을 이해하면 도움이 된다. 열정을 물리적으로 설명하자면 열과 같은 에너지로 구성되어 있어서 열역학 제1, 2법칙[1]과 통한다. 열은 뇌에서 나오는 화학적 반응의 한 줄기이다. 그래서 자연적으로 기부자 DNA에 있을 수 있고 외부적인 영향으로 나올 수 있다. 주로 동기, 의지 상태로 표출되기도 한다. 열정은 전염성이

---

1 열역학 제1법칙은 어떤 고립된 계의 총 내부에너지는 일정하다는 법칙이다. 2법칙은 고립계에서 총 엔트로피(무질서도)의 변화는 항상 증가하거나 일정하며 절대로 감소하지 않는다.

강해서 퍼져 나가기 쉽다. 열정들이 모여 공유된 동정이 생기면 연민(compassion)이 된다. 모금은 연민(compassion)의 epic test[2]이다. 열정을 돈으로 환산하여 교환도 하고 평가도 하지만 시간이 문제이다. 임시적인지 인위적인지 알 수 있는 방법이 시원치 않다. 열정이 에너지의 일종이라면 물리적으로 파동인지 입자인지 현재로서는 그다지 중요하지 않다. 상대가 열정을 느끼고 받아들여서 영향을 미친다는 점이 중요하다. 리더는 열정에 발생하는 에너지로 주파수의 공명을 맞추고 한 곳으로 모아 사용할 수 있는 에너지로 변환시키는 사람이다.

지식에 대한 열정, 권력에 대한 열정, 인정욕구에 대한 열정 등 열정을 대상으로 장사를 한다. 그런 열정을 돈으로 환산하는(monetized passion)것은 일반 투자 모금이고, 연민을 돈으로 환산(monetized compassion)하는 것이 필란트로피 사업이다. 돈은 인위적이고 일시적으로 열정을 살수 있다. 그 열정의 성질은 달라도 결과는 좋게 나온다. 그래서 모금가에 대해 'passionate professional'이라 부른다.

② 연민(Compassion, 측은히 여김, 동정심)

연민은 다른 사람의 신체적, 정신적, 정서적 고통을 돕기 위해 자신의 길을 떠나도록 동기를 부여한다. 이것은 종종 고통에 대한 감정적 측면인 감수성을 갖는 것으로 여겨지지만 공정성, 정의 및 상호 의존성과 같은 뇌 개념에 기초할 때 그것은 합리적으로 간주될 수 있으며, 그 적용은 건전한 판단에 기초한 활동으로 이해된다. 개인의 연민은 종종 '깊이', '탐구' 또는 '열정'의 속성과 동등한 측면도 있다. '연민'의 어원은 라틴어로서 '공동-참담'을 의미한다. 연민에는 '다른 사

2 영웅적이고, 대담하고, 생명보다 크고, 절망적이며, 웅장하고 광대함 뜻으로도 쓰인다.

람에 대한 느낌'이 수반되며, 사람 중심의 적극적인 동정심을 위해 '다른 사람으로 느끼는' 능력으로, 일반적으로 적극적인 연민은 다른 사람의 고통을 완화하려는 욕구에서 나온다. 연민은 고통에 대해 자신을 움직이게 하고, 그것을 완화시키고 예방하려는 동기를 경험한다. 연민은 도움이고 인내와 지혜이다. 이것은 종종 이타주의로서 사회적 맥락에서 나타나는 것의 핵심 요소이지만 불가피한 것은 아니다. 연민의 표현은 반응적으로 계층적, 친부 주의적이며 통제력이 있는 경향이 있다. 동정심(sympathy)과 연민(compassion)의 차이는 전자는 슬픔과 걱정으로 고통을 받는 것에 반응하고, 후자는 따뜻함과 관심으로 반응한다는 것이다.

③ 열정(passion)과 연민(compassion)의 차이

열정(passion)과 연민(동정심, compassion)은 개인이 느낄 수 있는 두 가지 감정이다. 겉으로 보기에 가끔 구분이 힘들 때도 있다. 열정은 열의 및 흥분 또는 욕구나 낭만적인 느낌에 대한 강력한 감정과 관련이 있으며, 연민은 타인의 고통을 인식하여 그것을 완화하려는 욕망과 관련이 있다. 열정과 연민의 주된 차이점은 열정은 우리 자신의 욕구와 소망을 충족하려는 내적 느낌이고, 연민은 우리가 다른 사람을 도우려는 외적 느낌이라는 것이다. 다시 말해서 열정은 우리 자신에게 행복을 주며, 연민은 우리가 다른 사람에게 행복을 준다.

5. 레거시 기부에 대한 교육

1) 레거시 기부에 대한 리더십 교육

우리는 자원봉사자와 단체의 지도자들이 왜 레거시 기부가 조직의 미래에 중요한지를 이해하도록 도와주어야 한다. 이를 위한 접근방식은 장기 목표와 지속 가능성의 중요성에 대한 토론을 촉진하고, 결과를 중심으로 하는 투자를 장려하며, 레거시 기부에 대한 광범위한 참여를 포함해야 한다. 우리는 후원자들이 레거시 기부에 대해 다음과 같이 인식하도록 도와주어야 한다.

- 부자를 포함한 모든 사람을 위한 것이다.
- 자신의 가치를 반영하고 표현하는 의미 있는 방법 중에서 가장 대표적인 것이다.
- 장기적으로 이슈가 되는 것을 개선할 수 있다.

그리고 우리는 후원자들을 조직의 목표와 열망에 관한 대화로 이끌어야 한다. 이들이 단체의 비전에 참여하도록 하는 것은 장기적 지원을 장려하는 중요한 단계이다. 기부자들은 자선활동의 영향에 대해 더 많은 정보와 더 나은 이해를 원한다. 소규모 조직도 레거시 기부가 미션 기반 결과를 달성하는 데 필요한 이유에 대해 후원자에게 교육하고, 간단하고 접근 가능한 형태의 기부를 장려함으로써 성공적인 프로그램을 구축할 수 있다. 자선단체가 단순한 형태의 레거시 기부에 대한 인식을 제고하고 교육을 제공하는 데 중점을 둔다면 성공적인 레거시 기부 프로그램을 구축하고 레거시 기부를 자선 가치의 자연스러운 확장으로 보는 기부자의 수를 늘릴 수 있다.

커뮤니케이션 및 마케팅 노력은 왜 기존의 기부가 중요한지 설명하고 참여를 장려하는 데 집중해야 한다. 레거시 기부 프로그램을 구축하고 유지하는 것이 복잡하지만 많은 시간과 자원을 투자할 필요는 없다. 친지와 후원자를 교육하기 위한 간단한 단계를 수행하고 레거시 기부자와 그들이 제공하는 장기적인 지원을 소중히 여기는 조직 문화를 개발함으로써 성공적인 레거시 기부 프로그램을 만들 수 있다. 자선단체는 우리 삶에 영향을 미치고 지역사회를 풍요롭게 한다. 그들이 사회에서 하는 역할은 매우 중요하다. 비영리 부문이 성장하고 지속된다면 건강한 미래를 위해서 레거시 기부는 필수이다.

비영리단체가 미래 세대의 삶에서 역동적으로 역할을 유지하려면 미션 기반의 재정관리에 대한 토론을 장려하고, 이를 촉진하기 위한 공동의 노력이 필요하다. 직원과 자원봉사 지도자가 사명, 가치 및 관계에 중심을 두어 레거시 기부를 장려해야 한다. 결국 이것이 효과적인 자선활동이 아닌가? 성공적인 레거시 기부 프로그램에는 몇 가지 필수 구성요소가 필요하다. 다음 질문의 답을 함으로써 조직의 준비 상태를 검토하고 평가할 수 있다.

- 사명: 레거시 기부는 어떻게 단체의 미션을 강화할 수 있는가?
- 사례: 장기적인 재원 요구와 원하는 결과를 설명할 수 있는가?
- 지도력: 직원과 자원봉사자들이 유산기부 필요에 동의하는가?
- 전망: 조직의 미래를 걱정하는 후원자가 있는가?
- 청지기 직분: 기존 기부자들의 참여를 환영하는가?
- 커뮤니케이션: 레거시 기부를 촉진하는데 어떤 기회가 있겠는가?
- 프로그램 계획: 레거시 기부에 일관된 노력을 기울일 수 있는가?

2) 유산기부 프로그램 활성화를 위한 워크샵의 필요성

워크샵에는 조직의 계획된 기부 효과를 높이고 레거시 기부에서 예상되는 호황을 놓치지 않기 위한 몇 가지 실질적인 권장 사항을 포함한다. 조직이 할 수 있는 일 중 하나는 고액기부와 유산기부 모금 행사 사이의 시너지 효과를 높이는 것이다. 특히 고액기부 담당자에게 기부자 상황을 이해하여 자신의 상황에 적합한 동력을 파악할 수 있는 충분한 정보를 제공함으로써 기부 자문사로서의 역할도 수행할 수 있고 계획된 기부와의 연계를 촉진할 수 있다.

이를 위해 계획된 기부 기회를 식별하고 탁월한 지식과 자신감을 제공할 반나절 워크샵을 설계할 필요가 있다. 계획된 기부를 위한 연결 만들기 워크숍은 고액기부 담당자에게 직관적인 기부자 중심의 방식으로 계획된 기부 동력 및 복잡한 부동산 정보를 설명하고 기부자 및 잠재기부자에게 더 많은 기회를 제공할 수 있는 권한을 부여할 기회를 준다.

3) 고액기부자를 위한 현명한 기부 조언

고액기부자는 기부 전에 자선단체의 사명을 먼저 이해해야 한다. 자선기금 서비스를 넘어 더 깊이 조사하고 싶은가? 수익 및 지출에 대한 추가 조사가 필요하다면 더 깊이 조사해야 한다. 이 조사에서 고려해야 할 주요 사항은 다음과 같다.

① 자선단체의 양식 990 Form(미국의 경우)을 연례 보고서 및 감사 재무제표와 비교했는가?

미국의 경우에 990 Form은 종종 불투명할 수 있으며 조직의 특정 프로그램에 대한 세부사항을 알려주지 못할 수 있다. 이런 서류를 검토하기 위해 회계사 또는 재정 고문이 비영리 회계에 대해 알아야 할 수도 있다. 감사된 재무는 더 많은 정보를 담고 있을 수 있다.

② 자선단체는 '공동 비용 할당'을 실시하는가?

이는 기금모금과 관련된 회계 전문 용어인데, BBB Wise Giving Alliance에 따르면 전국적으로 요청된 자선단체 중 20% 이상이 자선단체의 사명에 실제로 지출된 비용을 측정하기 위해 물을 진흙탕으로 만들 수 있는 이 관행을 채택했다고 한다. 명확한 그림을 얻으려면 자선단체의 주요 목적을 파악해야 한다. 그것이 주로 풀뿌리 운동이나 대중 인식 조직(귀하가 기부금을 공제할 수 없음을 의미)인 경우 공동 비용 할당이 의미가 있을 수 있다. 연구 자금 조달 노력을 기울이면 할당량이 적자일 수 있다.

③ 자선단체는 어떻게 그 효과를 평가하는가?

연례 보고서에서 몇 가지 예를 볼 수 있어야 한다. 또한 성공에 대해 자선단체에 직접 문의해야 한다. 조직은 독립 감사를 사용하여 성과를 벤치마킹 하는가? 실패한 곳은 어디인가? 투명한 자선단체는 진척상황 보고서와 함께 이 정보를 제공해야 한다. 『Reinventing Philanthropy』(Potomac Books, 2013)의 저자인 Eric Friedman은 벤치마크를 통해 효과를 측정할 수 없는 자선단체는 "효과적인 프로그램이 있을 수 있지만 기부자가 얼마나 효과적인지 이해하거나 다른 옵션과 비교하기는 어렵다. 오해의 소지가 있는 재정적 조치에 집중하지 않았다."고 했다.

④ **학술 연구가 단체의 미션을 지원하는가?**

조직은 자신의 사명을 처리하는 비효율적인 방법에 자금을 지원할 수 있다. GiveWell과 같은 부티크 자선 정보 서비스는 2007년 창립 이래 수년 동안 고려한 수백 개 조직 중 3개 기관에게만 권장한다. GiveWell은 권장 자선단체가 "입증되고 비용 효과적이며 확장성이 뛰어나고 투명하다는 것을 보여주기 위해 광범위한 연구를 수행한다" 라고 알렉산더 버거(Berger) 수석 연구 분석가가 말했고, 또한 "우리는 모든 자선단체를 평가하지 않고 가능한 최상의 기회를 찾는 것을 목표로 하기 때문에 우리는 우리의 기준에서 벗어나는 자선단체는 조사하지 않는다."

⑤ **경고 신호를 조심한다.**

비영리 회계 및 보고가 불완전할 수 있으므로 의심스러운 활동을 숨길 수 있다. CharityWatch의 CEO인 Daniel Borochoff는 미국 자선 박람회(American Institute of Philanthropy)에서 600개의 자선단체에 A에서 F까지 채점 시스템을 평가하고 비영리단체의 폭력을 폭로하려는 감시 접근 방식을 취한다. "계속되는 비열한 보고가 많이 있다."라고 Borochoff는 말했다. 그는 치어카스테리가 기부금이 과대 평가될 수 있는 '현물 기부' 또는 동물, 어린이, 참전 용사 등과 관련된 자선단체에서 종종 발견될 수 있다고 말했다. 임무 수행에 거의 도움이 되지 않는 모금 활동이나 임원의 활동비 및 기타 목적으로 전환되는 기금일 수도 있다.

⑥ **포괄적인 조언이 필요한가?**

세금이나 부동산 계획에 대한 고려사항이 있다면 자산 관리자, 부동산 기획 변호사 또는 공인 재정 계획가와 함께 일하는 것이 타당하다. 전문가들은 당신이 더 깊이 자선단체를 도울 수 있는 비영리 회계에 대한 통찰력을 가지고 있다. 전문가들은 단체의 임원 급여 및 프로그램 관련 비용과 같은 비영리 부문 품목을 면밀히 조사할 수 있다. "우리는 자선단체에 직접 접근하여 단체가 기부자가 원하는 곳에 기부금을 사용하고 있는지 확인해야 한다"고 말했다.

⑦ 자선단체가 현금을 너무 많이 사용하거나 보유하고 있는가?

자선단체가 현금을 사용하거나 다른 목적에 사용하고 있는지 알아야 한다. Wise Giving Alliance의 표준에 따르면 사용할 수 있는 자선단체의 무제한 순 자산은 전년도 비용의 3배 또는 현재 예산의 3배 중 큰 금액에서 3배 이상을 넘으면 안 된다고 했다. 평가 경험이 풍부한 회계사가 필요할 수 있다. 궁극적으로는 기부자로서 돈이 즉시 프로그램에 사용될 것인지 또는 사이드라인으로 처리될 것인지를 알아야 한다.

이러한 등급과 재정 정보로 무엇을 할 수 있는가? 비영리 회계 계좌에 포커스를 맞추어 모든 자선 연구 서비스를 이용할 수는 있지만, 그렇다고 자선사업이 가치가 있는지 알려주지는 못한다. 당신은 당신의 자선목표를 자세히 설명할 수 있는가? '오캄의 면도날 접근법(단순한 것일수록 뛰어나다, 불필요한 가정을 늘이지 마라 등의 의미로 해석)'을 채택하는 것이 편리할 것이다. 자선 퀘스트를 당신과 당신 가족에게 가장 중요한 임무로 할당하고, 가장 효과적인 조직을 조사한다면 실사(Due Diligence)가 필요하다. 대부분의 자선활동과 마찬가지로, 당신이 얻는 만족도는 당신이 조직에 힘을 실어주고 있는 정도와 관련이 있다. 참여하기는(또는 실제로 실전에 참여하는 것을 보는 것) 만족스러운 경험이 된다.

4) 기부자의 투명성

일반적으로 투명성이라면 단체의 투명성을 말하곤 하지만 기부자문사는 반드시 기부자의 투명성을 거론해야 한다. 기부자의 투명성은 기부와 관련된 가치, 목표, 꿈, 걱정, 요망에 대해 솔직하도록 격려하는 것을 말한다. 주로 6가지 주제로 투명을 말한다.

- 개인적 및 공적으로 인정받고 싶은가: 대부분의 기부자는 나름대로 인정을 받고 싶어하지만 어느 기부자는 무슨 수를 쓰더라도 피하려는 사람도 있다. 추측으로 짐작하지 말고 대화하여 알도록 해야 한다.
- 기부를 결정할 때 어떤 사람의 동의가 필요한가: 주로 배우자가 결정 권한을 가질 수도 있다. 부모 및 자녀, 사업파트너, 또는 다른 중요한 사람이 배후에 있을 수 있다. 한국에서는 유류분 문제가 있으니 미리 말하도록 조언한다.
- 기부 뒤에 숨어 있는 개인적인 동기가 무엇인가: 사람마다 다르지만 부모님을 기쁘게 하기 위해서, 자손에게 좋은 사람으로 기억되기 위해서, 또는 단지 자신의 이름을 남기기 위해서 기부할 수 있다. 동기를 파악하지 못하면 나중에 단체와 갈등의 원인이 되기도 한다.
- 기부자는 기부 후에 단체와 어떤 관계를 맺고 싶은가: 이 부분에서 가장 많이 놓치게 된다. 기부는 관계의 시작인데 관계를 정리하자는 뜻으로 오해하는 경우이다. 이것이 불편한 관계의 시작이 된다. 직원의 전화에 반가워하기도 하고 짜증을 내기도 한다.
- 기부자의 삶에서 자선은 어떤 역할을 하는가: 많은 사람이 인생이 바뀔 만한 경험, 가족의 죽음, 심각한 병, 직업 전환, 영적 각성

으로 필란트로피스트가 된다. 종교적 가치, 정치적 사회적 확신, 가족의 전통 등에 이끌려 하게 되는 사람도 있다.

- 기부자의 마음 속에 깊이 드는 의심과 걱정은 무엇인가: 자신이 낸 기부금이 제대로 사용되고 있는지, 단체가 일을 제대로 하는지, 단체가 했던 말 대로 정말 실행할 수 있는지 등, 많은 기부자가 이런 생각을 하고 있지만 실제로 말로나 글로 표현할 만큼 솔직한 사람을 찾기 힘들다. 아직 이야기할 준비가 되어 있는 것은 아니다. 하지만 분위기나 환경이 조성된다면 솔직한 대화 후에 보람 있는 관계로 발전하게 된다.

투명성은 일방통행이 아니다. 기부 자문사 역시 마음을 열고 경청할 준비가 되어 있어야 한다. 한편 비영리단체의 투명은 다음 사항을 말한다.

- 단체의 실수와 실책: 성공을 자랑스럽게 홍보만 하고 실패를 말하거나 배운 것을 공개하기를 주저한다.
- 시간에 따른 단체의 전략 변화: 마음을 바꾸면 약해 보이거나 무능해 보이고 창피하다고 생각한다. 하지만 훌륭한 단체는 변화하는 환경에 전략을 바꾸고 그것을 이해관계자에게 과감하게 업데이트하는 배짱이 있다.
- 단체가 갖고 있는 태생적 약점과 무지 또는 불확실성: 요즘의 이슈는 그리 간단하지 않고 여러 이해관계가 얽혀 있기에 전문가 사이에도 해결점에 의견이나 지식의 격차가 심하다. 단체가 제시하는 해법이 증명되지 않을 수도 있고 불안전 하지만 여전히 지지할 가치가 있는 것에 말하는 것을 주저하면 안 된다.

단체의 파트너 특히 후원자들과 투명하게 의사소통을 한다는 것은 그리 쉬운 일이 아니다. 암암리에 벌어지는 오류나 실수를 감추면 점점 더 큰 불신으로 관계를 유지하기 힘들다. 반면에 솔직하게 실수, 불확실성, 무지에 대해 서로 솔직하게 말할 때 파트너는 더 많이 공감하고 협력의 도움을 제공한다.

Estate Planning (상속계획)

1. 레거시 기부(Legacy Giving)

유산기부는 영어로 Deferred Giving(연기된 기부), Planned Giving (계획된 기부), Gift Planning(기부계획)으로 부르지만 전문 모금가들 외에는 잘 사용하지 않는 용어이다. 일반 사람이 이해할 수 용어는 레거시 기부(Legacy Giving)라 한다.

- 동사일 때: 자선단체에 미래의 기부금을 만들어 자신의 가치를 전달
- 명사일 때: 좋아하는 이슈를 강화하기 위한 예견된 행동

레거시 기부를 통해 조직을 강화할 수 있는 기회를 놓치지 말아야 한다. 한국도 미국처럼 역사상 최대의 세대 간 부의 이전을 경험함에 따라 유산기부를 장려할 좋은 시기이지만 자선단체가 스스로를 강화할 수 있는 기회를 놓치고 있는 현실이다. 유증, 신탁을 포함한

수혜자를 위한 자선단체에게 생명 소득 마련 및 기부금 기부는 모두 유산을 주는 형태를 나타낸다.

비영리단체는 지난 30년 동안 폭발적인 성장을 경험했으며 경쟁은 더 심화되었다. 단체의 장기적 생존이 재원의 다양화 및 강화에 달려 있음을 점점 더 인식하고 있다. 자선 기부의 대부분은 재단이나 기업이 아닌 개인이 제공하기 때문에 단체는 개인 기부자와의 관계를 발전시키고 관리하는 데 점점 더 집중하고 있다. 성공적인 조직은 장기적인 관계를 유지하기 위해 기부자 중심의 커뮤니케이션이 필수적이라는 것을 알고 있다. 그러나 대부분의 단체는 전략적 자원개발 노력의 일환으로 레거시 기부를 아직 수용하지 않고 있다.

미국인의 거의 70%가 평생 동안 자선단체에 기부하고, 이 가운데 10% 미만은 레거시 기부를 한다. 사람들이 평생 동안 단체를 지원하는 데는 관대하지만 죽음을 대비해 그들을 위한 준비를 하지 않는 이유는 무엇일까? 대부분은 요청을 받지 않았기 때문이다. 비록 우리가 세대 간의 부가 이전되고 있지만 단체는 레거시 기부가 미션 기반 목표에 미치는 영향에 대해 후원자와 이야기 할 기회를 놓치지 않아야 한다. 레거시 기부는 조직의 장기적인 재무 안정성과 지속 가능성을 달성할 수 있도록 한다.

레거시 기부는 다음과 같은 이유로 단체의 모금활동을 강화하고 다양화할 수 있는 강력한 수단을 제공한다.

- 일반적으로 수입원이 된다.
- 거의 모든 사람이 기존 기부를 만들 수 있다.
- 대부분의 사람들에게 가장 큰 기부이다.
- 레거시 기부 활동에 투자하면 수익률이 높다.
- 레거시 기부자는 일반 기부자 보다 더 큰 연례 기부를 한다.

• 매우 쉽게 만들 수 있는 많은 형태의 레거시 기부가 있다.

왜 더 많은 자선단체가 레거시 기부를 찾지 않는 것인가? 우리는 그것을 너무 복잡하게 만들었기 때문이다. 전통적으로 계획된 기부금을 다루는 기술이 단체와 후원자 모두에게 위협으로 느껴진다. 또한 의사 소통 및 마케팅 노력은 종종 이러한 형태의 기부가 왜 중요한지 설명하지 않고 기부금을 만드는 방법에만 중점을 둔다. 대부분의 자선단체는 모금방법과 모금 채널, 그리고 규칙 및 규정을 준수하기 위해 직원을 투입할 자원과 시간이 부족하다. 그래서 대부분의 조직에서는 복잡한 기부 채널을 통해 홍보할 수 없는 실정이다. 레거시 기부를 마케팅, 디자인 및 확보하는 데 필요한 지식은 광범위하며 규칙과 규정은 다양하고 끊임없이 변화한다. 다양한 기부가 어떻게 작동하는지, 관련된 세금 정책, 자산관리 고려 사항 및 회계 규칙에 대해 이해하는 것이 어려워서 후원자들에게 레거시 기부를 홍보해야 하는 자선단체들이 두려워하는 것이다.

아이러니하게도 생명 소득 신탁 및 기타 복잡한 기부를 유치하는 데 필요한 모든 작업과 지식은 실제 레거시 기부 수익에 비하면 지극히 작은 일에 불과하다. 대부분의 레거시 기부 수익은 요청에 의해 조성된다. 조직은 유증으로 기부를 장려하고 현금과 저축 또는 연금 계좌의 수혜자로서 자선단체의 이름을 지정하는 편의성을 강조함으로써 더 많은 기금을 얻을 수 있다.

> "공공 자금이 줄어들고 많은 고객들이 그들의 일상적인 요구를 충족시키기 위해 고군분투함에 따라, 우리는 많은 지역 사회 서비스를 제공하기 위한 수단으로서 레거시 기부를 장려해야 한다."
>
> – Roberta Berner, 전무 이사

"공공 자금은 줄어들고 많은 고객들의 일상적인 요구는 충족시켜야 하므로 우리는 지역사회에 서비스를 제공하기 위한 수단으로서 레거시 기부를 장려해야 한다."

– Roberta Berner, 전무 이사

"레거시 기부는 기존의 계획된 기부를 넘어 연장된 목표와 달성 가능한 목표, 장기적인 지원을 수용하는 조직 문화, 그리고 자선단체의 사명과 미래에 대한 광범위한 토론에 다른 사람들을 참여시키기 위한 지속적인 노력이 필요하다."

– Charles Gordy, 계획 기부 담당 이사
(뉴햄프셔 그래프턴 카운티 노인 시민 협의회)

"모금활동의 일원으로서 우리는 유산기부를 옹호할 수 있는 능력을 개발함으로써 기부자들에게 더 나은 봉사를 할 수 있는 기회를 가지게 된다."

– 하버드 법학대학

1990년대에 계획된 기부가 증가함에 따라 기부 수량화 기준을 설정하는 데에 관심이 많아졌다. 이러한 관심은 조직 전반에 걸쳐 비교의 책임성 및 일관성 유지를 위한 측정 및 계획 목표를 수립하기 위해 광범위한 모금 분야에서의 노력을 반영했다. 자발적인 보고 표준은 계획된 기부 프로그램을 가진 자선단체가 기금모금 보고서에 취소할 수 없는 계획된 기부금을 계산할 수 있도록 개발되었다. 그러나 측정 표준으로 인해 예상치 못한 결과가 발생했다. 기존 기부의 측정 모델은 라이프 소득 기부에 불균형한 강조점을 둔 결과를 가져왔다. '성공적인' 계획 기부 프로그램을 가진 많은 자선단체는 복잡한 기부를 홍보하는 데 많은 노력을 기울인다. 이런 노력에 더하여 측정을 달성하기 위한 노력도 따른다. 수량화에 대한 욕구는 자선 유산을 만드는 사람의 수를 늘리는 것보다 복잡한 기부에 더 많은 관심을 기울이는 불행한 결과를 초래했다. 궁극적으로 우리는 취소할 수 없는 유산 기부를 언제 받을 수 있는지 결정할 방법이 없다. 측정은 일반적으로 칭찬할 만한 목표이지만 레거시 기부를 수량화 하려고 시도하는 것은 천사의 머리에 꽂힌 핀의 수를 세는 것과 유사하다.

기부 프로그램의 주요 목표가 기금을 모으는 데 있다면, 우리는 최대한의 수익 발생을 위한 방법에 시간과 노력을 집중해야 한다. 대부분의 사람들이 생명 소득 신뢰에 대한 전망은 아니지만, 거의 모든 사람이 의지 또는 수혜자 지정을 통해 유산 기부를 만들 수 있다.

우리는 다음 사항을 통해 노력을 측정해야 한다.

- 레거시 기부에 대해 친지 및 후원자와 이야기하라.
- 유산기부에 가입할 후원자를 모집하라.
- 기존 기부자의 중요성에 대해 언급하고 감사하라.

진정한 성공은 폭 넓은 참여로 측정해야 한다. 우리는 유산기부에 참여하는 개인의 수를 늘리는 것에 초점을 맞추어야 한다. 기부 채널 홍보에 중점을 두지 말고 기존 기부가 업무에 어떤 영향을 미치고 강화할 것인지에 대해 더 많은 시간을 할애해야 한다.

> "우리는 후원자들이 독립적이고 생산적이며 충실한 삶을 영위할 수 있도록 사람들을 지원하기 위해 레거시 기부를 유치해야 한다는 것을 알게 되었다".
>
> –Mark Woroby, 전무 이사(와일드 우드 재단–N.Y. 앨 버니)

2. 사후 신탁과 생전 신탁

신탁은 유언장을 통하여 사망 후 비로소 그 효력을 발휘한다. 본인이 사망 후 효력이 발생하는 신탁을 '사후 신탁(Testamentary Trust)'이라 하고, 본인이 살아 있는 동안에도 효력을 발휘하는 신탁은 '생전 신탁(Living Trust)'이라고 한다.

그림 1-17 사후신탁과 생전신탁

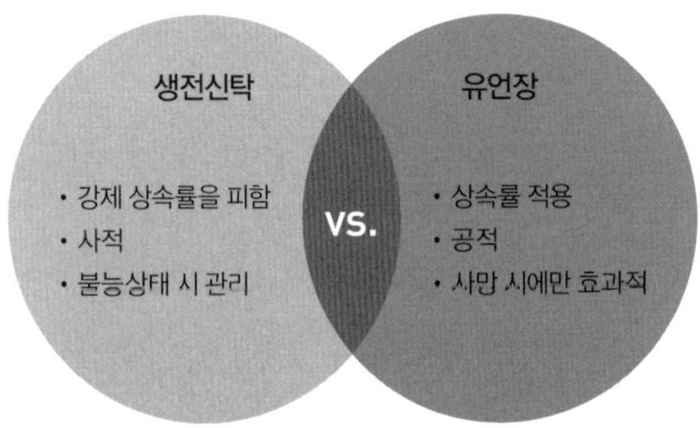

그렇다면 신탁(Trust)이란 무엇을 말하는 것인가? 신탁이란 말을 들으면 은행에서 운영하는 저축상품 중 하나를 떠올리기 마련이다. Trust라는 단어에는 여러 뜻이 있지만, 미국에서는 이를 상속계획의 중요한 방법으로 활용하고 있다. 신탁은 신탁자(Trustor)가 수혜자(Beneficiary)의 이익을 위하여 신탁자의 재산에 대한 처분권한을 수탁자(Trustee)에게 맡기는 일종의 3자 간의 법률계약서이다. 모든 신탁은 개념적으로 삼각관계이다.

신탁을 세웠던 이유는 무엇일까? 간단히 말하면 죽은 뒤에도 재산을 자신의 의지대로 관리하고 영향력을 행사하고 싶다는 강한 의지의 표현이면서 사생활 보호 차원이기도 하다. 신탁 없이 유언을 남기는 경우 사망과 동시에 유언은 공증 법원에서 공공기록이 된다. 이에 반해 신탁계약은 계속 개인적인 법률서류로 남는다. 또 이러한 법원절차를 거치면서 발생하는 공증 비용을 줄이기 위한 목적에서도 신탁을 세운다. 그리고 어떤 방식으로 신탁을 세우는가에 따라 상속세나 증여세 등 세금을 절약하는 효과도 있다.

3. 유산기부 담당자의 규율

단일 고액기부 담당자(MGO, Major Gift Officer) 혹은 유산기부 담당자(PGO, Planned Giving Officer))는 보통 150명의 잠재기부자 목록을 가질 수 있으며 각 담당자는 기부자 관계를 직접 주도한다. 대면 대화는 기부자와 시간을 보내는 가장 좋은 방법이다. 반면, 기존의 개발 부서는 잠재기부자와 과거의 기부자에 대한 데이터베이스를 이용해 기부자에게 지속적으로 영향을 미칠 여러 전략을 활용한다. 유산기부의 7가지 원칙을 준수함으로써 규모에 관계없이 광범위한 기부자층과 효과적으로 의사 소통을 촉진하여 짧은 시간 내에 큰 기부를 받을 수 있는 기반을 제공할 수 있다.

① 인식

기부자에게 기부를 인정해 주는 것은 전화나 이메일로 "감사합니다"로 표현하는 것 이상의 의미가 있다. 기부자가 기부한 직후는 기부자에게 조직에 참여할 수 있는 가장 좋은 기회가 되는 때이다. 기부자가 어떻게 유산기부의 기부자가 되었으며 누가 동기를 부여했는지를 자문한다. 환자가 감사의 표시로 기부한 경우 의사에게 개인적으로 전화하여 감사하도록 요청한다.

또한 기부자가 기부 대사가 되는 기회도 만들고 기부자의 목표를 동료들에게 홍보할 기회도 가질 수 있다. 또한 기부자가 자신의 이야기를 지역사회와 공유할 수 있다. 기부자 사진을 게재하여 홍보하면 다른 지역사회 구성원도 기부에 동참할 가능성도 있다. 장기적 측면에서 다양한 방법으로 기부자를 인정하면 더 많은 계획된 기부금이 만들어지도록 지역사회를 격려하는 통로가 된다.

② 능력의 역량

기금 책임자가 지식을 최대한 활용하면 기부자의 의도를 이해하고 단체에 대한 대중의 신뢰도를 높일 수 있다. 기부자와의 대화를 위해 자선 계획, 세금, 연금, 신탁 및 상속 집행과 같은 주제를 연구할 계획을 한다. 기부자에게 가장 중요한 것이 무엇인지 안다면 다른 수준의 사려 깊은 의사 소통이 이루어지고 기부자에게 단체가 주는 혜택 이상으로 관심이 있음을 보여줄 수 있다. 기부자 문제에 대해 관련 부서의 역량을 높이는 것이 중요하지만, 기부자와의 개인적인 관계에 중점을 두어야 한다.

③ 참여

기부자와 네트워크를 형성하는 방법은 계획과 접근 방식의 유연성에 달려 있다. 일부 기부자는 오찬과 외부의 커피타임에 잘 반응하지만, 어떤 기부자는 서신이나 전화를 이용한 소통을 선호한다. 기부자와 어떻게 연결되더라도 메시지는 일관성이 있어야 한다. 기부자가 개발할 수 있는 새로운 관심 영역을 살피고 기부자가 기부금의 영향력을 볼 수 있는 기회를 제공하도록 한다. 단체 및 재단에 참여할 수 있는 더 많은 방법을 제공하면 점차 기부금을 늘려갈 수 있다. 성공적인 참여는 기부자와의 공통된 근거를 찾는 것으로 시작하여, 질문과 아이디어를 조직에 개방하도록 장려한다. 생산적인 참여는 재단의 사명과 기부자의 목표를 결합하여 커뮤니케이션 및 프로그램에 긍정적인 영향을 미친다.

④ 출판

기금 개발 부서에서 보내는 모든 통신물은 출판원칙을 준수해야 한다. 기부에 관한 정보, 이야기 및 통계는 신뢰할 수 있고 일관되며 명확해야 한다. 출판은 전략적으로 다른 조직과 차별화할 수 있다. 기부자들은 이해하기 어렵고 복잡한 메시지를 찾지 않는다. 직접적이고 간결한 의사 소통은 기부자에게 조직이 필요로 하는 것과 그들이 도울 수 있는 방법을 알려줄 것이다. 출판은 단일 기부 담당자가 아닌 기금 개발 부서가 있을 때 가장 효과적이며, 잠재기부자의 균열을 막고 콘텐츠와 메시지를 잃지 않게 한다.

⑤ 프로세스

기금 개발 부서는 기부자에게 의사 소통을 위한 메시지를 발송할 때 기부사의 질문을 예측하고 이에 응답할 수 있도록 준비해야 된다. 준비된 상태에서 관련 정보를 확보하면 기부자에 대한 초기 지원과 기부에 대한 첫 질문 사이에서 프로세스가 구축된다. 성공적인 프로세스로 인해 커뮤니케이션에 대한 반응을 넘어 계획된 기부에 대한 반응까지도 기대할 수 있다. 기부자 설문조사를 작성하면 인식 및 출판이 가장 효과적으로 개선될 지점을 식별하는 데 도움이 된다. 이러한 설문조사는 기부자에 따라 다를 수 있으며, 결정에 영향을 줄 수 있는 몇 가지 요소를 식별할 수 있다. 응답을 간소화하고 신속하게 조직의 메시지와 일치하면서 유지해 나갈 수 있다.

⑥ 협력

개인적으로 자선활동을 하는 전문가와 연결하기 위해 자선위원회의 변호사, 회계사 및 고문을 찾아본다. 광범위한 업계와의 연결 목록이 필요한 것은 아니다. 재단과 자선 및 기부에 노출되는 이름을 연결하면 기금 개발 부서가 수행하는 작업에 대한 내부 이해도가 향상된다.

⑦ 이벤트

세미나 또는 평판이 좋은 공개 행사를 주최하는 것은 재단의 명성을 높이는 데 도움이 되지만 출석 횟수를 늘리고 최종 결과의 가치를 계획하는 데 시간과 노력을 들일 수 있다. 기금 개발 부서에게 여러 형태의 이벤트와 관련된 커뮤니케이션에 대해 새로운 아이디어를 제시하도록 한다. 조직의 목표를 매년 여러 방식으로 홍보하면 기금 개발 부서가 잠재기부자 목록을 확장하는 데 추진력을 줄 수 있다.

기금 개발 부서와 기부자에게 전달하기 위해 사용하는 전략 사이에는 건전한 경쟁이 존재한다. 기금 개발 부서는 단일 기부자에게 초점을 맞추고, 다른 부서는 다각적인 방법으로 전략을 구축하는 데 중점을 둔다. 이 7개 분야를 적용하면서 기부자를 확보하고 계획된 기부의 성장을 장려할 수 있다.

4. 유산기부 프로그램의 오해

한국은 아직 기부선진국에 비해 유산기부가 활성화되지 못했지만 점점 비영리단체에서도 유산기부 프로그램에 대해 관심이 많아지고 있다. 모든 단체가 유산기부 프로그램을 반드시 실행해야 하는 것은 아니지만, 장차 실행을 위해 몇 가지 가지고 있는 오해에 대해 짚고 넘어가는 것이 필요하다.

① 오해 1: 계획기부(유산기부)는 매우 어렵다.

유산기부는 때때로 매우 복잡하다고 생각하여 실질적인 도전을 주저하지만 대부분의 경우 생각보다 간단하다. 기부금을 확보할 방법을 알고 있다면 이미 유산기부를 확보하는 길을 가고 있는 것이다. 다시 말하면 다른 모든 유형의 기금모금과 같다. 잠재기부자를 식별하고, 육성하고, 요청하는 과정인 것이다. 유산기부의 대부분은 세 가지 범주인 요청, 자선 기부 연금 및 주식 기부 중 하나에 해당되기 때문에 모든 단체가 어떤 형태의 기부 프로그램이든 참여하지 못할 이유는 없다.

단체 중 일부는 단순히 모금을 홍보하는 것 외에 다른 방법을 강구하지 않지만, 다른 한편에서는 더 정교한 기부 옵션이 포함된 프로그램으로 시간이 경과하면서 확장되기도 한다. 그러나 모든 단체는 유산기부를 장려하기 위해 무언가 할 수 있다는 사실이다.

② 오해 2: 유산기부 프로그램에 참여할 전문가가 반드시 있어야 한다.

전문가가 될 필요는 없다. 그러나 적절한 지식이 필요하다. 다행히도 대부분의 유산기부는 간단한 요청, 자선 기부 연금 및 주식 기부이다. 복잡한 형태의 계획기부(자선 리드 트러스트, 자선 잔여 연금 트러스트, 상속 등)의 작은 형태이다. 보다 복잡한 거래의 경우, 이 거래에 대해 알고 있는 도움을 요청할 만한 사람이 필요한 정도이다.

③ 오해 3: 계획된 모든 기부는 연기된 기부이다.

계획된 모든 기부가 실현(현금화)되기까지 수십 년이 걸리는 연기된(deferred) 기부라고 믿고 있어서 계획 기부에 필요한 자원을 투입하는 것을 망설인다. 예상 기대치가 낮은 지연된 기부인 것은 사실이지만, 그러나 수십 년 동안 지연되는 것은 아니다. 규모와 나이에 따라 다르지만 일부는 기본 보험 계리적 예측에 근거하여 3~5년의 약속 기간 내에 실현될 수 있으며 때로는 더 빠르게 결과가 나타나기도 한다. 기부 연금과 같은 유형의 계획기부는 즉시 예약 가능한 자산을 나타내고, 주식 기부는 즉시 예약 가능한 기부금으로 나타난다. 따라서 계획기부 마케팅에 자원을 투입하는 단체는 매우 합리적인 시간에 투자 수익을 볼 수 있다.

④ 오해 4: 계획기부 마케팅은 수동적이어야 한다.

많은 단체에서는 주요 기부자를 찾는 일을 제외하면 상대적으로 계획기부 마케팅이 수동적이어야 한다고 생각한다. 다시 말해서, 계획기부 기부자는 기부를 요청받기 전에 자신의 관심을 스스로 식별해야 한다는 말이다. 예를 들어 전화로 정기기부를 요구하지 않는 단체가 기부연금을 요구하기 위해 전화하지 않는다는 것이다. 결국 누군가 계획기부에 관심이 있다면 뉴스 레터의 광고에 스스로 반응해야 한다. 실제로 마케팅에 적극적으로 참여하는 단체가 더 큰 성공을 거둔다. 계획된 기부는 모금의 일종이기에 동일한 기본 원칙이 적용된다. 미국의 유산기부 전문가들은 88.7%의 기부자는 비영리단체가 레거시 기부(legacy gift)를 요구하는 것이 적절하다고 생각한다고 했다. 수치는 다르지만 한국도 별반 차이는 없을 것이다.

비영리단체가 계획기부에 참여하는데 좋은 시간이 따로 있는 것은 아니다. 우리는 세계사에서 가장 큰 세대 간 부의 이전을 앞두고 있다. 그리고 현재의 경제 상황은 계획기부를 만드는 데 더 유리하다. 따라서 모든 비영리단체는 계획된 유형의 기부 마케팅에 참여해야 한다. 하지만 유산기부를 원하면 요청해야 한다는 것을 기억해야 한다.

5. 상속 계획의 윤리적 고려 사항

상속 계획의 윤리적 문제는 미묘하며 간과될 수도 있다. 전문 행동 규칙은 주로 소송 문제에 중점을 두고 있어서 상속 계획에 적용하기가 어려울 수 있다. 상속 계획 참여와 관련된 윤리적 문제를 고려해야 하는 이유는 참여가 진행됨에 따라 지속적으로 모니터링 해야 하는 중요한 작업이기 때문이다. 모든 상속 계획 과정에서 다음 5가지 윤리적 고려 사항을 해결해야 한다.

① 능력(Competence)

전문 행동 규칙 1.1[1]은 변호사가 해당 문제에 대한 법적 조언을 제공하기 전에 특정 문제에 대한 필수 지식과 기술을 가지고 있어야 한다고 명시하고 있다. 변호사는 특정 유형의 사례에 대한 특별한 교육이나 사전 경험이 반드시 필요한 것은 아니지만, 이에 대해 필요한 지식과 기술을 유지해야 할 의무가 있으며 법률의 변화를 파악해야 한다. 참여를 수락하기 전에 변호사가 범위를 결정하고, 변호사의 역량 범위 내에 있는지 정보에 근거한 결정을 내리는 것이 중요하다. 고객을 제한적으로 참여시키는 것이 허용되며, 이 경우 제한적 참여에

1 America bar association에서 사용하는 'Text of the Model Rules of Professional Conduct'로서 변호사와 의뢰인의 관계(한국에는 아직 전문행동규칙이 마련되지 않아서 미국의 경우를 서술했으며, 한국은 이와 다르게 규칙이 만들어질 수 있다).

대해 구체적인 내용을 서면으로 작성해야 한다. 만약 변호사가 역량 범위를 벗어난 문제에 직면하게 되면 문제 해결을 위해 필요한 지식을 갖춘 전문가의 도움을 받아야 한다.

② **이해상충**(Conflicts of Interest)

직업 행동 규칙 1.7은 이해상충 문제를 다룬다. 고객과의 첫 만남에서 변호사가 특정한 윤리적 문제를 제기하는 것이 중요하다. 예를 들어 부부인 경우 양 배우자를 대표하는 변호사의 일반적인 상황은 항상 잠재적인 이해상충이 있다. 변호사가 부부와 문제를 논의하는 것이 어려울 수 있고 심각한 위험이 따를 수 있으므로 이를 명확하고 위험하지 않은 방식으로 간단한 표준 관행을 개발하는 것이 중요하다. 여기서 중요한 점은 변호사가 양 배우자를 대표하는 경우 상대 배우자의 기밀을 보호해야 하는 변호사에게 서로 공개할 권리를 포기한다는 것을 이해해야 한다는 것이다.

변호사는 세대 간 갈등에 대해서도 주의해야 한다. 변호사가 아들 또는 딸이 상속 계획에 들어온 나이 많은 부모를 대리할 때 변호사는 명시적인 허가 없이 부모의 자산 또는 계획에 대한 정보를 공개하지 않도록 주의해야 한다. 또한 자녀가 상속 계획을 위해 노인 부모를 데려오는 경우 변호사는 부모를 대리하도록 주의를 기울여야 한다. 특히 능력이나 편애에 관한 질문이 있는 경우 자녀의 제안을 따르지 않아야 한다.

규칙 1.7은 각 당사자가 해당 대표에 동의하는 경우 공동 대표를 허용한다. '통지된' 동의의 개념이 적용된다. 사전 동의를 얻는 것과 관련된 많은 문제 중 하나는 이 거래의 이해 당사자인 변호사가 관련 당사자 각각에게 올바르게 알리는 능력이 있는 것인가이다. 규칙 1.7을 엄격히 읽으면 사실상 공동으로 하는 의견을 금지할 수 있다.

이것은 실제로 분명히 실용적이지 않다. 따라서 잠재적인 충돌에 대해 서면으로 대표할 고객 각각에게 올바르게 알리고 동의를 구하는 것이 중요하다.

③ **유언 용량**(Testamentary Capacity)

상속 계획 변호사는 종종 정신 능력이 손상된 인생의 어려움을 경험한 고객을 만나는 경우도 발생한다. 이 경우 변호사는 앞으로 고객에게 제시할 문서를 실행할 수 있는 정신적 능력이 되는지 먼저 확인해야 한다. 문서를 실행하는 데 필요한 정신적 능력이 모든 문서와 반드시 동일한 것은 아니다. 마지막 상속 계획 의지와 문서를 수행할 능력은 사업 계약을 체결하는 데 필요한 능력과 크게 다를 수 있다. 문서를 실행하는 데에는 고객의 마음 상태가 가장 중요하다. 고객의 능력은 어느 시점에서 능력이 있을 수도 있고 때론 부족할 수도 있다.

문서를 실행할 때 고객의 정신 능력에 의문이 있을 때마다 까다로운 문제가 발생한다. 상속 계획이 논란의 여지가 없는 경우 나이가 많거나 건망증이 있는 고객의 계획에 이의를 제기할 가능성은 거의 없다. 그러나 고객이 큰 변화를 겪거나 자녀를 편애하는 경우 중대한 문제가 발생할 수 있다. 변호사는 고객이 자신의 본질과 가치에 대한 이해가 있어야 하고, 만약 변호사가 고객이 유증 능력이 부족하거나 불합리하게 행동한다고 믿는 경우 해당 고객에게 문서를 제출하여 실행해서는 안 된다.

④ **근면**(Diligence)

전문 행동 규칙 1.3은 변호사가 고객을 대표할 때 합리적이고 부지런하고 신속하게 행동해야 한다고 명시하고 있다. 규칙 1.3은 상속 계획 변호사가 적시에 상속 계획 계약을 추진하는 것이 의무라고 제시한다. 이 규칙에 대한 ABA 의견은 변호사가 "고객의 원인이나 노력을 입증하기 위해 필요한 모든 합법적이고 윤리적인 조치를 취해야 한다" 그리고 "고객을 위해 수행된 모든 문제는 결론을 통해 수행해야 한다" 라는 높은 기준을 설정한다.

상속 계획에 관여하는 모든 변호사는 준비가 되어 있고 합리적인 시간 내에 고객의 의도를 반영하는 문서를 기꺼이 작성할 수 있어야 한다. 참여 서한은 특정 참여의 완료 시간을 명시하고 기대치를 설정하는 데 매우 도움이 될 수 있다. 미리 알림 문자(필요한 경우 여러 미리 알림 문자)를 사용하는 것이 좋다.

⑤ 지속적인 의무(Continuing Obligation)

전문 행동 규칙 1.4는 고객에게 합리적으로 제공하는 정보 문제를 해결한다. 적극적으로 참여하는 동안, 지속적인 의무 문제는 일반적으로 많은 문제를 나타내지 않는다. 특히 표현이 유휴 상태가 된 후 고객에게 정보를 제공하는 것은 훨씬 더 우려된다. 실제적인 관점에서, 참여 서한은 참여 범위를 설정하는 데 매우 효과적 일 수 있다. 변호사는 고객에게 변경 사항을 지속적으로 알리는 의무가 없음을 명시한 종료 서한 또는 참여 완료 서한을 고려할 수 있다. 실제로, 계약 종료를 올바르게 표현하는 것은 섬세한 노력이 될 수 있다.

이 다섯 가지 윤리적 고려 사항의 중요성과 실제로 모든 상속 계획 참여의 중요성을 과소 평가해서는 안된다. 법의 조언자로서 윤리 기준을 준수하는 데 항상 주의를 기울여야 한다.

6. 레거시 계획과 상속 계획의 차이점

상속 계획(Estate Planning)은 살이 있는 동안 기부, 재산, 세대를 건너 뛰는 양도 및 소득세를 최소화하면서 재산을 관리하고 처분하기 위해 예상하고 정리하는 과정이다. 상속 계획에는 무능력 계획과 검인 집행에 대한 불확실성을 줄이거나 없애고 세금 및 기타 비용을 줄임으로써 재산 가치를 극대화하는 과정이 포함된다. 상속 계획의 최종 목표는 고객의 특정 목표에 의해 결정될 수 있으며, 고객의 요구에 따라 간단하거나 복잡할 수 있다. 보호자는 종종 미성년자 및 수급 불능 상태로 지정하게 된다.

사람들이 상속 계획에 대해서는 많이 들어봤지만 레거시 계획(Legacy Planning)은 생소할 것이다. 레거시 계획은 상속 계획이라는 개념을 한 단계 더 발전시켜 도덕, 신념 및 이상을 포괄적인 상속 계획에 통합 할 수 있다. 레거시 계획을 사용하면 상속 계획에 남긴 것을 통해 사랑하는 사람과 자선단체에 기부할 수 있다. 레거시 계획은 비전과 다음 세대를 향한 희망을 남길 수 있는 기회이다. 레거시 계획과 상속 계획 사이에는 계획을 세우는 방법과 목표에 미묘한 변화가 있다는 점에서 차이가 있다.

① 기본 계획

상속 계획의 주요 목표는 테스테이터(Testator, 유증을 남긴 사람)가 사망하거나 또는 계획을 세운 개인이 상속 자산을 배포하기 위한 로드맵을 만드는 것이다. 이상적인 기본 상속 계획에는 다음과 같은 추가 구성요소도 포함된다.

- 무능력 계획

- 의료 계획
- 세금 및 보호 관찰 회피
- 퇴직 계획

기본 상속 계획은 일생 동안 자산을 보호하고 성장시킬 수 있으며, 사망 후 가족에게 자산을 제공할 수 있도록 보장한다. 레거시 계획은 이러한 기본 개념을 한 단계 더 발전시킨다.

② 가치 원리

일관된 가치의 삶의 원칙으로 인생을 살았을 가능성이 높다. 이러한 원칙들은 가족, 사업, 심지어 우정을 포함하여 삶의 모든 측면에 통합되었을 것이고, 이러한 원칙을 다음 세대에 전달하려고 시도했을 것이다. 상속 계획이 그러한 원칙을 이행할 수 있는 또 다른 기회로 생각하지는 않지만(기회는 아니지만) 레거시 계획에 참여하는 경우는 있다.

③ 이상, 도덕, 신념 및 철학

당신이 세운 원칙 안에서 자신의 이상, 도덕, 신념 및 철학을 가지고 있을 것이다. 이것들이 당신이 누구인지, 당신의 삶을 어떻게 이끌어갈 것인지를 결정하는데 중요한 역할을 했을 것이다. 당신의 이상, 도덕, 신념 및 철학을 상속 계획에 어떻게 포함시킬 수 있을까? 이런 경우 기본 상속 계획 대신 레거시 계획을 만드는 데 집중하는 것이 더 좋은 방법이다. 이것을 레거시 계획에 통합할 수 있는 기회는 사실상 무한하다.

④ 자선 기부

자선 기부는 종종 레거시 계획에서 중요한 역할을 한다. 어떤 사람들은 자선 기부에 대한 욕구의 중심에 종교단체가 있고, 또 어떤 사람들은 환경, 정치, 우주 탐사, 동물 또는 기타 중요한 대의에 초점을 맞출 수도 있다.

자선 사업이 지금 당신의 삶의 일부라면, 이것이 왜 상속 계획의 일부가 되어서는 안되는 것인가? 레거시 계획은 사망 후 오랫동안 당신이 중요하게 여겼던 코즈(cause)를 지속적으로 지원하는 방법에 초점을 맞춘다. 이를 수행하기 위한 일반적인 방법은 다음과 같다.

- 직접 기부: 직접 기부는 적합한 자선단체에 대한 일회성 기부이다.
- 자선 신탁: 자선 신탁을 설정하면 자산 사용 방법을 보다 잘 제어할 수 있다. 설정한 신탁 조건에 따라 신탁이 보유한 자산을 어떻게, 언제, 어떤 목적으로 사용할 수 있는지를 결정된다. 예를 들어 환경이 중요한 경우에 환경 친화적인 관행이 기록된 회사나 조직에만 배분한다는 신탁 조건을 설정할 수 있다.
- 재단: 재단을 만드는 것은 자선 기부의 궁극적인 목적이다. 또한 여기에 다음 세대를 참여시킬 수 있다. 예를 들어 자녀에게 현재 확립한 원칙과 지침을 사용하여 미래를 위한 토대를 만드는 것이다.

기존 계획에서 자신의 믿음과 이상을 사랑하는 사람에게 기부로 만들어 표현하고 전달할 수 있는 다른 기회도 있다. 예를 들어 수혜자가 특정 분야를 연구하기를 원하거나 특정 학교에 다니는 경우에만 배포를 허용하는 교육 신탁을 만들 수 있다.

상속 계획에는 유서, 신탁, 수혜자 지정, 임명 권한, 부동산 소유

권(공동 임차인, 공동임대, 전체임대), 기부, 변호사의 권한, 특히 변호사의 강력한 재정적 권한, 변호사의 강력한 의료적인 권한 등이 포함된다. 보다 정교한 상속 계획은 상속 세금의 연기 또는 감소를 가져오기도 한다. 상속 계획에는 다음의 장치들이(devices) 있다.

- 유언장: 유언장은 일반적인 상속 계획의 도구이며, 일반적으로 상속 배분 계획을 위한 가장 간단한 장치이다.
- 신탁: 신탁은 상속 계획의 도구이며, 신탁을 만든 사람이 사망한 후 자산 배분을 지시한다. 미성년자 또는 발달장애 아동을 위한 기금 배분을 위해 신탁이 사용될 수 있다. 신탁은 자산의 관리 및 처분에 대해 높은 수준의 통제를 제공한다. 또한 특정 유형의 신탁 규정은 여러 세대에 걸쳐 자산을 관리할 수 있게 해준다.
- 사전 의향서: 상속 계획에는 사전 지시서 작성, 사람이 법적으로 무력화될 경우 개인의 재산에 발생할 일을 지시하는 문서 및 개인 간호와 관련된 문서가 포함될 수 있다. 예를 들어 상속 계획에는 의료 대리인, 내구성 있는 위임장 및 생활 의지가 포함될 수 있다.

〈미국의 Terri Schiavo 사건 사례〉

이 사건을 둘러싼 광범위한 소송 및 언론 보도 후, 상속 계획 변호사는 종종 고객에게 살아 있는 의지를 만들라고 조언한다. 매장 또는 화장 여부와 같은 특정 사항도 종종 문서의 일부로 만든다.

우리가 식물인간인 테리 시아보 부인의 생사문제는 어째서 중요한가? 그 이유는 그녀가 천부적이고 양도할 수 없는 생명권을 가지고 있을 뿐만 아니라 동시에 상징이기 때문이다. 그녀는 앨라배마 주 몽고메리에서 인종차별에 반대했던 로자 파크스, 소련 수용소군도의 실태를 폭로함으로써 자유의 상징이 되었던 솔제니친, 죽음을 무릅쓰고 우주 탐색에 나섰던 우주인들과 마찬가지의 상징이다.
테리 시아보 부인은 선뜻 인정하고 싶지는 않지만 필연적으로 우리에게 닥치게 되는 '삶과 죽음'이라는 문제를 둘러싼 투쟁의 한 상징이다.
테리 시아보 부인의 사건은 우리들에게 생명에 관한 두 가지 철학적 견해 가운데 선택을 강요하고 있는 해묵은 논쟁의 새로운 한 사례일 뿐이다.
생명에 관한 한 가지 철학적 견해는 우리가 무작위적인 우주에서 순전히 우연에 의해 형성되어 진흙으로부터 진화된 단순한 물질과 에너지일 뿐이며, 우리에게는 아무런 생명의 '저자(著者)'도 없고, 단지 쾌감을 주는 것 이상의 아무런 삶의 목적도 없고, 또 죽은 후에는 무덤 이외에 어떤 목적지도 없다고 말한다.
다른 한 가지 철학적 견해는 우리가 무한하고 인격적인 신에 의해서 창조되었고 그 신은 모든 상황과 환경에서 모든 생명에 대해 중요한 계획을 가지고 있고, 또 가장 극단적인 상황을 제외하고 누구도 생명을 박탈할 수 없고 오로지 합법적인 절차를 통하거나 정당방위의 경우에만 허용될 수 있다고 말한다.
시아보 부인의 사건은 그 자체로만 심의되어서는 안 된다. 그것은 낙태의 권리로부터 시작되어 그냥 내버려 둘 경우 안락사로까지 발전할 수 있는 일관된 흐름의 일부이다. 만약 한 가지 유형의 생명이 평가절하되면 곧 다른 모든 유형의 생명이 위태로워지게 된다.

7. 상속 계획을 레거시 계획으로 바꾸는 방법[2]

상속 계획 변호사가 당신을 위해 전통적인 상속 계획을 준비시킬 만큼 충분히 현명하다. 당신은 이제 유언, 취소 가능한 생전 신탁,

2 면책 조항: 이 글에 포함된 정보는 정보 제공만을 목적으로 하며 특정 사실이나 상황에 대한 법적 조언으로 의도된 것이 아니며 취해서는 안 된다. 특정 법적 문제에 대한 조언을 얻으려면 관련 면허가 있는 변호사에게 문의해야 한다.

건강 관리 대리 등 마무리를 준비하는 의지를 갖고 있다. 당신은 잠재적인 재산세를 피하고 채권자로부터 수익을 보호하기 위해 생명보험 신탁을 설립할 것을 확신한다. 마지막으로, 귀하는 사업의 지분을 가족 신탁으로 이전하는 것을 고려한다. 이것이 자산에서 자산을 이전하고 상속 세금을 완화하며 채권자로부터 자산을 보호하는 방법이다. 그러나 전통적인 상속 계획이 효과가 없다는 것을 알게 된다. 실제로는 기존의 상속 계획으로 인해 2 세대가 재산을 잃을 확률이 70%, 3세대가 재산을 잃을 확률이 90%이다.

레거시 계획이 문제의 해결책이라고 들었지만 비용과 프로세스에 대해서는 우려한다. 레거시 계획을 작성한다는 것은 전통적인 상속 계획 문서를 준비하는 데 시간과 돈을 낭비한다는 의미인가? 상속 계획과 관련하여 이미 수행한 작업은 대부분 더 효과적인 레거시 계획에 포함되어 복구될 수 있다. 다음은 상속 계획을 레거시 계획으로 전환하는 방법이다.

① 레거시 팀을 구성한다.

레거시 계획을 작성하고 구현하는 방법을 이해하는 다른 기술 전문가가 있는 레거시 조언자 팀이 필요하다. 일반적으로 레거시 팀은 법률(변호사), 세금(회계사) 및 부/재무 계획(부 고문) 등 세 분야의 핵심 역량으로 시작한다. 공통 영역에는 위험 관리(보험사), 가족 역학 및 리더십(가족 코치), 건강 분야(트레이너, 상담사, 치료사, 영양사 등)가 포함된다. 레거시 팀의 구성은 가족의 고유한 요구와 환경에 달려 있다.

② 레거시 사고 방식을 채택한다.

레거시 계획은 서류상 프로세스가 완성되면 끝나는 계획이 아니다. 전통적인 상속 계획이 실패한 이유 중 하나는 상속 계획 문서가 준비되고 서명되면 상속 계획이 너무 자주(고객과 그 조언자 모두에 의해) 완료된 것으로 간주되기 때문이다. 변호사 비용을 지불하고 상속 계획을 처리했다고 기분은 좋겠지만 당신이 상속 및/또는 레거시를 위한 법인과 구조를 만들면 단지 시작 라인만 만들었을 뿐이다. 이제부터 실제 작업이 시작된다. 계획을 구현하고 그 목적이 달성되도록 계획을 세워야 한다. 새로운 사업을 시작할 때 단순히 회사만 설립하면 성공하는 것인가? 레거시도 마찬가지이다. 의지 및/또는 신뢰를 준비하는 것은 시작에 불과하다. 성공을 위한 청사진은 레거시가 발전할 프레임 워크이다.

③ 이미 설정한 내용을 이해한다.

레거시 팀을 구성하고 레거시 사고 방식을 채택한 후에는 기존 상속 계획이 수행했거나 수행하지 않은 작업을 이해하는 것이 중요하다. 레거시 팀이 상속 계획을 철저히 검토하도록 한다. 좋은 상속 계획은 재산세를 완화(또는 제거)하면서 사망 시 자산에 어떤 일이 발생하는지 알려줄 수 있어야 한다. 전통적인 상속 계획이 일반적으로 수행하지 못하는 것은 레거시 자산과 비 레거시 자산을 구별하는 것이며, 거의 항상 사망 시 다르게 처리해야 한다. 또한 귀하의 상속 계획이 궁극적으로 상속의 특정 자산을 통해 남겨두고 싶은 유산을 구축하는 방법이다.

④ 레거시 계획을 설계하고 실행한다.

레거시 자산을 자산과 별도로 분리하고 보호하기 위해 마련된 법적 구조와 거버넌스 시스템이 궁극적으로 존재할 수 있지만, 레거시 팀은 레거시 계획을 구현할 때 적극적이고 의도적으로 유지해야 한다. 레거시 사고 방식을 이미 채택했으므로 이를 이해하고 이미 프로세스에 전념할 의사가 있다는 뜻이다. 당신의 유산은 당신이 누구인지에 대한 총체이며, 당연히 레거시 계획은 발전함에 따라 진화해야 한다. 올바른 프로세스와 레거시 팀은 레거시 계획이 귀하와 함께 발전하도록 보장할 뿐만 아니라, 귀하가 최고의 레거시와 성공을 달성하도록 한다.

8. 레거시 보호 전략 접근 방식

일반적으로 고객이 가족의 유산을 보장하고 은퇴 및 기타 재정적 우발을 위해 돈을 벌려면 이 세 가지 버킷 접근법을 사용한다. 레거시 보호 전략의 첫 번째 단계는 고객의 자산을 세 개의 개별 버킷으로 분리하는 것이다.

- 버킷 A: 퇴직 기금 – 고객이 가족을 위해 가능한 한 많이 남기기를 원하더라도 퇴직할 수 있을 만큼 충분한 것이 중요하다.
- 버킷 B: 비상 자금 – 여기에는 고객이 일생 동안 사용하지 않을 자산이 포함되지만 예상치 못한 재정적 또는 의학적 혼란이 발생할 경우 접근성을 유지하려고 한다. 많은 고객들에게 장기 요양 서비스를 제공하는 영구 현금 가치 생명 보험이 훌륭하게 제공될 것이다.
- 버킷 C: 레거시 펀드 – 이 버킷에는 고객이 상속인에게 남기는 자산이 포함된다. 그들은 본능적으로 이 자산을 극대화하기 원하지만 너무 보수적으로 투자하는 경향이 있다.

Bucket C 자산에서 생명 보험에 현금 흐름의 일부를 할당함으로써 이 중요한 투자 부문의 위험을 다양화할 수 있다. 대부분의 경우 Bucket C 자산 반환에서 영구 생명 보험 정책을 구입하는 데 1% 또는 100 베이시스 포인트(BP)가 소요된다.

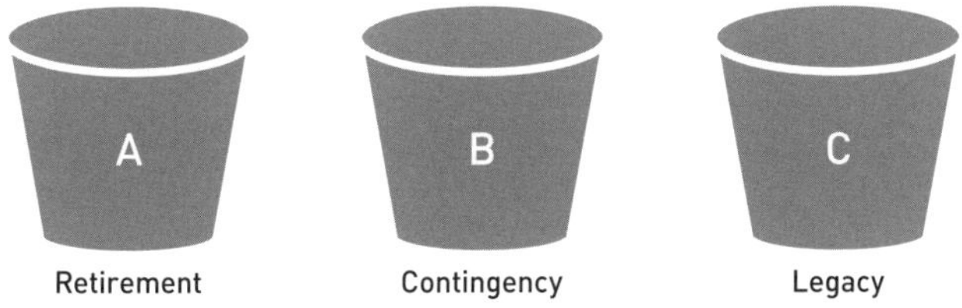

9. 서명해야 할 서류

죽기 전에 서류에 서명하는 것은 선택이지만 점점 '책임'인 것처럼 필수가 되어가고 있다. 남은 가족을 위한 것으로 생각하면서 죽음을 준비하는 문화가 필요하다. 다음에 언급한 10가지 서류들을 안전한 곳에 비치해두고 가족에게 알려야 한다.

① 유언장을 만든다.

② 생전에 신탁(Living Trust)을 고려한다: 유언은 사후에 효력이 발생하고, 상속재산분할 역시 상속이 개시된 때에 일어난다. 따라서 생전 재산을 분할하고 잃을 것에 대한 염려와 사후를 대비하여 유언을 준비해야 하는 걱정을 하게 된다. 신탁은 그럴 필요가 없기에 생전에 자산을 맡아 관리 및 운용하는 자를 자신의 자유의지로 지정할 수 있고, 해당 자산의 수입 배분도 자유롭게 할 수 있다. 게다가 하나의 신탁계약으로 사후

처리도 미리 설정할 수 있다.

③ Advance Health Care Directive(Living Will)을 만든다: 소위 사전 의료의향서이다. 만약 코마상태가 되면 어떤 의료서비스를 할 것인지에 관한 내용이다.

④ 재정적 위임권을 만든다: 죽음은 갑자기 찾아오기에 미리 변호사 또는 재정을 위임할 사람을 결정해 놓아야 한다.

⑤ 자녀들을 위한 유산을 남긴다: 어린 자녀는 유언장으로 보호되지 않는다.

⑥ 생명보험

⑦ 재산세: 재산세 문제는 따로 해결해야 한다.

⑧ 장례비: 장례비는 전문가들에게 맡기거나 미리 지불하는 것도 좋다.

⑨ 마지막 정리(장기기증, 시신기증, 화장): 사후에 유언장 및 관련 서류는 뒤늦게 발견되기에 장례 절차에 따른 다른 서류로 서명해서 남긴다.

⑩ 사업체 보호(buyout agreement): 만약 동업자가 있다면 미리 보호받을 수 있는 서류에 서명해 두도록 한다.

제5장

아름다운 마무리

필란트로피 학문도 죽음학과 거의 비슷한 역사적 배경을 갖고 있다. 필란트로피는 나눔의 개념에서 '조직적'과 '계획적'이란 개념이 더해진 것이기에 사회적 문제를 해결하기 위해 '조직의 행동학'과 '프로젝트 매니지먼트'가 가미된 학문이다. 껄끄러운 주제이지만 필요하기에 산업으로 발전하고 있다.

죽음이 끝이라고 생각하면 두려움과 수명에 대한 집착으로 인해 단 하루라도 더 살려고 발버둥치게 될 것이다. 하지만 죽음이 소멸이 아니라 '옮겨감'이라는 사실을 깨닫는다면 맹목적으로 수명을 연장하기보다는 자신에게 주어진 삶의 길이를 받아들이고 깔끔하게 마무리하려고 노력하게 될 것이다. 삶의 유한함과 죽음의 예측 불허성을 일찍 자각한다면, 살아 있는 하루하루, 순간순간을 더 충실하고 밀도 있게 살아가게 된다. 그렇게 살다가 떠나는 것이 바로 존엄한 죽음이고 '지혜로운 사람에게는 삶 전체가 죽음에 대한 준비다'라고 한 키케로의 말을 떠올리게 된다.

1. 인생 마무리의 의미(Well Dying and Philanthropy)

우리는 정서상 죽음에 대해 드러내어 말하는 것을 꺼린다. 하지만 어떻게 잘 죽는가(well dying)는 결국 잘 사는 것(living well)과 밀접한 관계가 있다. 그래서 사나톨로지(Thanatology), 즉 '죽음학'으로 통용되는 학문을 필란트로피의 관점(Well Dying and Philanthropy)에서 바라보고자 한다. 미국의 심리학자인 Robert Kastenbaum(1993, p.76)[1]은 죽음학을 '죽음 그 자체 보다 죽음이 남긴 본질적인 삶에 대한 연구(the study of life with death left in)'라는 새로운 시각으로 정의한 이래로 관련 협회도 만들어졌고 장차 파생 산업도 나올 것으로 전망한다. 죽음을 독립적으로 보는 것이 아니라 삶 전체 중 마지막 부분을 통합적으로 다룬다. 인간의 존엄성을 위해서라도 선택이 아니라 필수가 되었다. 죽음을 놓고 상업이 아니라 건전한 산업이 만들어져야 한다. 누구든 피할 수 없는 죽음에는 민폐를 끼치는 죽음과 남을 혹은 남은 가족을 배려하는 죽음이 있다. 사전 의료 의향서(advance health care directive)로 사후 장기를 기증하거나 남은 자산을 유증을 통해 사회적 환원도 중요하다. 유산이 자녀들에게 오히려 불행을 안겨줄 수 있는 것이다. 그래서 죽음은 자신을 잘 돌보는 문제이면서 또한 타인을 살피는 문제이다. 기부선진국에서의 웰다잉(well dying)은 이론을 넘어 산업적으로 Physical, Psychological, Social, Spiritual 등 주로 4가지 분야에서 접근하고 있다. 이것을 현실적으로는 Spiritual(영적인 문제), Medical(의료적,) Financial(재정적인 문제,) Philanthropy(나눔)로 분류한다.

---

1 미국의 심리학자, 저서『Death, Society & Human Experience』

그림 1-18 임종전문팀 교육

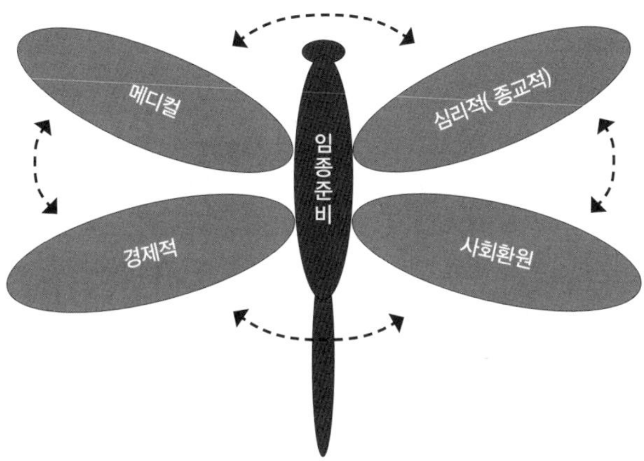

우리가 죽음학에 관해 관심을 가져야 하는 이유는 죽음을 바라보는 관점에 따라 삶을 대하는 태도가 달라지고, 삶을 살아가는 방식에 따라 죽음을 이해하는 방법이 달라지기 때문이다. 결국 죽음학은 사생관, 즉 삶과 죽음의 융합인 것이다. 우리의 삶에서 순간마다 죽음의 가능성을 받아들인다면 죽음을 단절로 여기는 것이 아니라 초월하는 삶을 살 수 있는 것이다.

죽음을 논한다는 것은 가치를 논한다는 것이다. 인생에서 무엇에 가치를 두고 있는가, 그리고 평소 금전관은 어떠했는가에 대한 것이다. 자신이 세운 인생계획 안에는 재정계획이 필요하다. 수입 및 지출 관리와 더불어 은퇴 이후의 재정계획이 없다면 인생계획이 없는 것과 같다는 말처럼, 인생의 마지막 성적표인 죽음에 대한 계획이 있어야 한다. 우리의 의지대로 아무것도 할 수 없는 상태가 되기 전에 우린 무엇을 준비할 것인가? 죽음은 우리가 살아가는 동안 늘 우리 가까이에 웅크리고 있으면서 언제든지 몸을 일으켜 우리를 덮칠 수 있다. 이제 죽음은 미디어에서 넘쳐나는 수많은 이야기의 주제 중 하나이다.

그야말로 죽음의 과잉으로 인해 죽음이 부재인 시대에 살고 있다. 죽음은 재현할 수도 없고 상상할 수도 없지만, 죽음에 가 닿으려는 행위는 유한한 삶에 새로운 의미 부여와 성찰이 가능하도록 한다.

우주의 창조가 시간 및 공간, 에너지를 창조하는 것에서 시작된 것처럼 죽음을 준비하는 과정도 인간관계에서 시간, 공간, 에너지의 교환으로 출발한다. 여기에는 각각의 법칙이 있으면서 합쳐진 법칙도 존재하며, 각각 독립된 요소가 아니라 서로 상관관계를 가지고 있다. 어느 유명 정치인은 남은 인생의 목표가 좋은 흔적을 남기는 것이라고 했다. 사람마다 다르지만 일반적으로 유산을 남기거나 사회에 환원한다는 생각은 결국 흔적을 남기고 싶은 욕망이 있기 때문이다.

'떨어진 벚꽃도, 남아 있는 벚꽃도 다 지는 벚꽃'이라는 일본 격언이 있다. 마지막에는 일렬 횡대에 놓이는 것이다. 태어날 때 일렬 횡대로 출발하여 젊은 시절 수재였든 아니든, 미인이든 아니든, 대기업을 다녔든 아니든, 결국 퇴직 이후에는 모두 일렬 횡대로 돌아오는 것이다. 우리는 종착역인 죽음 앞에서도 일렬 횡대로 서게 되는 것이다.

2. 죽음에 대한 학문

죽음은 모든 인류가 겪는 보편적인 현상이기에, 인간을 주제로 하는 모든 문화(국가별·지역별·민족별)와 학문(철학, 신학, 윤리학, 심리학, 교육학, 사회학, 문화인류학, 의학, 간호학, 보건학 등)은 각기 자신의 고유한 관점을 가지고 죽음에 대해 다루고 있다.

싸나톨로지(Thanatology)는 20세기 미국 호스피스 운동의 발전으로 죽음 연구가 활발해지면서 형성된 통섭학문(統攝學文, 자연과학과 인문학을 연결하는 통합 학문)으로서, 특정 학문의 관점에 얽매이지 않고 전체를 바라보고 아우르는 시각으로 죽음과 관련된 현상들을 연구하는 학문이다. 한국에서는 1980년대 후반부터 죽음학, 사망학(死亡學) 등의 용어로 번역되어 소개되었으나, 이들 용어는 싸나톨로지가 통섭학문으로서의 특성(인간 육체의 사망(死亡), 삶의 완성으로서의 죽음, 죽어가는 과정인 임종은 물론 이로 인한 삶의 영향과 변화, 사회 제도, 법률, 의료 윤리 및 문화적 요소 전체에 대한 연구)을 온전히 담고 있다고 보기 어렵다. 따라서 '죽음을 다루는 생명학(the study of life – with death left in)'이라는 싸나톨로지의 본연의 뜻이 왜곡되지 않기 위해 번역하지 않고 영어 또는 한글로 표기하여 사용 중이다.

Life is C(Choice) between B(Birth) and D(Death), 즉 인생은 출생과 죽음 사이에서 선택하는 것이다 라는 말을 한다. 어떤 선택을 하는가에 따라 삶의 가치와 의미는 달라진다. 죽음을 4가지 형태로 나누면 첫 번째는 예상치 않게 갑자기 죽음을 맞이하는 것, 두 번째는 암 발생처럼 예상을 하면서 죽음을 맞이하는 것, 세 번째는 몸의 장기가 제대로 역할을 하지 못해서 오는 죽음, 네 번째는 노령으로 인해 쇠약해지고 정신적 치매로 인한 것이다. 여기에는 예견하지 못한 죽음이 많고, 죽어가는 과정에서도 대부분 의사 전달이 불가능한 상태에서 가족에게 사후 의도를 충분히 전할 기회가 없이 죽음을 맞이한다. 육체적, 심리적, 영적, 그리고 사회적 관계가 어떻게 변화되는지를 보여준다.

우리는 마지막 순간을 어떻게 맞이하는가? 죽음의 순간에 우리는 평소의 신념과 믿음을 다시 한번 점검하게 된다. 그리고 인생에서 선택했던 것들을 받아들이게 된다. 자신이 헌신하고 희생했던 것을 탐구하는 기회를 마련하거나, 인간 관계의 애정도를 검토하게 된다. 사후에 대한 믿음을 탐구하고 그 의미를 발견하기도 한다(Facing the end of life-Corr, 1922; Saunders, 1967).

왜 우리가 죽음을 앞둔 사람들에게 관심을 갖고 귀 기울여야 하는지 그 이유에는 3가지가 있다.

- 그들은 여전히 살아 있으며, 종종 해결하기를 원하는 아직 끝내지 못한 일들이 있기 때문이다.
- 그들의 일과 필요한 것들을 확인하기 위해 적극적으로 경청함으로써 그들을 더 효과적으로 돌볼 수 있다.
- 그들은 인간애의 공유 및 모든 염려, 두려움, 희망 등과 함께 삶의 마지막 단계에 관해 우리에게 많은 가르침을 준다.

임종을 맞는 사람들은 주로 다음의 5가지 방식으로 나름대로 가치 있는 것을 영원히 남기기를 원한다(Robert Jay Lifton, 1979).

- 생물학적 불멸(Biological Immortality): 자녀를 통해 자신의 유전자를 남겨 영원하기를 추구함
- 신학적 불멸(Theological Immortality): 종교적인 신념으로 영생하기를 원하는 욕망
- 업적(Work): 인생을 사는 동안 남겨진 업적, 책, 그림, 자선 등으로 사회적 영향력(Social Impact)을 주고 싶어함
- 자연 불멸(Natural Immortality): 사후에 다시 자연으로 돌아간다는 철학을 갖고 있음
- 실험적 초월성(Experimental Transcendence): 시간을 초월하여 영원히 존재한다는 심령적 상태를 추구

현대 생명 윤리학에서 도덕적 신념에 관한 다음 5가지의 주요 논점이 있다.

- 죽음의 위험을 줄이거나 방지하는 것
- 고통을 줄이거나 방지하는 것
- 장애를 줄이거나 방지하는 것
- 즐거움을 잃어버리는 것을 줄이거나 방지하는 것
- 자유를 잃는 것을 줄이거나 방지하는 것

다음은 상담사가 어떤 생각을 갖고 상담에 임해야 하는지에 관한 것이다.

- 금욕의 규칙-전문가는 고객의 비용으로 개인적 만족을 삼가함
- 중립에 대한 의무-고객의 개인적인 관계를 방해하지 않음
- 고객의 자율성과 자기 결정의 촉진
- 전문가가 보호해야 할 고객과의 계약인 신탁 관계
- 인간의 존엄성에 대한 존중

연구관점

- 문화 및 사회화의 관점(Culture, Socialization): 죽음과 상실에 있어 민족/문화적, 사회적 요소의 영향에 중점
- 종교 및 영성의 관점(Religion, Spirituality): 종교 및 영성에 따른 신념이 임종과 죽음에 미치는 영향에 중점
- 역사적-현대적 관점(History, Contemporary): 죽음 경험에 대한 이론, 사회 제도의 역사적 변화와 맥락에 중점
- 생애 주기 문제의 관점(Life Span Issue): 죽음과 임종이 인간의 생애 발달 과정에 미치는 영향에 중점
- 가족과 사회단체의 관점(Family, Larger System): 가족(관계적 결합 및 장기적 헌신의 공동체)과 개인의 관점에서 살펴본 죽음에 대한

사회적/인지적/물리적 측면과 임종/죽음/상실의 해석, 그리고 임종/죽음/비탄에 영향을 주는 개인 및 가족을 넘어선 사회단체에 중점

- 윤리 및 법적 관점(Ethic, Law): 임종과 죽음, 상실에 있어서의 가치판단 및 의료윤리의 원칙에 중점

연구분야

- 임종 및 죽음(Dying, Death): 죽음에 직면하여 겪는 신체적/심리적/영적 경험, 불치병, 죽어가는 과정, 그리고 말기 환자를 위한 돌봄 등의 문제를 연구
- 임종 의사 결정(End-of-life Decision Making): 생명을 위협하는 질병 및 불치병 투병에 있어 개인 및 가족, 전문 간병인들이 취해야 할 선택과 결정 등의 문제를 연구
- 상실/비탄/애도(Loss, Grief, and Mourning): 상실에 대한 반응으로써 신체적/행동적/인지적/사회적 경험, 비탄 과정, 비탄과 기념을 둘러싼 관행(관습) 등의 문제를 연구
- 평가 및 개입(Assessment and Intervention): 의료인들이나 유가족, 사랑하는 이들이 죽어가는 이의 임종 시 요청을 알아내거나 듣기 위해 필요한 결정과 행동에 관한 여러 문제를 연구
- 외상적 죽음(Traumatic Death): 갑작스럽거나 폭력으로 인한 죽음, 의도적인 죽음, 죽음과의 충격적인 조우 등으로 인해 생기는 여러 문제(PTSD, complicated grief)를 연구
- 죽음 교육(Death Education): 사회 및 가정, 병원, 학교나 단체 등에서 이루어지는 임종과 죽음, 사별에 대한 교육을 위해 필요한 지식과 방법론에 대한 연구.

제2부

죽음에 대한 이해

THE GUIDE FOR
BEAUTIFUL AND
MEANINGFUL PASSING

두 번은 없다

두 번은 없다. 지금도 그렇고
앞으로도 그럴 것이다. 그러므로 우리는
아무런 연습 없이 태어나서
아무런 훈련 없이 죽는다.

우리가, 세상이란 이름의 학교에서
가장 바보 같은 학생일지라도
여름에도 겨울에도
낙제란 없는 법.

반복되는 하루는 단 한 번도 없다.
두 번의 똑같은 밤도 없고,
두 번의 한결같은 입맞춤도 없고,
두 번의 동일한 눈빛도 없다.

어제, 누군가 내 곁에서
네 이름을 큰 소리로 불렀을 때,
내겐 마치 열린 창문으로
한 송이 장미꽃이 떨어져 내리는 것 같았다.

오늘, 우리가 이렇게 함께 있을 때,
난 벽을 향해 얼굴을 돌려버렸다.
장미? 장미가 어떤 모양이었지?
꽃이었던가, 돌이었던가?

힘겨운 나날들, 무엇 때문에 너는
쓸데없는 불안으로 두려워하는가.
너는 존재한다 — 그러므로 사라질 것이다.
너는 사라진다 — 그러므로 아름답다.

미소 짓고, 어깨동무하며
우리 함께 일치점을 찾아보자.
비록 우리가 두 개의 투명한 물방울처럼
서로 다를지라도……

– 비슬라바 쉼보르스카(1923~2012) –

제1장

죽음에 대하여

1. 죽음학이란

죽음학 즉 사나톨로지는 죽음, 죽어가는 과정, 그리고 죽음 이후의 슬픔 등을 여러 방면에서 연구하는 다학제적 학문이다. 죽음을 뜻하는 사나토스(Thanatos)라는 단어는 그리스 신화에서 유래되었다. 죽음과 영혼 그리고 사후 세계에 대해서 고대 그리스 시대, 로마, 중세 그리고 근대에 걸쳐서 수많은 철학적 그리고 신학적 탐구가 있었다. 예를 들면 헤라클레이토스는 삶이 죽음이 되고 죽음이 삶이 되는 만물의 유전을 믿었다. 소크라테스는 영혼의 존재를 믿어서 육체는 단지 껍데기일 뿐이고, 영혼은 불멸하며 윤회한다고 생각했다. 플라톤은 죽음을 영혼과 신체의 분리로 봤다. 반면에, 에피쿠로스는 죽음은 몸과 영혼의 종말이기 때문에 죽음 이후의 세계는 존재하지 않는다고 믿었다. 따라서 죽음이나 심판에 대해 두려워할 필요가 없다고 주장했다. 기독교도 바울은 죽음은 신으로부터 분리되는 것으로, 예수의 구원을 통해서 다시 결합하면 살아날 수 있나고 믿었으며, 도

마스 아퀴나스는 죽음이란 신체로부터 영혼의 분리로 보았다. 근대에 들어서 데카르트와 칸트는 영혼 불멸을 주장하였으며, 하이데거는 죽음과 삶은 반대 개념이 아니고 죽음은 바로 삶이라고 하였다. 니체는 삶과 죽음이 영원히 회귀한다고 믿었다. 정리해보면 크게 두 가지로 나눌 수 있는데 영혼 불멸의 사후 세계가 있다는 생각과 사후 세계는 존재하지 않는다는 견해이다.

그러면 죽음에 대한 연구는 왜 필요한가? 죽음을 이해함으로써 죽음으로 인한 지나친 두려움에서 벗어나서 평안하게 삶을 마무리 짓도록 하는 것이 가장 중요한 목적이다. 인류가 죽음을 두려워하는 것은 어느 누구도 죽었다가 살아서 돌아온 사람이 없기에, 죽는 과정과 그 끝은 어디고 어떤 곳인지 아무도 모르기 때문이다. 그렇지만 죽음은 누구에나 찾아오는 가장 보편적인 일이기에 사람들은 두려워하고 있고, 평상시에는 생각조차 하기 싫어하면서 터부시하고 있다. 그리고 현대 의학의 발전으로 일찍 찾아오는 죽음을 실패로 여기게 되면서 어떻게 하든 죽음이 다가오는 것을 늦추어 보려고 애쓴다. 장수는 인간의 오랜 꿈이었다. 그런데 초고령화 사회에 접어들면서 사람들은 독립적인 삶이 불가능한 장수를 재앙으로 생각하기 시작하였다. 그리고 막상 죽을 수밖에 없는 상황이 닥쳐오면 스스로 죽음의 방식을 결정하려는 움직임도 있다. 이런 혼란의 시대가 되면서 죽음에 대한 이해가 더욱 필요하게 되었다. 죽음을 앞둔 노인뿐만 아니라 가족과 이웃 그리고 죽음을 다루는 의사, 간호사, 사회사업가, 성직자 등 임종을 돌보는 사람에 대한 교육 또한 매우 중요한 과제가 되었다. 따지고 보면 죽어가는 과정 또한 삶의 여정인 것은 말할 필요도 없다. 그래서 죽어가는 과정에 관한 연구가 필요한 것이다.

죽음학이란 용어를 처음 사용한 사람은 노벨상 수상자인 러시아 생물과학자 엘리 메치니코프로, 1903년 발간된 그의 저서 '인간의 본성에 대하여'에서 노화학과 함께 죽음학이란 용어를 기술하였다. 노화와 장수학을 연구하던 그는 생명에 대한 완전한 이해를 위해서는 죽음에 대한 과학이 필요하다고 하였다. 그 이후 두 차례에 걸친 세계대전으로 대량 살상, 핵폭탄, 냉전 등으로 인한 인류의 종말 등 전 지구적 공포가 팽배해지면서 하이데거, 사르트르 등 실존 철학자들이 삶과 죽음에 대한 문제를 성찰하기 시작했다.

그러다가 1959년 미국의 심리학자 허먼 파이펠이 정신과 의사 칼 융, 신학자 폴 틸리히, 철학자 허버트 마르쿠세 등 저명한 사상가들이 참여하여 죽음의 문제를 다룬 에세이 '죽음의 의미'를 출간하면서 죽음을 토론의 장으로 이끌어냈다. 그리고 1960년대 미국의 정신과 의사였던 엘리자베스 퀴블러 로스는 말기 환자들이 죽음을 받아들이는 심리적 과정을 연구한 결과를 발표하였다. 그녀의 연구에 의하면 죽음을 앞둔 환자들은 부정, 분노, 타협, 우울, 수용 다섯 단계를 거치면서 죽음을 받아들인다고 하였다. 이를 계기로 인문 학자들뿐만 아니라 의료인들과 일반인들의 죽음에 대한 관심이 높아지게 되었다. 그 이후 1970년대 레이먼드 무어와 엘리자베스 퀴블러 로스가 임사체험(near-death experience)에 대한 사례들을 모아서 발표하면서, 종교 인문학적 영역이던 죽음과 사후 세계를 과학적 접근을 통해 이해하려는 노력이 시작되었다. 그 전에는 간혹 죽음을 경험하였다는 사례가 알려지고 있었지만, 특히 심폐소생술이 개발되면서 많은 임사체험 사례가 보고되게 되었다. 임사체험한 사람들의 진술을 종합해 보면, 대부분이 길고 어두운 터널을 지나는 신비한 빛의 존재를 만났거나, 먼저 죽었던 친척과 친구들을 재회하거나, 지나간 삶의 장면들이 주마등처럼 떠오르고, 일종의 이승과 저승의 칸막이가 뚜렷하게 나타나기도 하고, 그리고 형언할 수 없는 기쁨과 사랑을 경험하였다고 한다. 엘리자베스 퀴블러 로스에 의하면 의학적으로 죽었다가 다시 살아난 사람들은 공통적으로 더 이상 죽음을 두려워하지 않고, 죽음이란 육체를 떠나는 것에 불과하다고 생각하며 죽음 속에서 온전한 자신, 그리고 자신과 모든 존재와 함께 있음을 느낌으로서 외로움이나 상실감이 없었다고 한다. 사후세계를 진정으로 믿는 사람들은 죽음에 대한 두려움도 사라질 것이라고 주장한다.

또 뇌 전기생리학, 장기이식 등 의학의 발전으로 죽음에 대한 새로운 정의가 생겨났다. 이전에는 호흡과 심박동이 정지해야 인정되었던 죽음이 심장이 뛰는 상태에서도 뇌파가 없거나 뇌의 기능이 소실되면 죽음으로 인정할 수 있다는 것이다. 그밖에 품위 있는 죽음을 위한 불필요한 연명의료 중단, 안락사, 낙태, 인공수정 등에 대한 생명윤리적, 법적, 의학적 논란 등이 계속 이어지면서 죽음학은 영역이 확장되면서 점점 더 발전하고 있다.

그런데 최근 죽음학에 대한 관심이 크게 증가하고 있는 것은 역설적으로 우리가 이제는 너무 오래 살게 되고, 의료의 발달로 죽는 과정이 복잡해지면서 여러 가지 사회적 문제가 발생하였기 때문이기도 하다. 무병장수는 오랜 기간 인류의 꿈이었다. 불과 백 년 전까지만 해도 인류의 수명은 50년을 넘지 못했다. 죽음은 늘 일상적인 일로 여겨지고, 인간은 죽음에 대항할 수 있는 힘이 없었다. 죽음은 가정 내에서도 자연스럽게 일어나서 누구나 사랑하는 가족이 죽어가는 과정을 지켜볼 수 있었다. 그러던 것이 산업과 경제의 발달로 생활 환경 위생과 영양 상태가 좋아지고, 과학과 의술이 발전하면서 전염병과 같은 질병이 퇴치되었고, 수명이 늘어났다. 이제는 암, 고혈압, 당뇨, 심장병 같은 심각한 질병도 치료 성적이 좋아지고 수명이 연장되었다. 또 한편에서는 과학의 발달로 인간이 죽음까지도 조절하고자 하는 욕망도 생겨나서 죽음은 곧 패배를 뜻한다고 생각하게 되었다. 특히 의사들이 이러한 경향이 강하여 마지막 임종 단계에서도 심폐소생술, 인공호흡기 사용, 항암제 투여 등 불필요한 연명치료를 시행하기도 한다. 이로 인한 의료 비용의 증가는 물론이고 환자에게 고통을 주는 동시에 품위 있는 죽음이 어려워지고 있다. 그래서 이제는 장수가 축복이 아닌 재앙이라고 생각하게 되었다.

오늘날 죽음에 대한 연구는 심리학, 의학, 간호학, 철학, 종교, 법학, 사회학, 문화인류학, 문학, 예술 등 다양한 분야의 전문가들이 참여하여 진행되고 있다. 임종 과정, 임종기 돌봄, 사생관, 좋은 죽음, 낙태, 자살, 안락사, 연명의료중단 등에 관한 생명 윤리, 사별 관리, 장례 문화 등이 연구되고 있고, 궁극적으로 이러한 연구 결과를 바탕으로 죽음을 맞이하는 사람들에게 완화 의료, 심리 치료, 영적 지지, 사회복지 서비스 등을 제공하여 그 분들이 품위 있고 편안한 죽음을 맞이할 수 있게 함이 그 목적이라고 할 수 있다.

Handbook of Thanatology에 의하면 죽음학의 지식을 분야별로 분류하고 있는데 죽어가는 과정, 임종 시 선택, 사별 이후의 슬픔, 임종 평가 및 개입, 외상에 의한 죽음, 죽음 교육 분야 등을 들고 있다. 그리고 각 분야 별로 문화 사회적, 영적 종교적, 전문가적, 역사적, 현시점, 생애 주기별, 기관과 사회시스템, 가족과 개인, 연구 대상 및 방법론, 윤리 법적인 측면 등에 대한 다양한 방면의 접근을 이해하여야 한다고 기술하고 있다.

예를 들면 문화적 요인들은 개인의 죽어가는 과정 및 죽음에 지대한 영향을 미친다. 그런데 문화란 동질화된 가치, 생각, 믿음 그리고 행동의 표준을 한 집단이 공유하는 것이다. 그리고 모든 나라에는 매우 다양한 문화적인 그룹이 있다. 그래서 이들의 문화적인 특성을 파악하는 것이 한 집단의 사생관을 이해하는 데 매우 중요하다. 어떻게 가족 또는 동일 문화 집단내의 소통이 이루어지고 있고, 다른 집단과는 어떻게 소통하는지 그리고 가족과 집단내의 의사 결정 방식, 죽어가는 사람을 돌봄에 있어서 주도적인 역할을 하는 사람 등에 대한 여러 가지 문제점들, 사회적 체제, 의료 시스템, 의료 서비스 등 광범위한 분야에 대해 이해하여야 한다.

또한 임종기의 소통은 임종 과정의 선택을 결정하는데 매우 중요하다. 그런데 사람들은 죽음을 앞에 두고도 죽음에 대해 이야기하는 것을 매우 불편해한다. 사람들은 죽음을 앞둔 암환자에게도 살 수 있는 기간이 얼마 남지 않았다는 사실을 알려주지 않는 경우가 많다. 만일 죽을 것이라는 사실을 알려주면 심한 충격을 받을 것이라고 지레 짐작하기 때문이다. 그런데 국립암센터에서 2004년에 조사한 바에 의하면 우리나라 암환자들은 96%가 자신에게 말기 통보를 해주기를 바란다고 한다. 환자의 알 권리를 요구하는 결과였다. 그런데 가족들은 77%만이 찬성했다고 한다. 죽음이 임박했다는 것은 알려주는 것을 반대하는 이유는 환자가 희망을 잃고 좌절할 수 있을 뿐만 아니라 자살하게 할 수도 있다고 생각하는 것이었다. 의사들은 환자에게 말기 통보를 해주는 것을 대부분 찬성하였는데 환자들에게 인생을 정리할 기회를 주어야 한다는 것이 주된 이유였다고 한다. 환자나 가족 심지어 의료진까지 죽음에 관한 이야기를 꺼리는 것이 대부분의 문화권에서 나타나는 현상이다. 그러나 죽음에 관하여 소통이 되어야 임종기의 여러 가지 문제를 결정할 수 있다. 죽음을 앞둔 환자에게 현실적으로 중요한 문제는 누가 임종기 환자를 돌보아야 할 것인가이다. 특히 핵가족 시대에서는 간병할 사람을 정하기가 매우 힘들 수도 있다. 그래서 요즘은 임종기 환자들은 가족의 돌봄보다는 병원, 요양시설, 호스피스의 도움을 받게 된다. 많은 사람들이 자신이 살던 집에서 삶을 마감하고자 원하지만, 요양시설에서 세상을 떠나는 것이 현실이다. 따라서 죽음을 회피하고 소통을 나누지 못하면 환자와 가족은 제대로 된 준비와 이별도 없이 황급하게 죽음을 맞을 수밖에 없게 된다.

죽어가는 환자를 돌보는 의사와 간호사는 임종 과정과 사후에 있을 수 있는 상황에 대한 충분한 지식과 훈련을 갖추고 환자를 보살펴야 한다. 신체적, 정서적 보살핌과 편안함을 제공하는 것 외에도, 임종기 환자를 돌보는 사람들은 환자의 삶의 가치관과 삶의 행적 그리고 종교와 영적인 측면까지 파악하여 그들이 원하는 것이 이루어지도록 보살펴야 한다. 또 현재 불편한 것은 무엇인지, 걱정되는 것은 무엇인지, 어떻게 죽고 싶은지까지도 물어보아야 한다. 가능하다면 환자와 가족들에 대한 종교적 영적인 돌봄을 해주는 것이 필요하다.

죽음학의 대가인 엘리자베스 퀴블러 로스는 우리가 죽어가는 사람들에게 어떻게 보살펴야 하는지를 다음과 같이 설명하고 있다. 첫째, 그들은 마지막 순간까지 마치고 싶은 일들을 가지고 있다. 둘째는 그들을 도울 수 있도록 적극적으로 귀를 기울여 경청하여야 한다. 셋째는 죽어가는 사람들은 삶의 마지막 단계에 대한 걱정, 두려움, 희망을 통해서 우리에게 많은 것을 가르쳐준다. 마지막으로 그들도 아직은 살아 있는 인간이고, 우리들 또한 언젠가는 죽음을 맞아야 하기에 더 나은 사회적 돌봄을 제공하여야 한다고 강조하였다.

마지막으로 생의 말기에 결정해야 할 중요한 문제 중 하나가 바로 유산 정리다. 한평생 이루어 놓은 재산, 업적 등을 평가하고, 정리하여, 배분하는 것은 매우 중요한 일이다. 또 죽은 다음에도 자신이 추구하던 의미와 가치관을 반영구적으로 남길 수 있도록 하는 것도 가치 있는 일이다. 그런 과정을 통해 불멸의 욕구를 어느 정도 충족시킬 수도 있다. 유산을 통해서 그것을 남겨 놓은 사람의 삶의 가치와 의미를 나타낼 수 있다. 추억 요법, 인생 검토 요법, 존엄성 치료 등과 같은 접근법을 통해서 살아온 자신의 가치관을 돌아보고, 마지막 삶을 선택하고, 자신이 세상에 어떻게 기여하였으며 무엇을 남겼는지 돌아볼 수 있다. 그리고 가족, 주변 사람들과 서로 용서와 사랑을 확인하고, 사후 세계에 대한 생각을 통해서 지나온 삶의 의미를 발견하는 과정이 필요하다. 자신의 가치를 실현해줄 수 있는 단체에 유산을 기부하는 일, 그리고 장기, 조직, 사체 기증 등을 통해서 다른 사람에게 생명을 나누어주는 것도 위대한 유산일 수 있다.

사별 가족이 어떻게 비탄하고, 슬픔을 극복하는지도 죽음학의 중요한 분야이다. 특히 호스피스 완화의료 의료인들이 사별 가족 돌봄에 애를 쓰고 있다. 우리나라 죽음학 분야의 선도자인 최준식 교수는 사별 가족이 슬픔을 극복하는 과정을 10단계로 설명하고 있다. 첫 번째 충격과 부정 혹은 감각의 마비 상태, 두 번째 통곡 탄식 등 감정 분출 단계, 세 번째 화를 내는 단계, 네 번째 우울증 스트레스로 육체적 정신적 질병이 생기는 단계, 다섯 번째 죄책감이나 양심의 가책을 느끼는 단계, 여섯 번째 고독과 우울이 오는 단계, 일곱 번째 현실 세계로 돌아오지 못하고 술에 빠지고, 고인만 생각하면서 방황하는 단계, 여덟 번 째 체념과 수용의 단계, 아홉 번째 슬픔을 극복하고 현실로 돌아갈 수 있을 것이라는 희망을 갖는 단계, 마지막 열 번 째는 현실을 긍정하고 현실로 완전히 돌아와서 새로운 정체성을 갖고 삶도 깊고 풍부해진다 것이다. 이러한 사별의 과정을 통해서 새로운 정체성과 가치관을 얻을 수 있도록 지지해주는 것이 필요하다.

오늘날 우리는 어떤 사회에서 죽음을 맞이하고 있는가? 고령화 사회에서의 문제점, 만성질환 노인의 증가, 존엄사, 독거노인, 고독사, 노인 자살, 사회 보장제도, 건강보험, 노인 요양 보험, 요양 시설, 죽음 교육 등이 여전히 해결해야 할 문제점들이다.

이러한 복합적인 문제의 해결책을 제시하기 위해서 임종 전문가가 갖추어야 할 지식으로는 죽음의 기전, 사망 관련 통계, 바람직한 죽음, 임종기 선택, 사전 연명의료 중단, 죽음의 장소, 호스피스 완화의료, 장례 절차, 의료 제도, 사회복지, 가족 간의 돌봄, 영적지지, 종교의 역할, 장기 시신 기증, 재산 기부, 심지어는 의사 조력 자살에 관한 문제 등 광범위하다.

2. 죽음에 대한 두려움

죽음은 삶의 한계이고, 불확실한 미래에 다가올 불가피한 사건이며, 누구나 겪는 보편적인 사건이다. 그렇기에 인간은 죽음을 두려워한다. 모든 생명체 중에서 사람만이 죽음을 인식하고 두려워한다. 인간은 성장하면서 직접 또는 간접적으로 죽음을 경험하는데, 특히 가족이나 반려동물의 죽음을 통해서 죽음의 두려움을 체득해간다. 죽음에 대한 공포는 사람이 느낄 수 있는 두려움 중 가장 큰 것으로 모든 불안의 근원이기도 하다. 그리고 인간은 죽음의 두려움이 크면 클수록 본능적으로 죽음을 피하고 부정하면서 삶에 더 집착하는 경향이 있다. 그런데 만일 우리가 그 두려움의 기전을 조금이라도 이해할 수 있다면 불안과 두려움에서 조금씩 벗어날 수 있을 것이다. 그렇기에 죽음과 그 두려움에 대한 성찰이 필요하다. 죽음에 대한 두려움이 사라지면 삶에 대한 두려움도 줄어들게 되고 정신적 심리적 지적 영적 능력이 안정되어 평안을 찾을 수 있다.

인간은 왜 죽는 것을 두려워할까? 잊혀짐, 개체 상실, 절대 고독, 미지의 여행, 사후 심판, 비가역적인 죽음, 죽을 때 고통, 남겨진 자에 대한 걱정, 완결하지 못한 일들을 들 수 있다.

죽음의 두려움 중에 가장 큰 것이 바로 개체 상실일 것이다. 진시황이 불노초를 찾았고, 현대 생명과학이 노화를 극복하는 방법을 찾듯이 인간은 영원한 삶을 꿈꾸어 왔다. 불멸에 대한 욕구는 지극히 본능적이다. 우리는 삶의 모든 것을 잃어버렸다고 생각할 때 죽음을 생각한다. 자신의 존재와 삶이 한순간에 죽음과 함께 연기처럼 사라진다는 것은 엄청난 충격이고 두려움이다. 그렇기에 인간은 종교 등을 통해서 부활과 영생을 추구함으로써 죽음에 대한 두려움을 이겨내려고 한다.

로버트 라이프톤은 인간의 불멸 욕구를 정의하였는데 생물학적 영생, 신학적 영생, 이승에 남긴 업적, 자연으로 회귀, 초월적 경험 등이다. 자세히 살펴보면 생물학적 영생이란 자손을 통해서 이어지는 것이고, 신학적 영생이란 사후 세계를 믿는 것이며, 세상에 남긴 업적을 통해서 자신이 잊혀지지 않는다는 것, 죽어서 불멸의 자연으로 돌아간다는 믿음, 자신의 초월적인 경험은 영원히 남을 것이라는 믿음 등이다. 이러한 불멸의 믿음의 과정을 통해서 사람들은 죽음에 따른 소멸의 두려움을 덜어내려고 노력한다. 또 스티븐 케이브 박사도 사람이라면 누구나 죽고 싶지 않은 욕망과 영생을 꿈꾼다고 말한다. 그는 인류의 문명이 수천 년 전부터 추구해온 불멸을 향한 욕망을 네 가지 유형으로 분류하였다. 불멸의 길은 육체적으로 생존하거나, 부활을 통해 다시 살아나거나, 영혼으로서 존재하거나, 유산을 통해 기억되는 것이다. 역사적으로 인간은 그들이 선택한 불멸의 길에 모든 것을 걸었고, 다른 길을 선택한 사람들과 맞서 싸웠다고 주장하였다.

그리고 현대인들은 세속적인 방법인 정치, 연예 활동, 스포츠, 돈, 재물 등을 통해서 소멸의 두려움을 이겨내려고 하기도 한다. 그리고 우리나라 사람이 삶에 대한 집착이 강한 이유가 유교의 영향 때문이라는 주장도 있다. 유교에서는 죽은 뒤의 생, 즉 내세를 인정하지 않는다고 한다. 사람이 죽으면 개인의 혼백은 사라지고 그것으로 끝난다고 생각한다고 한다.

죽음에 대한 두려움의 정도는 개인마다 차이가 있는데, 인생관,

죽음관, 나이, 성별, 건강, 직업, 종교, 사회적 지위, 경제 상태 등과 관계가 있다. 여러 보고를 보면 여성이 남성보다 더 두려움을 느끼고, 노인이 젊은이보다는 죽음을 편안하게 받아들이고, 노인 중에서는 독신, 경제 상태가 나쁜 경우, 학력이 낮은 경우에 더 불안해한다고 한다. 흥미로운 것은 종교를 적당히 믿는 사람이 신앙심이 아주 깊은 사람뿐만 아니라, 무신론자보다도 더 죽음에 두려움을 느낀다고 한다. 그리고 이기적인 사람보다는 이타적인 사람이 불안을 덜 느낀다고 한다.

교회와 학교에서 받은 교육 탓에 우리는 인류가 언제든 끔찍한 일을 당하리라는 불안에서 벗어나지 못한다. 뉴스나 영화 등의 매체를 통해서 알게 모르게 죽음에 대한 두려움에 노출되고 있다. 그뿐만 아니다. 의료, 제약, 보험회사들도 지나친 죽음 조장을 통한 마케팅을 하기도 한다. 우리는 죽음의 두려움을 부추기는 문화 속에서 살아가고 있다.

우리는 부지불식간에 영상물을 통해서 죽음과 관련된 무수히 많은 폭력, 질병, 전쟁, 자연재해 등의 장면을 보게 된다. 정부와 보험회사 등은 우리가 사는 세상이 안전하지 않고, 언제 죽을지 모른다고 말하고 있다. 지구 온난화, 행성 충돌, 종말론 등 언제 올지도 모르고 대책도 없는 일을 걱정하고 대비하라고 한다.

의료 산업은 죽음을 자연의 법칙이 아닌 인간의 적, 정복하여야 하는 대상으로 보고 있다. 미국에서는 약 40년 전에 암과의 전쟁을 선포하였고, 우리나라도 30년 전부터 암정복 프로젝트를 진행하고 있다. 암을 극복한 사람은 인간 승리로 존경을 받는다. 이렇듯 의료 산업은 죽음의 본질까지도 바꿔놓았다.

3. 죽음의 정의

죽음이란 무엇인가? 생각하고 창조하고 번뇌하고 소통하고 사랑하는 신체적 그리고 인지적 기능이 함께 소실되는 것이 죽음이라고 할 수 있다. 따라서 어느 시점부터 죽었다고 할 수 있는지 죽음의 경계를 명확히 규정하는 게 가능하지 않다고 주장하는 철학자들도 있다.

죽음에 대한 사회적 문화적 정의도 다양하다. 모든 문화와 종교에서는 죽음을 바라보는 서로 다른 관점을 가지고 있다. 이이정은 죽음학 총론에서 죽음을 5가지로 분류하고 있다. 첫 번째는 생물학적인 죽음으로 신체적 죽음을 가리킨다. 유기체의 생명 유지에 필요한 모든 기능의 전체적이고 영구적인 정지를 의미하며, 임상적으로는 호흡과 심장박동이 정지되고 모든 반사 현상이 소실된 상태를 의미한다. 두 번째는 심리적인 죽음으로 주변 세계를 인식하는 것의 정지, 정신 작용이 정지하는 때를 말한다. 세 번째는 사회적인 죽음으로 살아 있음에도 불구하고 다른 사람에 의해서 죽은 것으로, 존재하지 않는 것으로 인식되는 것이다. 네 번째는 현상학적인 죽음이다. 사회적인 태도나 행동과는 상관없이, 개인의 내부에 초점을 맞추어 그 자신에게 살아 있는가 죽었는가를 기준으로 보는 관점이다. 다섯째는 법적인 죽음으로 어떤 사람이 죽었고 그래서 그의 재산이 유족이나 상속자에게 분배된다는 것을 법적 권위에 의해 판단하는 것이다.

세계보건기구에서는 죽음을 소생할 수 없는 삶의 영원한 종말로 정의한다. 의학적으로는 두 가지 경우를 죽었다고 규정하는데, 첫째는 심박동이 없고 자기 호흡을 못 하면 호흡기와 심장 기능 정지로 사망했다고 선고한다. 둘째는 뇌간을 포함한 전체 뇌 기능의 불가역적 정지를 뇌사망으로 규정한다. 의사들은 통상적으로 맥박, 호흡, 의식 및 체온 등 생체 징후가 있는지 없는지에 따라 삶과 죽음을 구분하고 있다. 폐는 산소를 흡입하고, 심장은 산소를 순환시키고, 뇌에는 이들의 기능을 통합하여 조절하는 기능이 있다. 그리고 대다수의 경우에는 폐, 심장 그리고 뇌의 순서대로 그 기능을 상실하게 되어 사망에 이르게 되는데, 때에 따라서는 그 순서가 뒤바뀔 수 있고, 심장이 나빠지면 폐에도 나쁜 영향을 미쳐서 사망에 이르기도 한다. 그래서 의학계에서는 사망의 판정 기준을 호흡과 맥박의 비가역적 정지와 동공의 확대 고정이라는 세 가지 징후가 있을 때로 정하고 있다. 그리고 우리나라는 맥박이 종지된 시점을 사망 시기로 보고 있다.

그런데 20세기에 인공호흡기, 심폐소생술 등 치료법이 등장하면서 비가역적인 상황에 대한 기준이 흔들리게 되었다. 현재의 의료기술은 폐와 심장이 정상적인 기능을 못 해도 인공호흡기나 약물을 이용하여 심장이 뛰고 숨을 쉬는 뇌사상태를 상당 기간 유지할 수 있게 되었다. 그래서 인위적으로 호흡과 심박을 유지하고 있지만, 회생 가능성이 없는 환자들에게 사망 선고를 내리기가 어려워졌다. 이러한 상황에서 사망여부를 판정할 수 있는 새로운 의학적 기준이 필요하게 되었다.

4. 뇌사란

1967년에 미국 하버드의학대학원은 인공호흡기로 생명을 유지하는 회복될 가망이 없는 환자에 대한 사망 판정을 위한 지침을 만들기 위한 위원회를 구성하였다. 여러 분야의 전문가들이 참여한 위원회는 뇌사라는 개념을 도입한 새로운 기준을 만들었는데, 어떤 외부 자극에도 반응을 보이지 않는 상태로 자발적 호흡이 없으며, 반사

운동도 없고, 뇌파가 기록되지 않아야 한다는 기준 등을 제시하였다. 이어서 1980년대 초반 미국에서는 사망확정표준법이 제정되어서 호흡, 심장박동 같은 생명 징후를 기반으로 한 사망의 전통적 정의를 계속 사용하되, 뇌간을 비롯해 뇌 전체의 모든 기능이 비가역적으로 중지된 상태를 사망의 정의에 포함시키라고 권고했다.

뇌사설이란 뇌의 기능이 비가역적으로 소실된 상태인 뇌사를 사망으로 인정하는 견해이다. 뇌사 판정이 가능해지게 된 것은 뇌의학의 발달로 뇌의 기능을 이해하게 되었고, 특히 뇌파측정법의 발명되면서 뇌 기능을 객관적으로 측정할 수 있게 되었기 때문이기도 하다.

뇌사는 뇌간을 포함한 뇌 전체의 회복 불가능한 손상으로 혼수상태가 된 것을 의미하며, 심장박동 외에 모든 기능이 정지된 상태를 말한다. 뇌사를 진단하기 위해서는 비가역적 뇌 손상의 원인이 확인되어야 하고, 혼수, 뇌간반사 소실, 무호흡 증상이 모두 있어야 하며, 뇌파검사에서 평탄뇌파가 30분 이상 지속되어야 한다. 뇌사의 원인으로는 교통사고 등에 의한 뇌 손상, 뇌졸중, 뇌종양 등이 흔한 원인이다.

우리나라는 대한의사협회에서 1983년과 1993년도에 뇌사기준을 발표하였는데 심폐사와 함께 모든 뇌기능이 중단된 뇌사를 사망으로 인정하였고 다만 뇌사판정을 무의미한 연명치료 행위의 중단 또는 장기 기증의 경우에만 할 수 있도록 정하였다.

자세히 살펴보면 뇌사판정은 다음과 같은 선행조건과 판정기준에 부합할 때 내려지게 된다. 선행조건은 첫째는 원인질환이 확실할 것, 둘째는 치료될 가능성이 없는 기질적 뇌병변이 있을 것, 셋째는 깊은 혼수상태로서 자발적 호흡이 없고 인공호흡기로 호흡이 유지되고 있을 것, 넷째는 치료 가능한 약물중독이나 대사성 장애의 가능성이 없을 것, 다섯째는 치료 가능한 내분비성 장애의 가능성이 없을 것, 여섯째는 저체온상태나 쇼크 상태가 아닐 것 등이다.

판정기준은 첫째는 외부 자극에 전혀 반응이 없는 깊은 혼수상태, 둘째는 자발적 호흡이 되살아날 수 없는 상태로 소실되었을 것, 셋째는 두 눈의 동공이 확대·고정되어 있을 것, 넷째는 뇌간반사가 완전히 소실되어 있을 것, 다섯째는 자발적 운동, 제뇌경직, 제피질경직, 경련 등이 나타나지 않을 것, 여섯째는 무호흡검사 결과 자발적 호흡이 유발되지 않아 자발적 호흡이 되살아날 수 없다고 판정될 것, 일곱째는 뇌사판정 결과 후 재확인하였을 때도 그 결과가 같을 것, 여덟째는 뇌파검사에서 평탄뇌파가 30분 이상 지속될 것 등이다.

그럼 식물인간과 뇌사와는 어떻게 다를까요? 뇌사란 대뇌뿐만 아니라, 뇌간을 포함해 모든 뇌 기능이 정지된 상태이나, 식물인간이란 대뇌의 기능이 손상된 상태이지만 뇌간의 기능은 유지된 상태를 말한다. 따라서 의식과 사고력은 소실되었지만, 생명 유지를 위한 자발적 호흡, 심장박동, 소화기관 기능 등이 남아 있는 상태를 말한다. 다만 인위적인 영양 공급, 가래 제거, 배뇨 관리, 욕창 관리 등 돌봄이 요구된다. 의식 면에서는 뇌사는 완전한 혼수상태이고, 식물인간은 무의식 상태이다. 뇌사는 움직임이 전혀 없고, 식물인간은 눈을 뜨거나 소리를 내거나 가벼운 움직임이 가능하다. 가장 중요한 차이는 뇌사는 회복이 완전히 불가능하고, 식물인간은 매우 드물기는 하지만 회복될 가능성이 있다. 그래서 식물인간은 장기를 다른 사람에게 기증할 수 없다.

뇌사가 받아들여지면서 커다란 변화가 나타난 분야가 바로 장기이식이다. 뇌사가 도입되자 장기이식 의사들은 윤리적 그리고 법적 문제에서 벗어날 수 있게 되었다. 그리고 2000년부터는 장기 등 이식에 관한 법률로 뇌사가 법적으로 인정되었다. 따라서 심장박동이 멈추기 전의 상태가 좋은 장기를 기증을 받아서 필요한 환자에게 이식

할 수 있게 되어 이식 성공률도 향상되게 되었다. 이렇듯 의학 기술의 발달로 시대에 따라서 죽음에 대한 이해와 판단 기준은 변해 왔으며 앞으로도 변화될 것이다.

최근에는 연명의료기술의 발달로 회생 불가능한 뇌사상태도 상당 기간 유지할 수 있다. 그러나 의미 없는 단순한 생명 연장을 뛰어넘어 뇌사도 죽음에 포함하자는 주장이 뇌사설이다. 불필요한 연명치료를 방지하고, 환자와 가족에게 고통을 덜어줌과 동시에 장기이식이 필요한 환자들에게 장기를 기증함으로써 필란트로피를 구현하고자 하는 것이다.

5. 우리 국민의 수명

60세가 되자 국민연금관리공단에서 편지가 왔다. 국민연금을 61세부터 수령할 수 있는데 연기할 수 있다는 내용이었다. 물론 연기하면 할수록 연금액수가 늘어난다. 그런데 내가 지금 받는 것이 유리한지 아니면, 늦추어서 나중에 받는 것이 유리한지 또 연기한다면 얼마나 늦추는 것이 좋을지 확실하게 판단이 서질 않는다. 만일 내가 70세까지 살 수 있다면 당연히 가능한 빨리 연금을 수령하여야 하고, 90세 이상 살 수 있다면 연금 수령 시점을 늦추어서 많은 액수를 받는 것이 유리할 것이다. 그러면 나는 얼마나 살 수 있는지 알아볼 방법은 없을까? 기대여명을 산출하는 방법으로 생명표라는 것이 있는데, 우리나라에서는 통계청에서 매년 작성하여 발표하고 있다. 이를 토대로 생명보험회사에서 상품을 개발하고 국민연금관리공단에서도 정책을 수립하는 것으로 알려져 있다.

2019년 12월 통계청이 발표한 2018년도 생명표에 의하면 2018년 태어난 사람의 평균 기대수명은 82.7년인데, 성별로 나누어 보면 남자는 79.7년, 여자는 85.7년이어서 여자가 남자보다 6년을 더 오래 사는 것으로 나타났다. 2018년 기대수명이 전년에 비해서 차이가 없고, 10년 전에 비해서는 남자는 3.5년, 여자는 2.8년 증가하였다고 한다.

생명표를 보면, 2018년에 40세 남자는 40.8년, 40세 여자는 46.5년 더 생존할 것으로 예상되고, 50세까지 생존해 있는 사람의 기대여명은 남자 31.5년, 여자 36.9년, 60세인 남자의 기대여명은 22.8년, 여자 27.5년, 70세는 남자 14.8년, 여자 18.3년이며, 80세인

그림 2-1 성별 기대수명 및 남녀 차이 추이(1970~2018) (단위: 년)

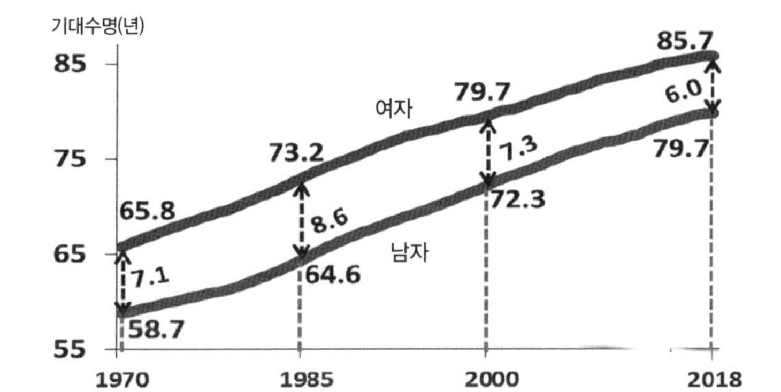

출처: 2019년 통계청 발표 자료

그림 2-2 성·연령별 기대여명(1970, 2018년)

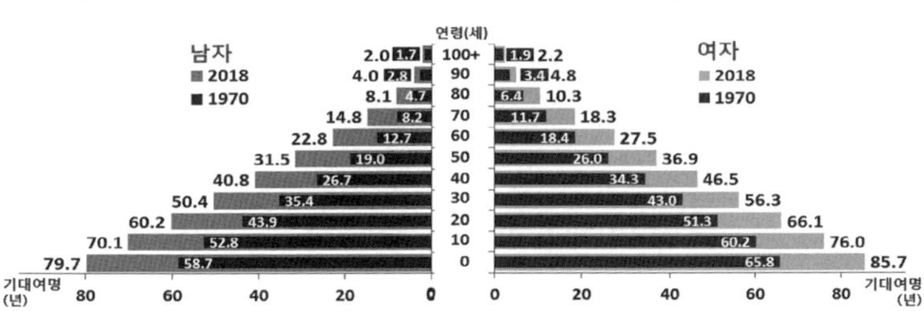

출처: 2019년 통계청 발표 자료

경우에는 남자 8.1년, 여자 10.3년이라고 한다.

특히 은퇴자이면서, 노인으로 구분되는 65세 생존자의 기대여명은 남자 18.7년, 여자 22.8년이며, 이들이 80세까지 생존할 확률은 남자 68.4%, 여자 84.3%이다. 우리 국민의 기대수명을 세계적으로 비교해보면, 남자는 OECD 평균보다 1.7년, 여자는 OECD 평균보다 2.4년 더 오래 살 수 있다고 하며, 기대수명이 가장 높은 국가는 남자가 스위스, 여자는 일본이라고 한다. 한편 건강 수명은 남자 64.0세 여자 64.9세로 기대수명 중 20% 이상은 질병을 지니고 사는 것으로 나타났다. 우리나라 통계청 홈페이지에 들어가면 완전생명표를 찾아볼 수 있고, 자신의 연령에서의 기대 여명, 특정 연령까지 생존 가능성 등의 자료를 얻을 수 있다.

그러면 평균적인 통계에 의한 것이 아니라 나만의 특성이 고려된 개인별 기대여명을 알아볼 수는 없을까? 사람의 수명은 약 30 퍼센트는 유전적 요인이 작용하고, 그리고 나머지 70퍼센트는 생활 습관이 의해서 결정된다고 보고 있다. 이러한 인자들을 고려해서 자신의 수명을 계산해 볼 수 있는 프로그램들이 나와 있다. 이 프로그램은 인구 통계자료를 활용하여 수명에 관련되는 인자들을 선별하고 각각의 인자의 중요성을 감안하여 만든 것이다.

인터넷에 Life expectancy calculator를 검색해보면 여러 가지 도구들을 만날 수 있다. 대표적인 것이 토마스 펄스 박사의 The Living to 100, 그리고 bluezones.com의 The Vitality Compass, Northwestern Mutual의 LifeSpan Calculator 등이다.

The Living to 100: 이 도구는 토마스 펄스 박사의 뉴 잉글랜드 백세 연구 프로젝트에서 제공하는데 개인적인 문항(친구관계, 스트레스, 수면, 직업 등), 생활습관 (주거 환경, 커피, 흡연, 음주, 아스피린 복용, 치아관리 등), 영양 항목 (식사 습관, 군것질, 비타민 복용 등), 의학적 소견(콜레스테롤,

당뇨, 혈압, 정기 검진 등), 가족력(당뇨, 암, 수명) 등 50가지 문항을 전부 기입하면 예상 기대 수명이 나오고, 그리고 각 항목마다 자세한 설명과 함께 그 항목을 개선할 경우 얼마만큼의 수명이 연장될 수 있는지 알려주고 있다. 그리고 개인별 보고서를 받아 볼 수 있다.

The Vitality Compass; 가장 정확한 수명계산프로그램을 지향하고 있다. 비교적 정밀한 계산 프로그램으로 개인적 배경, 올바른 사고, 활동, 식습관, 관계, 생활 습관 및 환경 등의 자세한 항목으로 조사된다. 그리고 개인의 생물학적 연령, 기대 수명, 건강 수명을 알려주고, 문제가 되는 항목에 대해서 코칭 해 주는 프로그램이 제공된다. 식생활 등 일부 항목에서는 우리나라와 실정이 맞지 않는 부분이 있기는 하지만 자세한 항목을 질문하고 이에 따른 문제점까지 지적해준다.

LifeSpan Calculator; Northwestern Mutual에서 제공하는 프로그램으로 체중, 신장, 가족력, 혈압, 스트레스, 식사, 운동, 안전벨트, 운전, 흡연, 음주, 정기 검진 등 12가지의 간단한 질문을 통해서 기대여명을 계산해 준다.

우리나라에는 국민건강보험에서 제공하는 건강 IN이 있다. 여기에 들어가면 자신의 건강 나이를 계산할 수 있고 또한 뇌질환위험도를 계산하는 도구가 있다. 이밖에 국민연금관리공단의 홈페이지에서도 노후설계상담, 노후준비 종합진단, 건강진단의 항목에 나의 예상수명진단, 생체나이진단 등이 제공되고 있어 참고할 수 있다.

6. 우리 국민의 주요 사망원인

건강하게 오래 살려면 주요한 사망원인을 예방하면 되는 것이 아닌가. 통계청에서 해마다 우리 국민 사망 통계 및 사망원인 등에 대한 분석 자료를 제공하고 있다. 자료에 포함된 내용을 보면, 사망자 수, 조사망률, 성별 및 연령별 사망, 주요 사망원인별 사망률, 지역별 자료

그림 2-3 사망자 수 및 조사망률 추이(1983~2018년)

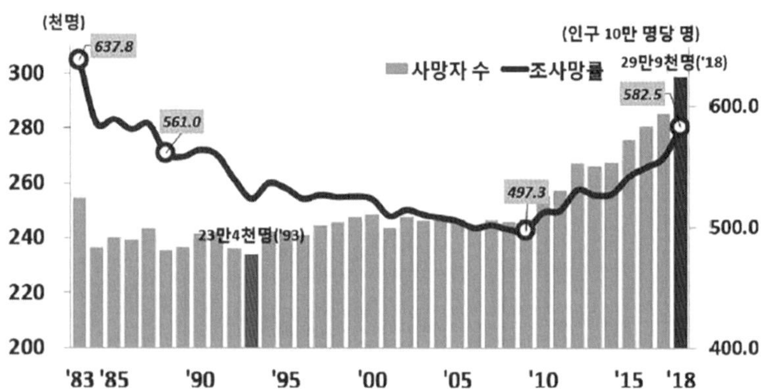

출처: 2019년 통계청 발표 자료

그림 2-4 연령별 사망자 구성비

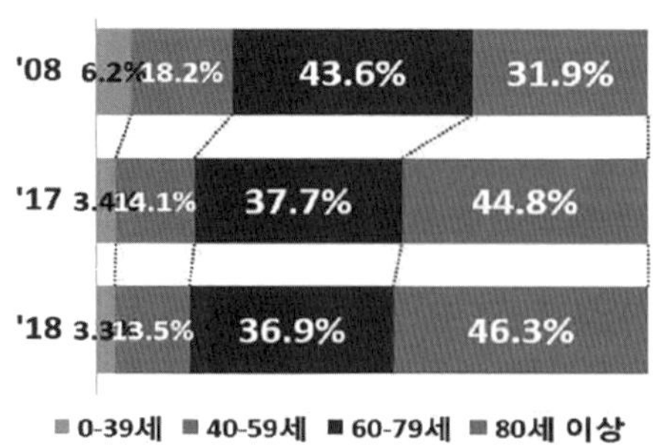

출처: 2019년 통계청 발표 자료

까지 자세히 나와 있다.

우선 2018년에 사망하신 분은 약 30만 명인 298,820명으로 1983년 사망원인통계 작성 이래 가장 많은 분이 돌아가셨다고 한다. 2017년에 비해 만 3천 명이 늘어나서 4.7% 증가하였다. 태어나는 사람은 줄어들고 죽는 사람이 늘어나는 인구 감소의 단계로 다가가는 현상이 나타나고 있다.

또 인구 10만 명당 사망자수를 나타내는 조사망률을 보면 582.5명으로 전년 대비 4.5%가 늘어났는데, 년도 별로 추이를 보면 2009년 497.3명을 저점으로 지속적으로 해마다 증가추세에 있다고 한다. 그리고 전체 사망자 중 80세 이상이 차지하는 비율이 46.3%로 10년 전에 비해 약 15% 증가하여 고령화 사회의 특징이 나타나고 있다. 남녀 사망률을 비교해보면 남자는 인구 10만 명당 629.6명이고 여자는 535.6명으로 전 연령층에서 남자가 높았으며 특히 60대에서는 남자가 여자에 비해 2.8배나 많이 사망하였다.

주요 사망원인을 살펴보면 암, 심장 질환, 폐렴이 가장 흔한 원인으로 전체 사망의 45%를 차지하였으며 뇌혈관 질환, 자살, 당뇨병, 간 질환, 만성 하기노실환, 알츠하이미병, 고혈압성 질환 순으로 나타났다. 65세 이상 고령자의 사망원인 1위는 암으로 인구 10만 명당 763.0명이 사망하였고, 그 다음은 심장 질환, 폐렴 순이었다. 특기할 만한 것은 2017년도에 비해서 폐렴은 한 단계, 알츠하이머병은 두 단계 상승하였다는 점으로 이 역시 고령화 사회를 반영하는 점이라고 할 수 있다. 폐렴은 2004년 10위에서 꾸준히 순위가 상승하였고, 알츠하이머병 즉 치매는 통계 작성 이래 처음으로 10대 사망원인에 포함되었다. 반면에 교통사고, 당뇨병 사망률은 감소하였다. 남녀 간의 사망원인의 차이를 보면 남자는 폐렴, 자살이 많았고, 여자는 뇌혈관 질환, 알츠하이머병이 상대적으로 더 많았다.

그림 2-5 사망 원인 순위 추이 (단위: 인구 10만 명당 명)

순위	사망원인	사망률	'17년 순위 대비
1	악성신생물	154.3	-
2	심장 질환	62.4	-
3	폐렴	45.4	⬆(+1)
4	뇌혈관 질환	44.7	⬇(-1)
5	고의적 자해(자살)	26.6	
6	당뇨병	17.1	-
7	간 질환	13.4	-
8	만성 하기도 질환	12.9	-
9	알츠하이머병	12.0	⬆(+2)
10	고혈압성 질환	11.8	⬇(-1)

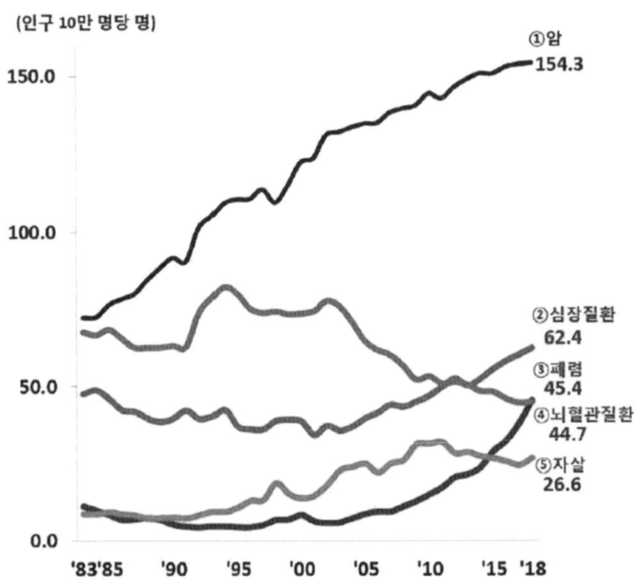

출처: 2019년 통계청 발표 자료

그림 2-6 자살자 수 및 자살률 추이(2008~2018년)

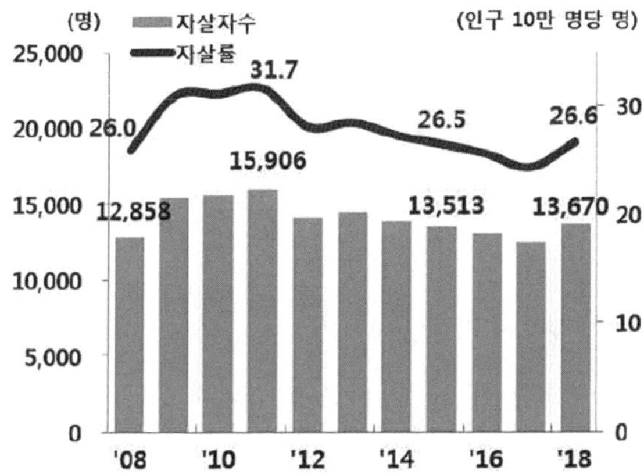

출처: 2019년 통계청 발표 자료

그림 2-7 치매 사망률 추이(2008~2018년)

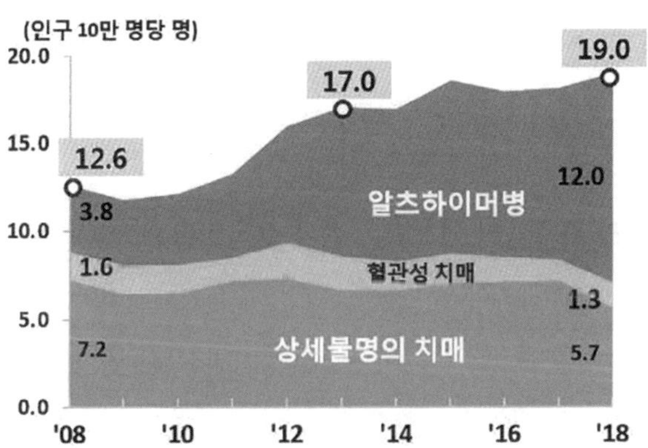

출처: 2019년 통계청 발표 자료

연령대별 사망원인은 10대부터 30대까지 사망원인 1위는 자살, 40세부터는 암이 사망원인 1위로 나타났다. 암 사망률은 폐암, 간암, 대장암, 위암, 췌장암 순이고, 남자의 암 사망률이 여자보다 1.6배 높았다. 순환계통 질환은 연령이 증가할수록 연령별 사망률도 증가하여 특히 70세 이후부터 크게 늘어난다.

2018년 자살 사망자 수는 2017년보다 1207명이 증가한 13,670명으로 평균 하루에 37.5명이 자살하였다. 자살은 10대부터 30대까지 사망원인 1위이고, 40대, 50대에서는 사망원인 2위로, 80세 이상 연령층을 제외한 전 연령에서 증가하였다. 특히 남자의 자살률은 여자보다 2.6배 높았는데 특히 60대가 3.9배로 가장 높아서, 노인 남자의 자살률이 전 세계에서 가장 높은 것으로 나타나고 있다.

그런데 흥미로운 자료는 만일 암에 걸리지 않는다면 남자의 기대수명은 4.6년, 여자는 2.7년 늘어난다. 특히 65세 노인이 암에 걸리지 않는다면 남자는 4.0년, 여자는 2.0년 더 살 수 있다고 한다. 또 심장병이나, 폐렴에 걸리지 않는다면 약 2년가량 수명이 연장된다고 한다. 이런 통계를 통해서 우리들은 암검진, 암예방, 고혈압 조절 등을 한다면 건강 수명을 연장시킬 수 있다는 것을 알 수 있다.

7. 우리나라 사람들이 생각하는 좋은 죽음이란

우리는 누구나 예외 없이 노화나 질병으로 세상을 떠나게 된다. 그래서 우리는 어떻게 죽음을 맞이해야 할지 걱정과 염려를 하게 된다. 사람들에게 좋은 죽음이란 과연 어떤 것일까? 아마도 90세, 100세까지 건강하게 살다가 고통 없이 자연스러운 죽음을 맞이하는 것이 아닐까 생각된다. 그리고 우리들은 세상에서 가능한 한 모든 것을 즐기고 적절한 시간에 평안하게 고통 없이 죽기를 바라고 있다.

미국에서는 좋은 죽음을 "환자와 가족, 간병인이 고통과 괴로움으로부터 가능하면 자유롭고, 환자와 가족의 희망에 따르면서 동시에 임상적, 문화적, 윤리적 기준에 합리적으로 일치하는 것"이라고 정의하고 있다.

1998년 란셋에 기고한 논문에서 미국 엠마누엘 박사는 다음 같은 6개 영역으로 좋은 죽음을 측정하고 조절할 수 있다고 주장하였다. 1) 신체적 증상, 2) 심리 및 인지 증상, 3) 경제와 보살핌 필요성, 4) 사회적 관계와 지지, 5) 영적이고 실존적인 믿음, 6) 희망과 기대다.

그리고 대부분의 환자들은 자다가 죽는 것, 조용히 죽는 것, 고통 없이 죽는 것, 갑자기 죽는 것을 좋은 죽음이라고 말하고 있으며, 불필요한 연명치료를 하는 것보다 고통 없이 평안하게 죽는 걸 좋은 죽음이라고 생각하고 있다.

의료전문가들도 가족들이 수용할 수 있으며, 통증 없이, 평화롭고, 불안하지 않으며, 편안한 임종을 좋은 죽음으로 정의하고 있다. 그리고 좋은 죽음을 위해서는 신체적, 심리학적, 사회적, 정신적, 실존적 영역, 그리고 삶의 마무리 및 죽음 준비를 포함한 여러 측면에서의 대처가 필요하다고 강조하고 있다.

2016년 미국 노인정신과학지에 에밀리 마이어 박사팀이 좋은 죽음이 무엇인가에 대해 연구한 전 세계 논문 36편을 분석한 결과를 발표하였는데 미국, 영국, 네덜란드, 한국, 일본, 이란 등의 논문을 대상으로 하였고, 연구 대상의 절반 이상은 60세 이상이었다. 연구자들은 좋은 죽음에 대한 11개의 핵심 주제 발견하였는데 특정 임종 과정 선호, 통증 없는 상태, 종교적 영적 측면, 감정적 웰빙, 삶의 완성, 치료 선호, 품위, 가족, 삶의 질, 의료인과의 관계 등 11가지가 추출되었다고 한다. 그 중에서 임종 과정 선호(94%), 통증 없는 상태(81%), 감정적 웰빙(64%)이 가장 중요하다고 조사되었다.

정신과 의사이자 신학자인 스캇 펙 박사는 그의 저서 '죽음을 선택할 권리'에서 훌륭한 죽음을 다음과 같이 정의하였는데, 첫째는 자살이나 살인의 결과가 아닌 자연스러운 죽음. 둘째는 육체적 통증이 없는 죽음. 자연적이던지, 적절한 약효 덕분이든 관계없다. 셋째는 타인과의 용서와 화해가 잘 이루어진 상태에서 맞이하는 죽음. 넷째는 죽음에 대해 마음의 준비가 돼 있어 죽음이 임박했음을 부인하지 않는 죽음. 다섯째는 죽음을 맞을 준비가 되어 있음을 표현하고 작별인사를 하는 경우. 그리고 이렇게 할 수 있는 것은 죽음을 온전히 받아들이는 데 필요한 생존적 고통을 경험했기 때문이라고 하였다.

그러면 우리나라 사람들에게 좋은 죽음이란 어떤 것인가? 2017년 연세대학교 간호대학에서 시행한 논문 검색 연구에 의하면 3차원 7 속성이 확인되었다고 한다. 1)임종준비기; 살아 있는 시간 동안 잘살기, 죽음 준비, 2) 임종기; 무의미한 삶의 연장 피하기, 존엄성, 편안함, 의료진과 상호작용, 3) 임종후; 남겨진 가족의 감정 등이다. 정리하면 좋은 죽음이 되기 위해서는 살아 있는 동안 의미 있는 삶을 살고, 적절한 죽음 준비를 하는 것이며, 의료진과 상의하여 무의미한 삶의 연장 없이 존엄하고 편안하게 죽음을 맞고, 임종 후에는 남은 가족도 긍정적으로 느끼고 경험하는 것이 좋은 죽음을 구성하는 요소들이라고 발표하였다.

2018년에는 서울대 의과대학의 윤영호 교수팀이 전국 12개 병원의 암 환자, 가족, 의사, 일반인 등 4000여 명을 대상으로 좋은 죽음에 관해 조사 분석하여 발표하였는데 좋은 죽음의 조건은 1) 가족에 부담이 되지 않는 것, 2) 가족과 함께 하는 것, 3) 미처 끝내지 못한 일 해결, 4) 통증으로부터 해방, 5) 의미 있는 삶, 6) 영적인 평화, 그 밖에 치료의 선택, 경제적인 면, 의식의 명료, 집에서의 죽음 등이었다. 그리고 의사들이 중요하게 생각하는 것은 의미 있는 삶, 가족과 함께 하는 것, 가족에 부담이 되지 않는 것으로 나타났다.

좋은 죽음에 대한 정의는 사회적 성격도 있어서 환자에게 좋은 죽음이면서 동시에 가족이나 간병인도 받아들일 수 있어야 한다. 그래서 종종 죽어가는 사람들은 가족들을 편하게 하려고 괴로움을 감추고 죽음을 의연하게 받아들이는 모습을 보여주려고 애를 쓰기도 한다. 그리고 중요한 것은 우리는 죽어가는 사람이 원하는 것만 도와주어야 한다. 말하자면 가족과 돌보는 사람은 자신의 바람이나 믿음을 강요하지 않도록 주의해야 한다. 환자 스스로 선택하고 주도하면서 삶을 마무리할 권리를 존중해야 한다.

죽음을 죽음이 진행되는 기간에 따라서 나누어 보면 첫째는 짧은 시간 내 사망하는 급작사로 사고사, 심장마비 등을 들 수 있다. 두 번째는 심부전증, 신부전증, 간부전증, 뇌혈관질환 등 만성 장기부전에 의한 죽음이다. 이런 경우에는 장기의 기능을 유지하기 위해서 오랜 투병 생활을 해야 한다. 예를 들면 장기간 투약, 인공신장치료, 장기이식 등이 여기에 해당한다. 셋째는 치매에 의한 죽음이다. 오랜 기간 육체적으로는 살아 있지만, 인지기능이 마비되어 서서히 죽어가는 경우이다. 마지막으로 암에 의한 죽음으로 이 경우에는 남은 수명이 대강은 예측이 되기 때문에 어느 정도 계획된 죽음을 준비하며 투병할 수 있다. 그러면 이 중에 어떤 죽음이 가장 행복할까? 일부 학자들은 차라리 암으로 사망하는 것이 좋을 수 있다고 주장하나, 생각이 다를 수밖에 없다.

사람들이 나쁘게 죽는지, 잘 죽는지에 대한 논쟁은 좋은 죽음을 어떻게 정의하는가에 달려 있다. 고통없이 죽는 것만이 아닌 또 다른 시대적인 주제는 통제와 자율, 독립성이다. 그런데 정말 좋은 죽음이란 존재할 수 있을까? 얼마나 많은 사람이 자신이 원하는 방식으로 죽을 수 있을까? 학자들은 죽음은 성공이냐 실패냐의 문제도 아니고, 성취해야 할 대상도 아니며, 막연히 좋은 죽음을 바라지 말고, 적합한 죽음을 고민해보는 것이 더 현실적이라고 조언을 한다. '어떻게 죽을 것인가?(Being Mortal)'의 저자인 하버드 의과대학 이 툴 가완

디 교수는 사람들의 궁극적인 목표는 좋은 죽음이 아니라 마지막 순간까지 좋은 삶을 사는 것이라고 하면서, 사람들은 죽는 사람을 통해서 추억을 나누고, 물건과 지혜를 물려주고, 관계를 회복하고, 하나님과 화해할 수 있다고 말한다. 그리고 죽는 사람의 역할은 죽은 사람에게나 남은 사람에게나 삶에서 가장 중요한 요소에 속한다고 주장한다.

좋은 죽음의 12가지 원칙

- 죽음이 언제 어떻게 올지 알고, 이해해야 한다.
- 발생하는 상황에 대한 통제력을 유지할 수 있어야 한다.
- 품위와 프라이버시를 지킬 수 있어야 한다.
- 통증 완화 및 기타 증상이 조절되어야 한다.
- 집 또는 그 밖에 장소 등 어디서 죽을지 선택하고 결정할 수 있어야 한다.
- 필요한 정보에 대한 접근과 전문가의 도움을 받을 수 있어야 한다.
- 영적 또는 정서적 지원이 가능해야 한다.
- 병원뿐만 아니라 어느 곳에서든 호스피스 진료가 가능해야 한다.
- 함께 있는 사람과 마지막을 함께 할 사람들에 대한 통제가 가능해야 한다.
- 마지막 소원이 존중받을 수 있게 사전의향서를 작성해야 한다.
- 작별 인사를 할 시간을 갖고, 기타 일정을 조정할 수 있어야 한다.
- 떠날 시간이 오면 무의미한 연명을 하지 않고, 떠날 수 있어야 한다.

(출처: Debate of the Age Health and Care Study Group. The future of health and care of older people: the best is yet to come. London: Age Concern; 1999.)

제2장

죽음의 선택

1. 임종기 선택

우리나라에서도 연명의료법이 시행되면서 존엄사가 사회적인 이슈가 되고 있다. 그리고 최근에 외국의 안락사에 대한 사례들이 언론을 통해서 알려지면서 국민들이 많은 관심을 갖게 되었다. 그러면 질병이나 노화로 삶을 유지하기 힘들 때 선택할 수 있는 죽음에 이르는 방법은 어떤 것들이 있을까 궁금해진다. 우리나라는 죽음에 관한 이야기를 매우 꺼리지만, 유럽이나 미국 등 서구 사회에서는 죽음을 주제로 한 활발한 토의가 있으며, 죽음에 대한 교육 그리고 죽는 방법에 대한 선택 등 많은 정보가 알려져 있다. 심지어 스위스, 벨기에, 룩셈부르크, 네덜란드, 캐나다, 콜롬비아 그리고 미국의 여러 주에서 안락사가 법적으로 허용되고 있다. 그러면 마지막 임종기가 다가왔을 때 선택할 수 있는 죽음에 이르는 방법은 어떤 것들이 있을지 알아본다.

첫째는 죽을 병에 걸려도 포기하지 않고 가능한 모든 치료를 받는 것이다. 죽음을 받아들이지 않고 적극적으로 최대한 생명을 연장시키는 것이다. 비록 의식이 없더라도 수명을 조금이라도 연장하기 위해서 마지막까지 항암제, 신장투석, 인공호흡, 심폐소생술까지 모든 방법을 동원한다. 이런 환자는 사망할 때까지 병원의 중환자실에서 치료를 받는다.

둘째는 가능한 모든 치료를 하되 무의미한 연명치료를 하지 않는 방법이다. 2018년부터 시행되고 있는 연명의료결정법으로 우리나라에서도 가능하게 되었다. 암 등 회복이 불가능한 말기 환자 본인이나 가족은 항암제, 인공호흡, 신장투석, 심폐소생술 등 연명을 위한 치료법을 거부할 수 있다.

셋째, 적극적인 치료는 포기하고 완화요법, 호스피스 치료를 받는 방법이다. 호스피스 완화의료에서는 환자의 임종기 삶의 질을 향상시키기 위하여 다학제적인 협력을 통해서 말기 환자와 그의 가족에게 통증 조절, 영양 관리, 정서적 도움, 영적 지지, 사별 가족 돌봄을 제공한다. 죽음을 삶의 순환과정으로 보고, 삶의 연장보다는 삶의 질을 강조한다. 환자가 원하는 돌봄을 제공하고, 환자가 안정감 있는 환경에서 소중한 사람들과 의미 있는 마지막 순간을 가질 수 있도록 돌본다.

넷째는 아무런 의학적인 치료를 받지 않는 선택이다. 환자가 병원을 찾지 않는다면 가능하다. 그러나 이 방법은 통증 완화 등 완화의료의 도움을 받을 수 없는 나쁜 선택이다. 현대 의학은 다양한 방법의 통증 조절과 삶의 질을 향상시키는 방법을 환자에게 제공하고 있다.

다섯째는 완화 진정요법이다. 말기 환자가 모든 조치에도 통증이 해소되지 않고, 죽음이 임박한 데서 나타나는 정신적 고통, 죽음에 대한 두려움으로 괴로워할 수 있다. 비록 많은 용량의 진정제 투여로 수명이 단축될 위험성이 있지만, 끊임없는 고통에 시달리는 말기 환자에게 진정제를 투여하여 재우는 방법이다. 이 방법은 법적으로 가능하나 수명 단축의 위험성이 있기에 윤리적인 문제의 소지가 있다.

여섯째는 단식이다. 자발적으로 음식을 먹지 않고 서서히 죽음을 재촉하는 방법이다. 역사적으로도 곡기를 끊고 돌아가신 분들의 이야기가 있듯이 단식으로 서서히 삶을 마감하는 것이다. 미국의 사상가 스콧 니어링은 100세가 되자 단식을 선택했다.

일곱째는 음식과 물까지 모두 끊는 것이다. 환자가 스스로 결정하여 음식과 물 모두 끊는 것을 자발적 단식(voluntary stop eating and drinking, VSED)이라고 한다. 서구에서 안락사의 대체 수단으로 시행되고 있는데, 법적이나 윤리적인 문제는 없으나 이를 조장하고 도와주거나 방조한 경우에 법률적 책임인 자살방조죄 가능성이 높다. 최근에는 신영복 선생님이 암 말기 투병 중에 단식하셨다고 한다. 결국 임종기 환자에게 수액 공급이나 튜즈 등을 이용한 영양 공급을 할 필요가 있는가 하는 문제와도 연관이 있다.

여덟째는 의사 조력 자살이다. 이 방법은 우리나라에서는 불법이다. 그리고 합법적인 나라는 매우 적다. 견딜 수 없고 조절되지 않은 통증을 호소하는 말기 환자 본인이 요청할 때, 정해진 절차와 법률에 따라 의사가 치사량의 수면제를 처방하고 환자 스스로가 약을 복용하는 형태이다. 미국에서는 현재까지 7개 주, 벨기에, 네덜란드, 룩셈부르크, 스위스, 캐나다 등 일부 국가에서 허용되고 있다.

아홉째는 의사나 타인에 의한 안락사다. 의사가 수면제와 근이완제를 직접 주사하여 말기 환자를 사망에 이르도록 하는 방법이다. 역시 벨기에, 네덜란드, 덴마크 등 일부 국가에서만 합법이다.

마지막으로 열 번째는 자살이다. 역사적으로도 자살에 대한 사회적인 논란이 많이 있다. 그런데 현대에 들어서 자살은 자신뿐만 아니라 남겨진 사랑하는 가족에게 커다란 슬픔을 주는 폭력적인 행동이고, 사회적으로도 무책임한 행동으로 지탄을 받고 있다. 그 이유는 발달된 의료 기술과 심리적 사회적 지지 프로그램 등으로 자살하지 않고도 해결할 수 있는 방법들이 있기 때문이다. 따라서 혼자서 합리적인 판단 없이 다른 대안이 있음에도 불구하고 자살을 선택해서는 안 된다.

정리해 보면 존엄사, 연명의료거부, 안락사는 아래와 같이 분류할 수 있다.

- 존엄사 및 소극적 안락사(합법적인 것); 연명의료 거부, 완화의료 및 호스피스, 의학적 치료 거부, 자발적 단식 (상황에 따라 불법의 소지가 있음)
- 적극적 안락사; 의사조력자살(불법적인 것), 안락사(불법적인 것), 자살

따라서 병원에서 가능한 방법은 모든 치료를 받거나, 연명의료를 거부하거나, 호스피스 완화의료를 받는 것이다. 병원 밖에서 선택 가능한 방법은 아무 치료도 받지 않는 방법, 스스로 물과 음식을 먹지 않는 방법, 그리고 자살이다. 누구나 죽음의 순간은 다가온다. 너무 늦기 전에 스스로 어떻게 죽을 것인지 마지막 선택에 대해서 깊이 성찰하고, 가족들과 대화를 나누는 것이 필요하다.

우리나라는 법률적으로 자발적 단식, 안락사, 자살 등 어떠한 형태든지 말기 환자의 생명을 단축시키는 행위는 다음과 같은 형법에 의해서 처벌받을 수 있다.

형법 제252조(촉탁, 승낙에 의한 살인 등) ②사람을 교사 또는 방조하여 자살하게 한 자도 전항의 형과 같다. 자살방조죄는 자살이 범죄가 아님에도 방조자를 처벌하는 특별규정이다. 자살교사란 자살의 의사가 없는 자에게 자살의 결의를 일으키게 하는 것이며, 자살방조

란 자살행위를 용이하게 하여 주는 것이다. 예를 들면 총검이나 독약 등을 제공하는 것 등이다.

2. 중환자실치료후 증후군

우리나라에서는 의료 산업이 발전하고, 의료보험이 전면적으로 도입되기 이전에는 대다수 사람들이 자신의 집에서 가족들의 임종 돌봄을 받으면서 삶을 마무리했다. 그러다 죽음의 장소가 점차적으로 병원으로 옮겨지게 되었고, 임종 돌봄은 가족이 아니라 의료진의 몫이 되면서, 가족들은 소극적인 구경꾼이 되어 종종 혼란과 불안에 빠지게 되었다. 그리고 환자는 각종 투약과 처치로 인해서 제대로 반응할 수 없고 자신의 자유의지를 밝히기 어렵게 되었다.

1950년대에 처음 중환자실이 만들어졌고, 그동안 장비와 치료 기술 등으로 발달로 많은 중증질환자들과 외상 환자들을 살려냈다. 이러한 목숨을 구하는 치료의 진화는 장기의 기능을 보충하고 지지해주어 결과적으로 생존율을 높여준다. 그런데 중환자실에 입원하는 것은 환자나 가족에게 모두 커다란 스트레스다. 미지의 환경, 병명과 예후에 대한 불확실성, 죽음과 삶의 질의 손상에 대한 두려움이 있다.

2012년 북미의 주요 의료기관들이 주최한 컨퍼런스에서 중환자실에 머물렀던 환자와 그 가족들에게 발생하는 신체적, 인지적, 정신적 결과를 중환자실치료후 증후군(post-intensive care syndrome, PICS)이라고 명명했다. 급성기 질환을 치료받는 과정에서 나타나는 신경근육약화, 인지능력장애, 정신건강 손상 등의 증상을 일컬으며 이러한 증상이 퇴원한 다음에도 몇 개월 또는 수년간 지속된다고 한다.

가장 흔한 증상은 전신쇠약, 피로감, 운동성 감소, 불안, 우울, 성적장애, 수면장애, 기억력 감퇴, 집중 장애 등이고 많은 경우에 복합적으로 나타나기도 한다. 중환자실에서 퇴원하고 6개월이 지나도 수면장애, 불안, 우울, 외상후증후군이 지속될 확률은 50%를 넘는다. 더구나 환자 가족에서도 유사한 증상이 약 30% 내외의 상당한 비율로 나타난다고 한다. 중환자실에서는 환자를 움직이지 못하게 결박하고, 수면제를 투여하면서, 생리학적 손상을 치료하고 생명을 살리는데 치중하고 있다. 중환자실치료후 증후군은 병리학적 기전을 충분히 이해할 수 없지만 저산소증, 쇼크, 감염, 포도당 불균형, 진정제, 중환자실 환경 (침대에 고정, 신체 결박, 소음, 통증, 갈증 등)에 의한 것으로 예상하고 있다.

2017년 우리나라 한 병원에서 발표한 결과를 보면, 중환자실 치료를 받고 퇴원한 환자 30명중 43.4%에서 인지 장애, 60%에서 우울증상이 있었고, 특히 여성은 90%에서 우울증상이 나타났다고 한다.

중환자실은 집중치료를 위해서 늘 밝게 조명을 켜두고, 30분마다 간호사가 의식과 혈압을 점검한다. 그렇기 때문에 환자가 깊은 잠을 자는 것은 원천적으로 불가능하다. 주위에는 온갖 기계 장치가 있고 신경을 자극하는 기계음과 환자에게 부착된 장치에서 알람 소리가 난다. 그리고 옆 침대나 주변에서 환자들 신음소리, 울음 소리, 긴박하게 소리치는 의사 간호사의 목소리 등으로 의식이 있는 환자들은 정신적으로 커다란 스트레스를 받을 수 밖에 없다. 첫째는 두려움이 앞선다. 내가 죽는 것은 아닌지? 둘째는 중환자실에서는 침대에 누워 있어야만 하고, 침대에서 떨어지지 않게 몸을 결박하거나 손발을 묶어 놓는다. 셋째는 기관지 삽관을 한 경우에는 말을 할 수 없다. 넷째는 소변줄을 끼운 상태에서 소 대변을 모두 침대에서 해결해야 한다. 다섯째는 인공호흡기를 달면 더욱 힘들기에 환자들을 진정제 또는 가벼운 마취제로 재운다. 그리고 가족 면회는 한 번에 10분씩 하루 두 차례 정도만 허용된다.

그런데 이런 후유증 문제를 해결할 방법이 없다는 것이다. 미국과 유럽에서도 아직까지 중환자실 생존자의 삶을 개선할 수 있는 프로그램이 극히 적다. 그리고 그동안 연구된 결과를 살펴보면 정신과적 치료와 물리치료 등을 해보아도 중환자실치료후 증후군을 예방할 수 없었다고 한다.

그래도 중환자실에서 회복될 가능성이 있을 때는 참고 견디어야지요. 그런데 만일 회복될 가능성이 전혀 없는 경우에는 어떻게 해야할까요. 그런 경우에 중환자실에 들어가기 원하지 않는다면 연명치료거부 의사를 미리 밝혀 놓아야 한다.

3. 호스피스 완화의료

현대적 의미의 호스피스 완화의료는 런던에 호스피스 병원을 부활시킨 내과 의사 시실리 손더스와 미국의 정신과 의사 엘리자베스 퀴블러 로스에 의해 시작되었다. 의료 중심이 아닌 환자중심의 임종돌봄으로, 죽음을 앞둔 환자가 원하는 바람을 존중하고 충족시켜줌으로써 품위 있는 죽음을 맞을 수 있게 해주는 것이 그 정신이다.

호스피스 완화의료는 환자의 자율성을 존중하면서 근원적인 질병 치료가 아닌 신체적, 정서적, 정신적 증상 완화를 목표로 한다. 현대적 호스피스 운동은 1967년에 런던에 설립된 성크리스토퍼 호스피스로 시작되어 영국과 미국 등으로 확대되었다. 초기에는 입원형 호스피스로 시작하여 품위 있는 죽음을 추구하였고, 현재는 가정형 호스피스 분야로 발전되었다. 호스피스는 말기 질환 환자와 그 가족에게 의사, 간호사, 사회복지사 등으로 이루어진 호스피스, 완화의료팀이 환자의 증상 조절, 환자와 가족의 심리 사회적, 영적 지지를 통해서 환자와 가족의 고통을 완화시켜 삶의 질을 향상시키는 것을 목표로 한다. 제공되는 서비스는 통증 및 신체 증상 완화, 심리상담, 사회복지 상담, 영적 상담, 환자와 가족 교육, 임종 관리, 사별 가족 돌봄, 호스피스 완화의료 자원봉사자의 돌봄 봉사 등이다. 결론적으로 호스피스 완화의료는 좋은 죽음을 맞는데 필요한 것을 모두 지원한다.

일부 연구발표에 의하면 말기 암 환자의 경우 완화의료를 빨리 시작할수록 삶의 질이 향상되고, 의료비 절감효과가 나타나며, 생존기간이 연장된다고 한다. 그러나 대부분의 말기 암 환자들은 호스피스 완화의료를 늦은 시기에 받기 시작한다. 말기 암환자의 치료 행태를 조사한 연구에 의하면 암 환자의 약 20%가 사망 2주 전까지 항암제 투약을 받은 것으로 밝혀졌다. 여러 가지 이유가 있겠지만 끝까지 연명치료에 집착하거나, 최근 도입된 독성이 적은 표적치료제나 신약 임상시험에 대한 환자나 의사들의 지나친 기대감, 치료의 실패를 인정하지 않는 문화 등이 한 몫을 하고 있다.

그러나 말기 암 환자가 마지막까지 항암제치료를 받는 경우에는 항암제의 부작용에 의한 고통, 생명 단축의 위험성과 심폐소생술, 기계적 인공호흡, 중환자실 사망 위험이 증가된다. 따라서 회복 가능성이 없는 말기환자는 항암치료를 중단하고 적절한 시기에 호스피스 완화의료를 받는 것이 바람직하다. 국내 연구진도 유사한 결과를 보고하고 있는데, 말기 암으로 사망한 600여명의 환자를 보면 완화의료를 받은 기간이 길수록 오래 사는 경향이 있었다. 따라서 항암치료가 끝난 시점에 빠른 완화의료로 전환이 필요하다고 강조하고 있다. 그렇게 하기 위해서는 임종기 선택을 위한 의사, 환자 그리고 가족 간의 질병 상태, 예후, 치료 및 치료 선호도에 대한 소통이 필수적이다. 그래야만 임종 말기에 불필요한 연명치료를 피하고, 호스피스 이용을 촉진하며, 환자와 가족의 삶의 질을 향상시키는 등의 긍정적인 효과를 기대할 수 있다.

우리나라에서도 2000년대 초부터 말기 암환자에 대한 호스피스 완화의료를 국가가 지원하고 있다. 2003년 호스피스완화의료 시범사업을 시작으로 호스피스 병상 수가 2008년 282개 병상, 2014년 950개 병상, 2020년도 1402병상으로 확대되었다. 그리고 2016년부터 가정을 방문하여 제공하는 가정형 호스피스 서비스가 시작되었으며, 현재 38개 기관에서 수행하고 있고, 대상은 말기 암 환자, 만성 폐쇄성 호흡기 질환, 만성 간경화, 에이즈 등 말기 환자다. 또 2015년부터는 호스피스 완화의료가 국민건강보험에 의한 급여화가 시행되었다. 그러한 노력의 결과 말기 환자의 호스피스 완화의료 이용률도 증가하여 2008년 7%, 2014년 14%, 2017년 20%였다고 한다.

4. 연명의료결정법

2018년 2월부터 「호스피스·완화의료 및 임종과정에 있는 환자의 연명의료결정에 관한 법률」에 따른 연명의료결정제도가 시작되었다. 연명의료결정법에 따라 의학적으로 회생 가능성이 없이 악화하여 사망이 임박한 임종 과정에 있는 환자가 본인이 원하는 경우 편안하게 삶을 마무리할 수 있는 기반이 마련된 것이다. 임종기 환자는 심폐소생술이나 인공호흡기에 의존하면 더 살 수는 있지만 극심한 고통이 따른다. 이 제도를 통해서 연명의료를 원하지 않는 사람은 사망에 임박했을 때, 인공호흡기, 항암제 치료, 혈액 투석, 심폐소생술을 거부

한다는 의사를 미리 밝혀 두는 것이다.

실제로 병원에서 일어날 수 있는 상황을 한번 상상해보자. 환자는 폐암 말기로 더 이상 항암제로 치료가 되지 않았고, 호흡이 힘들어져서 병원에 입원하였다. 저녁이 되어 환자가 숨쉬기가 점점 힘들다고 호소하자 담당 간호사는 당직 의사를 찾게 되었다. 당직 의사는 의무 기록을 검토하고 산소포화도 등 혈액검사를 한다. 결과는 혈중 산소 농도가 낮게 나타났고, 당직 의사는 이런 사실을 내과 의사에게 보고한다. 내과 의사는 먼저 가족을 찾아서 상황을 설명하고 중환자실 치료에 대한 의사를 타진한다. 그러면 대부분의 가족들은 최선을 다해달라는 요청을 하게 된다. 그러면 환자는 중환자실에 옮겨지고 우선 기관지 삽관을 하고 산소를 공급하고 인공호흡기를 장착한다. 면회는 하루 두 번 정해진 시간에 한 번에 두 명까지만 10분 정도 가능하다. 거기다가 기관지 삽관과 가벼운 수면제를 주입하게 될 것이고 이제 더 이상 정상적인 대화는 불가능하다. 따라서 환자 자신이 연명치료 거부 의사를 표현한다는 것이 근본적으로 불가능하다. 이제는 인공호흡기를 마음대로 제거할 수도 없다. 그래서 심장이 멎을 때까지 기다릴 수밖에 없다. 말기 폐암 환자에게 이런 모든 치료가 과연 의미가 있을까? 환자에게 참을 수 없는 고통만 주는 것은 아닐까? 그런데 그 누구도 책임지고 해결할 수 있는 사람은 없다. 그저 답답할 뿐이다.

이러한 문제를 해결하기 위해서 연명의료관련법과 제도가 시작되었고 그것이 사전연명의료의향서와 연명의료계획서이다. 사전연명의료의향서는 19세 이상이면 건강한 사람도 작성해 둘 수 있는데, 보건복지부가 지정한 사전연명의료의향서 등록기관을 찾아가 설명을 듣고 작성하면 법적으로 유효한 서식이 된다. 사전연명의료의향서를 등록하는 것이 바로 존엄사에 이르는 첫걸음이다. 국립연명의료관리

기관 홈페이지를 방문하면 자세한 내용을 알 수 있다.

연명의료계획서는 말기환자(암, 후천성면역결핍증, 만성폐쇄성호흡기 질환, 만성 간경화로 적극적인 치료에도 불구하고 근원적인 회복의 가능성이 없고 점차 증상이 악화되어 수개월 이내에 사망할 것으로 예상되는 환자), 또는 임종과정에 있는 환자가 작성할 수 있다. 의료기관윤리위원회가 설치되어 있는 의료기관에서 담당 의사 및 전문의 1인에 의해 말기 환자나 임종과정에 있는 환자로 진단 또는 판단을 받은 환자에 대해 담당 의사가 작성하는 서식이다.

그리고 사전연명의료의향서나 연명의료계획서로 연명의료를 받지 않겠다는 의사를 밝혔다 하더라도, 실제로 연명의료를 받지 않으려면 다음과 같은 절차를 밟아야 하는데 먼저 의료기관윤리위원회가 설치된 의료기관에서 담당 의사와 전문의 1인에 의해 회생의 가능성이 없고, 치료에도 불구하고 회복되지 않으며 급속도로 증상이 악화되어 사망에 임박한 상태에 있는 환자라는 판단을 받아야 한다. 그리고 연명의료계획서나 사전연명의료의향서를 통해 환자가 연명의료를 받지 않기를 원한다는 사실이 확인되어야 한다. 연명의료계획서나 사전연명의료의향서가 모두 없고 환자가 의사 표현을 하는 것이 불가능한 상태라면, 평소 연명의료에 관한 환자의 의향을 환자 가족 2인 이상이 동일하게 진술하고 그 내용을 담당 의사와 해당 분야 전문의가 함께 확인하는 것도 가능하다. 만약 위의 모든 경우가 불가능하다면, 환자 가족 전원이 합의하여 환자를 위한 결정을 할 수 있고, 이를 담당 의사와 해당 분야 전문의가 함께 확인하여야 한다. 환자가 미성년자인 경우에는 친권자가 그 결정을 할 수 있다. 결론적으로 해당 환자가 의학적으로 더 이상 치료 효과가 없다는 의학적 판단과 환자도 더 이상 치료를 원치 않는다는 요건이 동시에 갖춰지면 연명의료를 시행하지 않을 수 있다. 이 법이 말하는 연명치료란 임종과정에 있는 환자에게 하는 심폐소생술, 혈액투석, 항암제 투여, 인공호흡기 착용에 국한된다. 수액 공급이나 영양 공급 등은 포함이 되지 않고 지속된다.

그런데 그동안 시행과정에서 생긴 문제점을 보완하기 위하여 2019년 3월에 기존의 법률의 개정이 이루어졌다. 요약하면 대상 질환과 연명의료술기 정의도 확대되었다. 한편 가족의 동의 부분도 축소되고 용이하도록 개정되었다.

달라진 점은 다음과 같다.

첫 번째는 연명의료시술의 종류가 확대되었다. 기존의 4가지(심폐소생술, 인공호흡기 착용, 혈액투석, 항암제투여)에 체외생명유지술, 수혈, 혈압상승제 등이 포함되고, 그 밖에 담당 의사가 환자의 최선의 이익을 보장하기 위해 시행하지 않거나 중단할 필요가 있다고 의학적으로 판단하는 시술로 확대되었다.

두 번째로 대상 질환이 확대되었다. 기존에는 암, 후천성면역결핍증, 만성폐쇄성호흡기질환, 만성간경화, 그 밖에 보건복지부령으로 정하는 질환에서 질환과 관계없이 모든 말기 환자와 임종과정에 있는 환자가 이 법에 적용을 받게 되었다.

마지막으로 환자의 의사를 확인할 수 없는 경우에 연명의료중단을 결정할 사람들에 대한 기준이다. 기존에는 배우자 및 직계존비속 전원 합의가 있어야 하는데 현실적으로 실행에 커다란 어려움이 있었다. 개정된 안에서는 환자 가족 중 배우자와 1촌 이내 직계 존속, 비속의 전원 합의만 있으면 가능하도록 개정되었다. 만일 배우자나 1촌 이내 직계 존비속이 없는 경우에는, 2촌 이내의 직계 존속, 비속의 전원 합의, 그마저도 없는 경우에는 형제자매 전원의 동의가 필요하다. 그리고 연명의료중단 등 결정의 의사표시를 담당 의사와 해당 분야 전문의 1명이 확인하여야 한다.

연명의료결정법이 2018년 시행된 후 1년6개월 동안 연명의료유보 및 중단 환자가 5만3천명이 넘었다고 하고, 본인의 의사에 의한 것이 31%, 나머지 67%는 가족의 요청이 의한 것이었다고 한다. 또한 사전의향서 작성자가 25만명을 돌파하였다고 한다. 점차 연명의료에 대한 국민들의 의식이 긍정적으로 변화하고 있음을 알 수 있다.

본인이 사전에 분명하게 의사를 밝혀 놓지 않으면 문제는 복잡해진다. 배우자와 자녀들의 의견이 다를 수 있고, 자녀들 간의 의견이 틀릴 수 있으며, 모든 직계 가족이 한자리에 모여서 결정하는 일도 쉽지 않을 수 있다. 결정이 늦어지면 결국 불필요한 고통이 환자에게 주어지고 가족들도 그만큼 힘들어진다. 이러한 문제를 해결하기 위한 국가적인 연명의료관련 법과 제도가 시작되었다. 사전연명의료의향서와 연명의료계획서가 그것이다.

5. 임종기 자발적 단식

임종기에 환자가 스스로 결정하여 음식과 물을 모두 먹지 않는 것으로 자발적 단식(voluntary stop eating and drinking, VSED)이라고 한다. 다른 방법과 달리 자발적 단식 방법은 적어도 시작 단계에서는 완전하게 환자의 의지에 의해서 결정되고 수행된다. 자발적 단식을 고려하는 환자는 완화의료의 가능성 그리고 환자 스스로 결정할 수 있는 능력이 있는지 평가되어야 한다. 자발적 단식을 하는 환자는 갈증 증상 조절을 위한 완화의료 전문가의 도움이 필요할 수 있으며 점차적으로 나타나는 쇠약 증상을 도와줄 수 있는 간호인이 필요하다. 비록 자발적 단식이 합법적인 방법이기는 하지만 여기에 참여하는 가족이나 의료진에 대한 합법성 여부와 윤리성은 논란의 여지가 있다.

서구에서 안락사의 대체 수단으로 시행되고 있는데 법적이나 윤리적인 문제는 없으나 이를 조장하고 도와주거나 방조한 경우에 법률적 책임인 자살방조죄의 가능성이 있다. 또 금식의 문제는 임종기 환자에게 수액 공급이나 튜브 등을 이용한 영양 공급을 할 필요가 있는가 하는 문제와도 관련이 있다.

유럽과 북미 등 서구 사회에서는 삶의 종말기에 독립적이고 자율성을 유지하는 것을 점차로 중요하게 생각하게 되었고, 삶을 다른 사람의 도움에 의존하게 된다면 연명하는 것보다 어떤 방법으로든 죽음을 앞당기는 것이 더 낫다고 여기는 사람들이 늘어나고 있다. 그리고 임종 과정의 선택을 스스로 결정하는 것이 좋은 죽음이라고 인식하고 있다.

네덜란드에서는 지난 20년 동안 자발적 단식으로 사망한 사람이 늘어나면서 국민 전체 사망자의 0.4%에서 2.1%를 차지하는 것으로 보고되고 있다. 2015년도 네덜란드의 가정의학학회지에 게재된 에바 볼튼 박사 등의 보고에 의하면, 가정의들 가운데 자발적 단식을 경험한 의사의 비율이 46%였고, 최근 일 년 내에 경험한 사람이 9%였다고 한다. 그리고 약 3분지 일의 가정의가 의사조력자살을 원하는 환자들에게 자발적 단식을 제안했다고 한다.

안락사나 의사조력자살은 네덜란드, 미국, 캐나다 등에서 합법화되기는 하였지만, 대부분 국가에서는 불법이다. 그러므로 환자들이 선택할 최후의 수단으로 자발적 단식을 선택한다. 자발적 단식에 의한 임종 과정이 비교적 평안하다고 알려졌지만, 갈증, 통증, 불면증, 불안, 섬망 등으로 의학적 도움이 필요한 경우가 적지 않다고 한다. 적극적 안락사가 허용되지 않은 독일이나 영국 등 대부분의 서방 국가에서는 자발적 단식을 위한 의학적 관여를 허용하고 있으나 아직 명확한 법적인 기준은 없는 상태이다.

자발적 단식도 의도적으로 죽는 것이기 때문에 자살의 한 가지 형태이다. 그러나 자살과 다른 점은 첫째로 목을 매거나, 독극물, 총기 등 과격한 수단을 쓰지 않는다는 점. 둘째는 자발적 단식에서는 일주일 이상이 소요되기 때문에 마음을 바꿀 기회가 있다는 점. 마지막으로 자발적 단식에 의한 임종은 자연사의 과정과 매우 유사하다는 것이다. 그리고 자살과 달리 남에게 피해를 주지 않는 점도 있다.

자발적 단식도 단점이 있는데 죽기까지 시간이 오래 걸리고, 심한 갈증을 느낀다. 그래서 의지가 확고하고 규율에 적응을 잘하는 사람들에게 적당하다. 그래야 목마름에도 물을 마시지 않을 수 있다. 초기에 환자가 결정능력이 있을 때 갈증의 경험이 단식을 멈추게 하기도 한다.

그러면 우리나라에서는 어떨까요? 집에서 자발적 단식으로 돌아가신 분들의 이야기는 드물게 언론에 보도되고 있다. 신영복 교수님에 대한 한겨레 김양중 기사의 글을 소개한다. 제목은 신영복 교수님과 곡기였다. "신 교수님의 별세 소식을 기사로 읽다 보니, 악성 흑색종이라는 피부암을 앓았다는 사실을 알게 됐다. 서양인들이 잘 걸리는 피부암의 한 종류인데, 다른 조직으로 전이가 잘 되는 암이라서 진행된 상태에서 발견되면 예후가 좋지 않은 것으로 알려져 있다. 신 교수님은 암의 가장 심각한 증상인 통증이 너무 강해 무척 시달렸고, 가장 효과가 크다는 마약성 진통제를 썼는데도 통증을 가라앉히지 못할 정도가 됐다고 한다. 이후 스스로 곡기를 끊고 운명을 달리하신 것이다. 자신의 존엄을 지켜가며, 삶을 마감하는 방식마저 선택하신 것 같다."

조선일보에 실린 대한민국 전통명장 유재철 대표의 이야기를 소개한다. 20년 전 곱게 떠난 팔순 할머니 한 분이 떠올랐다며 이렇게 적었다. "마흔 살에 사별하고 2남 1녀 여법하게 키우셨는데 떠나신 땐 일주일간 곡기 끊으시고 가셨어요. 염을 해드리는데 대소변도 없이 너무 깔끔하셨지요. 지금 같으면 그대로 관에 모실 텐데. 본인이 임종, 끝을 맞이하며 스스로 염습도 다 하신 겁니다. 그 할머니같이 가고 싶네요. 제일 좋아하는 옷 입고 누우면 후손이 관 뚜껑은 닫아주겠지요."

그러나 자발적 단식도 자살의 한 가지 형태이다. 우리나라에서는 형법 252조에 따라서 자살하는 사람을 도울 때는 형사적 처벌을 받는다. 그러므로 우리나라에서 의사나 의료인이 환자에게 자발적 단식을 권하는 것은 금지되어 있고, 자발적 단식 중의 환자를 진료할 때는 적극적으로 만류하고 적절한 조치를 해야 한다.

6. 의사조력자살과 안락사

안락사(euthanasia)는 그리스어에서 유래되었는데 eu는 좋다는 뜻이고 thanatos는 죽음을 뜻한다. 즉 좋은 죽음을 뜻한다. 안락사는 고대 그리스, 로마에서는 비교적 자유롭게 선택되다가 중세 기독교 시대에서는 엄격히 금지되었다. 그 이후 르네상스, 계몽주의, 우생학, 진화론, 산업혁명과 자유경제, 과학과 의학의 발달, 시민운동, 신자유주의를 지나면서 안락사에 대한 긍정적인 생각이 확장되었다. 고대 그리스에서부터 시작된 안락사의 역사에서 무엇보다도 중요한 것은 바로 좋은 죽음에 대한 인식과 생명에 대한 가치관의 변화이다. 현대적 안락사의 개념을 처음으로 주장한 사람은 새뮤얼 윌리엄스로 1870년 영국 버밍엄 추론클럽 Birmingham speculative club에서 다음과 같이 말했다고 한다. "의사는 통증이 심하고 회복할 가망이 없는 환자에게, 환자가 원할 때에 클로로포름 혹은 그보다 나은 마취제를 사용하여 빠른 시간 내에 의식을 잃게 하여 고통 없이 신속하게 죽음에 이르게 할 의무가 있음을 인식해야 한다." 흥미로운 것은 안락사가 제안된 배경에는 의학의 발전 즉 마취제와 진통제의 등장이 있다는 것이다. 다시 말해서 환자의 고통을 덜어줄 수 있는 새로운 안락사 수단이 생겼기 때문이다.

그리고 현재 유럽이나 북미에서 시행되고 있는 안락사는 생명과 죽음의 결정권이 본인에게 있다는 생각, 그리고 극복할 수 없는 통증과 괴로움에서 벗어나게 해주어야 한다는 인간 연민의 정신이 만들어낸 것이다. 현재 유럽이나 북미 등지에서 시행되고 있는 안락사는 크게 두 가지 방법으로 이루어지는데 첫 번째 방법은 의사가 직접 환자의 죽음을 앞당기는 시술을 하는 것으로, 의사가 수면제인 티오펜탈 또는 프로포폴을 정맥주사 한 다음, 근육이완제를 정맥 투여하여 호흡하는 근육을 마비시켜서 죽음에 이르게 하는 방법과 두 번째 방법은 의사조력자살로 의사가 환자에게 치사량의 펜토바비탈, 또는 세코바비탈 같은 진정제를 처방하여 자살할 수 있는 수단을 마련해주는 것이다. 의사조력자살은 비교적 최근에 등장했고 환자의 자율권을 강조한다.

안락사가 처음으로 인정된 나라는 네덜란드이다. 1971년 뇌출혈로 인하여 신체 일부분이 마비되고 청력이 상실한 채, 언어 장애를 가진 어머니를 1973년 안락사하게 한 의사 거트루드 포스만(Geertruida Posma)이 살인죄로 기소되었고, 재판에서 일주일 정직 및 1년 집행유예인 유죄판결을 받았다. 그 이후 네덜란드 의사협회와 검찰이 합의한 지침과 1994년의 최고법원 판결로 30년간 입법이 되지 않은 상태에서 의사조력자살이 시행되었다. 안락사법은 네덜란드 사회와 의회에서 수십 년 간의 집중적인 토론을 거쳐 2002년에 발효되었다.

안락사는 네덜란드 형법에 따라 처벌 가능한 범죄이다. 다만 다음과 같은 조건이 엄격하게 지켜진 상황에서만 처벌이 면제되는 것이다. 첫째는 환자의 요청이 자발적이며 환자가 깊이 숙고하였음을 확신하고, 둘째는 환자의 고통은 견딜 수 없으며 좋아질 가능성이 없으며, 셋째는 환자의 현재 상황과 예후에 대해 환자에게 충분히 이해할 수 있도록 알려주었고, 넷째로 환자와 함께 다른 적절한 해결책이 없다고 확신하며, 다섯째는 두 명 이상의 독립적인 의사와 상담이 이루어진 경우, 위와 같은 사항에 대한 의견을 서면으로 제출한 경우이다. 그리고 적절한 의료 서비스, 완화의료가 보장되지 않는 경우에는 안락사를 제공해서는 안된다.

안락사를 시행한 의사는 해당 환자의 사망을 지역 도시의 병리학자와 안락사 지역심사위원회에 신고해야 한다. 보건부장관과 법무부장관이 임명한 변호사, 의사 및 윤리학자로 구성된 지역심사위원회에서 심사하여 안락사가 합법적으로 수행되지 않았다고 결론을 내리면, 검찰청과 건강관리원에 고지하고, 검찰청은 해당 의사를 기소할 수 있으며, 건강관리원은 징계 절차를 시작할 수 있다. 그리고 네덜란드 왕립의학협회는 동료 의사의 안락사 요청을 사전 평가할 수 있는 전문가 네트워크 프로그램을 운영하고 있다.

법적으로 안락사를 허용한 네덜란드에서는 꾸준히 안락사가 증가하고 있다. 그리고 최근에는 치매 등 정신질환자에 대한 안락사가 증가하고 있고, 75세 이상이면 특별한 질병이 없더라도 본인이 원하면 안락사를 할 수 있도록 법을 개정하려는 움직임이 있다. 실제로 15만 명이 국민청원을 해 놓은 상태이다. 완성된 삶이라는 캐치프래이즈 하에 더 이상의 삶은 무의미하다고 생각하는 사람들에게 안락사의 권리를 달라고 하는 것이다. 그리고 청소년에 대한 안락사 허용 여부가 또 다른 사회적인 이슈이다. 안락사 허용 연령과 부모의 동의에 대한 오랜 논란이 지금도 진행 중이다.

2017년 뉴잉글랜드저널오브메디신에 실린 논문에 의하면 네덜란드에서는 1990년에는 전체 사망자의 1.7%가 안락사였으나 2015년에 4.5%로 증가했다. 2015년 사망한 사람 중 안락사를 요청한 비율은 8.3%였고 이중 절반 정도가 승인된 것이다. 2015년에 안락사로 죽은 환자의 92%가 심각한 신체적인 질병을 가지고 있었고, 14%는 노령과 관련된 건강 문제가 있었으며, 조기치매와 정신질환은 각각 3%씩 있었다. 안락사에 의한 죽음이 주로 중증 질환 환자에게 제공되고 있지만, 노인 환자와 기대 수명이 한 달 이상 되는 환자에서도 점차 증가하고 있다. 또한 2016년에는 6091건의 안락사가 보고되었으며 이는 전체 사망자 수의 4%에 해당한다.

안락사가 증가하고 있는 원인을 살펴보면, 첫 번째가 광범위한 탈종교화 세속화를 들 수 있다. 유럽이나 북미의 기독교인의 비율은 최근 수십 년 동안 꾸준히 감소하고 있다. 두 번째는 연명의료기술의 발전이다. 현대 의학이 죽어가는 환자의 수명을 연장시킬 수 있을 정도로 발전한 것에 발맞추어, 죽을 수 있는 권리를 주장하는 움직임이 전 세계적으로 힘을 얻고 있다. 셋째는 고령화 사회로 진입이다. 노화로 독립성을 상실한 상태에서의 삶의 의미가 없다는 생각이다.

현재 적극적 안락사가 허용된 나라는 네덜란드, 벨기에, 콜롬비아, 룩셈부르크, 그리고 의사조력자살이 허용된 곳은 스위스, 독일, 네덜란드, 캐나다, 오스트레일리아 빅토리아주, 미국에서는 오리건, 워싱턴, 콜로라도, 버몬트, 몬태나, 캘리포니아, 하와이가, 워싱턴 DC 등이다.

7. 우리 국민의 안락사에 대한 생각

우리나라에서도 존엄사가 사회적인 이슈가 되고, 이에 따라서 연명의료가 입법화되었으며 외국의 안락사에 대한 사례가 언론을 통해서 알려지면서 국민들이 많은 관심을 갖게 되었다.

우리나라 노인 자살률은 OECD 중에서 가장 높고, 노인 자살의 40%가 질병에 의한 것으로 분석되고 있다. 또 노인 암환자는 일반인들에 비해 두 배 이상의 자살률을 보이고 있다. 이러한 사실은 우리나라에서 자발적인 안락사로 이어질 가능성이 있는 노인 자살이 높은 빈도로 발생하고 있다는 것을 알 수 있다.

최근에 우리나라에서도 예전과 달리 안락사에 대해 긍정적인 생각을 하는 사람들이 늘어나고 있다. 얼마 전에는 호주의 데이비드 구달 박사의 안락사 사례 등이 미디어를 타고 아무 여과 없이 많은 사람에게 알려지게 되었다. 우리 국민이 안락사에 대해 깊은 성찰이 없이 긍정적인 반응을 보이는 것에는 언론의 책임이 막중하다고 생각한다.

우리나라 국민들이 안락사에 대해 어떻게 생각하고 있는지를 조사한 결과를 살펴보기로 하겠다. 먼저 연명의료거부 입법화에 대해 한국갤럽이 2013년과 2015년 각각 1000명의 성인을 대상으로 여론조사를 시행하였다. 첫째로 가족 동의 하의 연명의료결정에 대한 찬반 의견, 둘째는 본인이 회생 불능일 경우, 연명의료 결정에 대한 의견, 셋째는 배우자 또는 부모가 회생 불능일 경우 등 각각의 상황에서 연명의료 결정에 대한 의견 조사하였다. 가족이 동의하면 무의미한 연명치료를 중단할 수 있도록 하는 것에 대해서 2013년에 78%, 2015년에 77%가 각각 찬성하였고, 본인이 회생 불능 상태일 때 연명치료 중단을 원하는 사람이 2013년 87%, 2015년 90%였다. 그런데 본인이 아닌 부모 또는 배우자가 회생 불능 상태일 때 연명치료 중단하겠다는 사람이 2013년 61%, 2015년에 63%로 상대적으로 낮게 나타나서 이런 결과는 타인의 생사를 가르는 선택권 행사에 대한 부담감이 반영된 결과로 보인다. 전반적으로 연명의료 중단은 40대 이상의 중장년에서 80% 이상이 찬성하였고, 종교별 견해차는 크지 않았다.

그러면 회생 불가능하고 통증으로 고통받는 환자들이 치사량의 수면제를 스스로 복용하거나, 의사 등 제3자에 의한 적극적인 안락사를 우리 국민들은 과연 얼마나 찬성하는 것일까?

2004년에 연세대학교 김경곤 교수팀은 사법연수생 460명, 전공의 176명 등 총 636명을 대상으로 안락사에 대한 의견 조사하였는데, 소극적 안락사가 윤리적으로 정당하다는 사법연수생의 비율이 81.1%, 전공의는 84.7%였다. 그리고 적극적 안락사는 사법연수생이 24.4%, 전공의가 33.5%에서 윤리적으로 정당하다고 생각하였다.

국립암센터의 윤영호 박사팀은 2008년부터 2009년까지 17개 병원에서 암환자 1242명, 암환자 가족 1289명, 암전문의 303명, 일반인 1006명을 대상으로 무의미한 연명치료 중단, 적극적 통증 조절, 소극적 안락사, 적극적 안락사, 의사조력자살 등 5가지 사항에 대한 태도를 조사하였다. 암환자(89.9%)와 가족(87.1%), 암전문의(94.0%), 일반인(89.8%) 대다수가 무의미한 연명치료를 중단해야 한다는 의견을 나타냈다.

소극적 안락사에 해당하는 '식물인간의 연명치료 중단'에 대해서는 암환자(76.0%), 가족(70.3%), 일반인(74.9%), 암전문의(60.8%) 등의 순으로 찬성 비율이 높았다. 또 적극적인 안락사와 의사조력자살에 대해서는 암환자(55.3%, 51.7%)와 일반인(50.4%, 49.2%)의 절반 정도만이 찬성 의사를 보였으며, 환자가족(38.4%, 35.6%)과 암전문의(8.3%,

6.3%) 그룹에서는 각각 40% 미만, 10% 미만의 찬성률을 기록했다.

8년 뒤에 윤영호 교수는 동일한 방법으로 추적 조사를 실시하여 안락사에 대한 우리 국민들의 인식의 변화의 추이를 조사하였다. 2016년 일반 국민, 암 환자와 가족, 의사 등 약 4000명을 대상으로 조사한 결과 무의미한 연명의료중단은 90%, 소극적 안락사는 60%, 적극적 안락사는 30% 이상이 각각 찬성하였다고 한다. 세부적으로 보면 우리나라에서 법적으로 허용되지 않은 적극적 안락사를 찬성하는 비율을 살펴보면, 일반인이 41.4%로 가장 높았고, 다음으로 암 환자는 38.2%, 의사는 35.5%, 환자 가족이 31.7%였다고 나타났다. 특히 가족에게 부담되지 않고자 하는 사람들에게서 적극적 안락사를 찬성하는 비율이 1.62배로 높았다.

8년 전의 조사와 크게 차이가 나는 점은 적극적 안락사에 대한 암전문의의 찬성비율이 10% 미만이었던 것이 35%로 크게 늘어났다는 점이다. 이런 현상은 의사들에게 안락사에 대한 충분한 교육이나 정보 그리고 토론의 기회를 제공해야 할 필요성이 있음을 제시하고 있다.

소극적, 적극적 안락사나 의사조력자살 등은 반드시 신중하게 선택되어야 할 문제이다. 무엇보다도 현대 의학으로 조절이 가능한 통증에 대한 염려 등을 핑계로 자살하는 것은 용납되어서는 안된다. 그 이유는 최선의 완화의료와 호스피스 돌봄을 받으면 대부분의 고통과 염려가 해소될 수 있기 때문이다. 그렇기에 선불리 스스로 목숨을 포기하는 일은 없어야 한다.

8. 노인 자살

세상에 태어나는 것은 나의 선택이 아니지만, 세상을 떠나는 길에는 나의 선택이 개입될 수 있는 여지가 있다. 그래서 적지 않은 사람들이 이런저런 이유로 스스로 생을 마감한다. 우리나라는 젊은이들의 자살도 세계에서 가장 많지만, 노인 자살 또한 심각하다.

통계청이 발표한 2018년 사망원인통계를 보면 우리나라에서 한 해 동안 자살로 사망한 사람은 13,670명(남자 9862명, 여자 3808명)으로 하루 평균 37.5명꼴이다. 이를 연령표준화 자살률(인구 10만 명당)로 보면 24.7명(남자 38.5명, 여자 14.8명)으로 OECD 평균 11.5명의 두 배를 넘었는데, 15세 미만은 0.7명, 15세에서 64세까지는 26.9명, 65세 이상이 48.6명으로 특히 노인자살률이 높았다. 연령대별로 자세히 살펴보면 60대 32.9명, 70대 48.9명, 80대 이상 69.8명으로 고령으로 갈수록 증가하고 있다. 이와 같이 우리나라 노인들의 자살률은 OECD 국가 중 가장 높다.

그렇다면 우리나라 노인들은 무엇 때문에 스스로 목숨을 끊을까? 실직, 은퇴로 인한 사회적 활동의 축소, 경제력 감소, 질환 증가, 배우자 상실 및 자녀 독립 등으로 나타났다. 특히 남자들은 신체적 질병, 배우자 상실 등에 더욱 취약해 여자보다 많이 자살한다. 실제로 2016년 경찰청의 발표에 의하면 61세 이상에서 자살의 원인을 보면 신체 질병이 46%로 가장 많았고, 정신적, 정신과적 문제가 33.6%, 경제생활이 8.7% 그리고 가정문제가 7.5%였다고 한다. 이러한 노인 자살을 자세히 들여다보면 상당수가 암과 같은 중증 질환으로 고통을 받으면서 존엄한 죽음을 스스로 선택했을 가능성이 매우 높다. 혼자서 고민하면서 외롭게 스스로 목숨을 끊는 노인들을 우리는 어떻게 도와드려야 할지 많은 연구가 필요하다고 생각된다.

노인 자살률이 높은 것은 세계적인 현상이다. 그런데 노인 자살의 특징은 죽음으로 이어지는 확률이 높다는 것이다. 다시 말하자면 다른 사람들에게 자기의 힘든 것을 알아 달라고 하는 것이 아니라, 스스로 삶을 끝내야 하겠다는 의지가 강하다. 자살하는 노인들은 도움을 호소하는 것이 아니라 죽음을 각오하고 실행에 옮긴다. 일시적 충동이나, 정신적 문제 때문에 자살하는 것이 아니고, 삶의 질에 대한 스스로 깊은 생각과 평가에 따라서 자살을 하는 경우가 대부분이다.

자살유발요인은 사회적, 문화적, 경제적인 배경에 따라서 각 나라마다 차이가 있을 수밖에 없다. 노인들이 자살하는 이유를 정리해 보면, 첫째로 노화와 질병에 의해서 심신이 약해져 삶의 질이 회복 불가능하게 저하되었을 때, 두 번째는 신체적이나 경제적으로 독립성을 상실하여 스스로 생활이 불가능하여 보호자가 필요한 경우, 셋째는 사회적 연결과 가족관계의 약화에 의한 외로움 등으로 자율성과 품위를 지키기 어려운 점들이다. 또한 사회적 요인으로는 복지 서비스의 부재, 자살 문제에 대한 심각성을 인지하지 않는 사회적 분위기, 자살에 대한 지나친 언론보도, 사회적으로 타인의 시선을 지나치게 의식하는 분위기 등이 있다.

유럽에서는 노인의 죽을 권리 운동, 합리적 자살 등이 활발하게 이야기되고 있다. 적극적인 독립성을 높이 평가하고 자신의 삶을 통제하고 싶어 하는 사람들이 "나는 갈 준비가 됐어"라고 판단하고 스스로 생을 끝낸다. 네덜란드 정부와 의회 등 정치인들은 건강한 사람도 안락사가 가능한 법안에 대해 논의하기 시작했다. 제안된 법안은 "Completed Life Bill"로 75세 이상의 성인은 완벽하게 건강한 사람도 자신의 삶이 완성되었다고 결정한 사람은 안락사를 받을 수 있게 해달라는 제안이다. 신체적 노쇠로 일상생활이 불가능하거나, 독립성과 개인의 존엄성을 상실하였을 때, 전문적인 관리나 가족 및 사랑하는 사람의 보살핌에 의존해야만 할 때, 자신의 삶의 지위와 통제력 상실한 경우, 배우자, 자손, 친구 및 이웃의 사망으로 인한 네트워크 손실 및 삶의 의미와 목적을 상실한 경우 안락사를 받을 수 있게 해달라고 주장하고 있다.

얼마 전 언론 보도에 의하면 호주의 104세 학자가 스위스로 가서 안락사를 선택했다고 한다. 데이비드 구달 박사는 신체적으로 질병이 없었으나 스스로 독립된 생활이 불가능하고 삶의 의미를 찾을 수 없었기 때문에 안락사를 선택한다고 하였다. 돌아보면 우리 주변에도 자살은 아니더라도 소극적 안락사를 선택한 분들이 있다. 스스로 물과 음식을 끊음으로써 죽음을 앞당기는 것이다. 유명한 사람으로는 스콧트 니어링이 있다. 이분도 100세가 되면서 스스로 돌볼 수 없게 되자 음식을 거부하고 세상을 떠났다.

고령화 시대에 노인 복지가 중요한 사회적 이슈가 되었다. 그러면 우리나라 노인층의 삶의 만족도, 행복지수는 어떨까? 갤럽에서는 해마다 전 세계 나라별 행복지수를 조사하여 발표하고 있는데, 각 나라별로 1000명에게 설문조사하여 나라별 국민들의 주관적인 행복감을 조사한다. 설문은 주관적인 삶의 만족도, 일상에서의 감정, 삶의 목적 및 의미 등을 척도로 나누어서 조사한다. 2015년 영국의 런던 대학, 미국의 프린스턴 대학과 스토니브룩 대학의 연구자들이 160개국에서 진행된 갤럽의 조사 결과를 이용하여 나이에 따른 행복지수를 분석하여 세계적인 학술지인 란싯에 발표하였다. 이들의 발표에 의하면 소득이 높은 영어권 국가에서는 나이에 따른 행복지수가 U 형태를 보여서 45세에서 54세가 가장 낮고 이후 점차 증가하여 노년층의 행복지수가 높아진다고 한다. 반면에 구소련 그리고 동유럽 국가에서는 나이가 들면서 오히려 행복지수가 큰 폭으로 감소하는 것으로 나타났고, 라틴아메리카에서도 그 정도가 크지는 않지만 역시 나이와 함께 감소하는 경향을 보였다. 그리고 사하라 이남의 아프리카에서는 연령에 따른 행복지수의 변화가 거의 없었다고 한다.

행복학 연구에 의하면 주관적인 웰빙과 건강은 매우 밀접한 연관이 있다고 하며, 영국의 장기간 추적 노화 연구에 의하면 웰빙이 생존기간을 증가시킨다고 한다. 연구진은 대상자들을 8.5년에 걸쳐 추적 조사한 결과 같은 기간 동안 웰빙이 가장 낮은 그룹은 29.3%가 사망한 반면, 가장 높았던 그룹은 9.3% 만이 사망하였다고 발표하고 있다.

그러면 우리나라 노인의 행복도는 어떨까요? 갤럽에서 2016년에 1500명의 19세 이상 전국의 국민을 대상으로 조사한 자료를 보면, 60세 이상 노인의 행복도가 가장 낮게 나타났다. 19세-29세에서는 58%가 행복하다고 대답했고, 30대가 54%, 40대가 51%, 50대가 45%, 60대가 39%가 행복하다고 대답하여, 구소련이나 동유럽의 양상과 유사하게 나타났다. 그런데 최근에 흥미로운 결과가 발표되었다. 서울대학교 행복연구센터와 헤이데이에서 서울에 거주하는 480명을 대상으로 조사한 결과에 의하면 60대 이상이 가장 행복한 것으로 나타났다. 다시 말하면 서울은 영어권의 서구 유럽 수준과 유사한 양상이고, 비수도권은 구소련이나 동유럽과 유사한 것이라고 추정할 수 있다. 노년의 생활 수준이 높고, 노후에 연금 등 경제적 대책이 있을 때에는 60대 이상이 가장 행복할 수 있다는 결론이다.

그리고 여성이 남성보다 삶의 만족도가 전반적으로 높으나 연령에 따라 남성과 여성이 일상에서 경험하는 기분과 행복의 차이가 다르다고 한다. 30대에서는 남성이 여성보다 조금 더 행복한 것으로 나타났으나 40대부터는 역전되어서 여성이 점차 더 많이 행복하고 특히 50대의 중년 남성이 우리국민 중에 가장 불행한 것으로 조사되었다.

전쟁 후 베이비붐 세대가 끝나면서 새로운 세상이 새로운 흐름으로 다가오고 있다. 우리는 새로운 시대에 대한 그림을 가지고 있는가? 고령화의 주체인 전후 베이비붐 세대를 위한 건강 진료 가이드라인. 완화의료, 요양 시설, 임종 장소, 경제적 사회적 지지, 간병 문제 등에 대한 해결책은 충분한가?

우리 사회의 죽음에 대한 생각의 합의가 어느 정도 이루어져야 한다. 그렇게 되기 위해서는 가족관, 사회 경제적, 문화적, 종교적인 측면 등에 대한 복합적인 의견 수렴이 절대적으로 필요하다. 그리고 적합한 죽음에 대한 생각이 정리되면 나머지 문제의 해결 방법은 비교적 쉽게 결정될 수 있다. 한 사회, 집단, 국가의 의료 복지서비스는 그 구성원의 인생관, 죽음을 바라보는 문화에 의해서 좌우될 수밖에 없다. 무리한 생명 연장의 배경에는 죽음을 거부하는 생각, 부모에 대한 지나친 효도 의식, 백세시대의 허상과 과장, 먼저 죽는 것에 대한 두려움 그리고 불필요한 자책감 등이 작용한다. 존엄사, 품위 있는 죽음 등도 중요하지만 어찌 보면 너무 단편적인 접근일 수도 있다. 연명의료가 단순히 불필요한 생명 연장이라고 단정해서는 안 되는 이유는 살아 있는 생명은 어떤 경우에서도 소중하기 때문이다. 이렇듯이 여러 가지 측면을 모두 감안해서 의견을 모으는 노력을 해야 노인 자살이나 안락사 등의 문제가 해결될 수 있을 것이다.

죽음의 과정

1. 임종기 수액 공급의 논란

건강한 사람은 하루에 약 2500cc의 물을 마시고 또 소변과 땀 등으로 배출한다. 그런데 말기 암환자를 비롯한 임종기 환자들은 죽음이 가까워질수록 의식이 떨어지고, 먹고 마시지 못하게 되기 때문에 수분 섭취가 감소하게 된다. 그렇게 되면 체내에 물이 부족하게 되어서 고나트륨증, 고삼투압이 생겨 갈증, 피로, 근육 경련, 불면증, 환각, 과다 행동 등을 보이게 된다. 그리고 탈수가 되면 대부분의 암환자들이 복용하는 마약의 활성대사물의 축적이 나타나서 이러한 증상이 더 심해질 수 있다. 그러면 임종기 환자가 탈수되었을 때 수액요법이 도움이 될까?

임종기에 수액요법을 해야 할지 말아야 할지에 대한 논란이 의사들 간에서 오랫동안 결론을 내리지 못하고 지속되고 있다. 실제로 의료 현장에서는 임종기 환자에 대한 수액요법은 근거에 의해서 시행되기 보다는 의료진이나 요양 기관의 믿음이나 태도 의해 결정되어 실행되고 있다. 의료진의 진료형태, 전문분야, 수련 등에 따라서 다양하게 이루어지고 있는데, 미국의 경우 급성기 병원에서는 말기 환자에게 수액요법을 하지만, 호스피스 기관에서는 수액요법을 하지 않는다. 일본에서는 암전문의는 수액요법이 증상을 관리하는 데 효과적이며 해가 없는 것으로 생각하고 있지만, 호스피스 완화의료 의사들은 그렇게 생각하지 않는다고 한다.

우리나라 사람들은 이 문제에 대해서 어떤 견해를 가지고 있는지 알아보는 연구가 2004년에 발표되었다. 서울대학교 혈액종양팀이 발표한 논문에 의하면 우리나라는 의사 중 78%가 말기 암환자가 먹을 수 없을 때는 정맥 영양요법을 해야 한다고 생각하며, 대부분의 의사들은 튜브 피딩을 하여야 한다고 생각하고 있다. 그리고 말기 암환자 가족의 대부분이 의사들과 비슷하게 생각하고 있다고 한다. 그리고 같은 연구팀이 2007년에 말기 암환자의 75% 이상이 임종 마지막 날까지 정맥주사를 통한 인공적인 영양 및 수액 공급을 받고 있다고 발표하였다.

수액 공급을 찬성하는 그룹은 수분공급은 사람에게 필수적인 것으로 수액요법이 환자를 편안하게 해주고, 정신혼란, 불안, 신경과 근육의 과민성 등 불편감을 줄여주면서, 고용량의 마약성 진통제에 의한 신경독성 등 부작용을 예방하며, 갈증 등 탈수에 의한 증세를 호전시킨다고 주장한다. 그리고 수분 공급이 삶을 연장시키는 것은 아니지만, 임종 환자에게 수액공급의 돌봄을 함으로써 환자와의 유대감을 유지할 수 있는 효과가 있다고 말한다.

이에 반해 말기 환자에서 수액요법을 반대하는 그룹은 수액요법은 말기 상태를 받아들이는 것을 방해할 수 있다는 점을 강조한다. 정맥내 수액 공급은 환자에게 아픔을 주는 침습적 방법으로 고통과 죽음의 과정을 연장시킬 뿐이며, 의식이 없는 환자는 통증, 갈증 등

증상을 느끼지 않기 때문에 수액 공급은 불필요하다고 주장한다. 그리고 수분 섭취가 줄어들면 소변량이 적어져 배뇨문제가 감소하며, 위장관 내에 액체가 적으면 구토도 줄어든다고 설명한다. 그리고 폐의 분비물이 감소하여 기침, 숨 막힘, 코막힘 등도 줄어들고, 부종과 복수를 줄이는 효과가 있다고 주장한다. 또 탈수로 인한 케톤과 대사물질이 중추신경계에 자연적인 마취 효과를 나타나게 하여 고통을 줄여주는 장점이 있다고 한다.

2012년에 앰디 앤더슨 암센터의 에두아르도 부르에라 박사 등은 하루에 1리터의 생리식염수를 공급받은 말기 암환자 63명과 100밀리리터를 투여 받은 말기 암환자 66명을 비교 연구하였다. 그 결과 탈수에 의한 증상이나, 삶의 질 그리고 생존 기간에서 차이가 없었다. 따라서 그들은 말기 암환자가 스스로 수분을 섭취할 수 없는 상황에서 정맥내 수분을 공급하는 것은 효과가 없는 것으로 발표하고 있다.

2014년 노부시 나카지마 박사 등이 일본 말기 암환자를 대상으로 조사한 결과를 보면, 다른 병원에서 완화의료 시설로 이송된 273명 중 78명이 수분 과다 공급의 증상을 보였다. 오심이 16예, 복통 및 복부 팽만이 22예, 말초 부종이 32예, 호흡 곤란이 15예가 있었다. 이들 환자에게 하루 일 리터 미만으로 수액 투여를 줄이자 대부분 증상이 좋아졌다고 한다. 따라서 일본인들의 경우 하루에 일 리터 이상의 수분을 줄 때 수분 과다에 의한 증후와 증상이 나타날 때가 많았다고 한다.

일부 연구에서는 수액요법을 받은 환자에서 탈수에 의한 증상인 환각, 근육경련, 피로감 등 감소된다고 한다. 그러나 다른 논문들에 의하면 말기 환자의 증상들이 탈수 정도와 상관이 없다고 한다.

또 일부 무작위 임상연구에 의하면 대부분의 갈증에서 수액요법이 구강 케어보다 우월한 이득이 없었다고 하고 피로감도 완화시키지 못한다고 발표하고 있다.

따라서 현재까지의 연구 결과로 볼 때 의료진은 말기 환자에서 질병과 치료 및 부작용에 의한 증상과 수분 부족에 의한 증상을 잘 구별해 진단해야 한다. 그리고 수액을 주더라도 그 양은 하루에 일 리터를 넘지 않도록 하고 수액 투여 시 세심히 관찰하여 과다 주입을 방지해야 한다. 수분공급의 방법도 가능하면 정맥투여보다는 피하주입법을 권하고 있다. 그리고 효과가 없으면 수액주입을 중지하여야 한다.

결론적으로 아직까지 정해진 가이드라인은 없다. 환자와 가족 그리고 의료진이 깊은 의견을 교환하여 결정해야 한다. 다만 환자가 의식이 없는 경우에는 수액 공급이 필요하지 않을 것으로 판단된다.

2. 임종기 영양 공급

먹고 마시는 것은 사람들에게 생명을 유지하는 것과 동시에 만족감과 편안함을 준다. 또 가족들과 친구들과 음식을 함께 나누는 것은 사회적으로나 문화적으로 매우 의미 있는 일이다. 그리고 먹는 것을 중단하는 것은 죽음에 이르는 방법이 될 수 있다. 그렇기에 의식이 없는 환자에서 인위적인 영양공급은 생존을 위한 방편이다. 그러나 일정 기간이 지나서 회복이 불가능하다고 판단되면, 인위적인 영양 공급을 계속하는 것이 과연 옳은 일인지 고민에 빠지게 된다.

임종기에 가까워질수록 사람들은 먹는 것이 예전 같지 못하게 된다. 식욕 감퇴, 구강 건조, 메스꺼움, 구토, 변비, 삼키기 어려움, 피로감, 우울, 불안 등이 나타난다. 또한 맛을 못 느끼며, 음식 냄새가 싫어진다. 그리고 신체 활동이 줄어들고, 체중이 감소하기 때문에 음식에 대한 욕구가 줄어든다. 이러한 현상들은 임종기에 나타나는 지극히 정상적인 것들이다. 그래서 임종기 환자에게 음식을 줄 때에는 매우 주의해야 한다. 가능한 에너지가 많으면서 환자가 좋아하는 음식을 조금씩 자주 주는 것이 중요하며, 앉혀서 편안하게 먹도록 해야 한다. 그리고 구강 위생을 유지해주는 것이 음식 섭취에 도움이 된다.

그런데 이러한 현상이 나타나면 가족들은 매우 당황하면서 먹기를 종용하고, 정맥 주사에 의한 수액 및 영양 공급, 또한 튜브를 이용한 경관영양 공급을 요청하기도 한다. 물론 인공 영양공급이 도움이 되는 환자도 있다. 그러나 대부분의 임종기 환자는 체중이 감소하면서, 기초 대사량이 줄어들게 되고, 위장관의 운동이 감소하게 된다. 따라서 이런 시기에 음식물을 인위적으로 투여하게 되면 복부 팽만이 나타나서 불편하고, 호흡곤란 등이 발생할 수 있다. 또한 심한 경우 토하게 되어 흡입성 폐렴 등이 생길 수 있다. 특히 호흡이 약한 임종기 환자가 삼키는 능력이 약해졌을 때에는 음식물이 기도로 들어갈 수 있어서 매우 위험하다. 대부분의 연구 결과에 의하면 인위적 영양 공급이 임종기 환자의 수명 연장이나 삶의 질에 도움이 된다는 증거는 없다.

2006년 대한암학회지에 우리나라 4 군데 대학 병원에서 말기암으로 사망한 환자를 대상으로 영양 공급이 어떻게 시행하였는지 조사한 논문이 발표되었다. 사망 전 주까지 정맥 영양 공급을 받은 환자가 31%, 알부민을 투여 받은 사람이 25%, 튜브를 이용한 경관영양 공급을 받은 환자가 9%였다고 한다. 따라서 말기암으로 죽어가는 환자의 대다수는 여전히 인공적인 영양공급을 받았다.

말기 환자에게 인위적 영양공급을 하는 것에 대한 쟁점은 그 어떤 의학적 처치보다 매우 감정적 영향을 받고 있다. 음식을 먹고, 나누고, 함께 식탁에 앉는다는 것은 세계 어떤 문화권에서든지 대단히 중요한 사회성을 가진 일이다. 어린아이나 아픈 사람을 먹인다는 일은 억제하기 힘든 강력한 본능적인 행동이다. 말기 환자를 돌보는 사람들은 환자들에게 먹고 마시는 것을 강하게 충고한다. 그리고 이들 환자들이 스스로 먹지 못하면 어떻게 해서라도 영양을 공급하려고 한다. 임종기 환자에게 인위적 영양공급을 결정할 때는 선행, 악행, 자율성 존중, 정의 같은 윤리적인 원칙에 따라야 하며 결국에는 영양공급이 환자에게 이득이 되어야 한다.

결론적으로 인위적인 영양공급은 임종기 환자에게는 이득이 없다는 것이 일반적인 견해다. 하지만 음식 섭취에 대한 상징적, 심리적, 사회적 의미는 결코 과소평가되어서는 안 된다는 견해도 있다.

마지막으로 2004년에 가톨릭계의 견해를 밝힌 요한 바오로 2세 교황님의 말씀을 정리해본다.

인공적 수단으로라도 물과 음식을 공급하는 것은 원칙적으로 '식물인간 상태'에 있는 환자들의 생명 보존을 위한 통상적이고 적절한 수단이다. "따라서 환자에게 수분과 영양을 공급하는 그 합당한 목적을 달성한다는 점에서, 또 그렇게 하는 한 이는 의무적이다." 두 번째로, '영구 식물인간 상태'에 있는 이들도 기본적인 인간 존엄성을 가진 한 인격체이기 때문에 이들에게도 이러한 생명 유지의 통상적 수단이 제공되어야 한다. 합병증의 발생으로 환자가 음식과 음료를 흡수하지 못하여 그러한 공급이 아무 소용이 없게 될 가능성도 배제하지 않는다. 마지막으로, 드문 경우지만 인공적인 영양과 수분 공급이 환자를 지나치게 힘들게 하거나, 그 수단을 사용할 때 합병증이 생기는 경우처럼, 환자에게 심각한 신체적 불편을 일으킬 수도 있는 가능성을 완전히 배제하지 않는다.

3. 임종 장소

자기 삶의 마감을 앞두고 결정해야 할 것 중 하나는 어디서 삶을 마칠 것인가이다. 백 세에 스스로 금식으로 세상을 떠난 스코트 니어링은 바라던 대로 바다가 내려다보이는 자신의 집에서 삶을 마쳤다. 그런가 하면 어떤 사람은 마지막까지 생에 대한 집착으로 중환자실에서 죽어 가기도 한다. 과연 어디서 죽는 것이 가장 좋은 죽음일까?

오늘날의 죽음의 특징 중에 한 가지는 대부분의 죽음이 자기의 집이 아닌 병원이나 요양 시설에서 이루어진다는 것이다. 불과 몇 십 년 전까지 만해도 대부분의 사람들은 자기 집에서 가족들과 동네 사람들에게 둘러싸여 삶을 마감했다. 그리고 아이들은 할아버지 할머니의 죽음을 통해서 죽는다는 것이 어떤 것인지 자연스럽게 알게 되었다. 그리고 온 동네 이웃이 장례식에 참여하여 고인을 가족과 함께 추모하였다. 그러나 요즘은 자기 집에서 숨을 거두는 사람은 다섯 명에 한 명꼴에 불과하다. 통계청 자료에 의하면 2017년 한 해 사망한 우리 국민 중에서 76.2%가 병원에서 임종하여, OECD 회원국 중 병원 사망률이 가장 높다고 한다. 네덜란드 29%, 미국 43%, 프랑스 57% 그리고 일본이 우리와 비슷하여 75.8%라고 한다. 세계보건기구에 의하면 전 세계 사망자의 3분의 2가 병원이나 요양원에서 임종을 맞이하며, 65세 이상 노인 사망자들은 80%가 병원에서 죽고, 80세 이상은 대부분이 요양원에서 숨진다. 자기 집에서 숨을 거두는 특권을 누리는 사람은 거의 없다.

우리나라 설문 조사를 보면 대부분 환자들이 집에서 마지막을 보내고 싶어 한다. 실제로 말기 노인들은 집을 떠나는 것에 대해 두려움을 가지고 있다. 집이야말로 자신의 삶에 대한 주도권을 쥐고 있다는 느낌과 편안함을 주는 유일한 장소이기 때문이다.

임종 장소가 결정되는 요인은 무엇일까? 첫째, 병의 특성과 증상의 심각성 같은 의학적 요인, 둘째, 간호를 할 수 있는 가족 상황, 그리고 경제적, 사회적 요인 등이 더해져서 임종 장소가 정해진다. 환자의 질병 상태가 임종 장소에 영향을 준다. 유방암, 전립선암 등 병의 진행이 비교적 완만하고 증상의 심각성이 낮은 질환은 집에서 임종을 맞기가 비교적 용이하나, 폐 질환 환자들은 24시간 전문 간호와 호흡기 등 장비가 필요하기 때문에 집에서 숨을 거둘 확률이 낮다. 그리고 현실적으로 중요한 것이 가족의 역할이다. 시간 여유가 있고, 간병 경험이 있는 가족이 있으면 집에서 죽음을 맞기 쉽다. 그리고 배우자가 있는 환자들이 집에서 임종할 확률이 배우자가 없는 사람보다 높다고 한다. 또 다른 중요한 변수로 환자의 경제 사회적 요인을 들 수 있다. 부유한 사람일수록 집에서 임종할 가능성이 높고, 경제적으로 어려운 사람들은 병원이나 요양원에서 생을 마칠 확률이 높다고 한다. 그런데 특이한 점은 환자의 선호도가 죽음의 과정 중에 변할 수 있다는 점이다. 환자들이 병이 깊어져 증상을 견디기 어렵다는 것을 깨닫게 되면서, 집보다는 병원에서 죽는 것이 편할 수 있다는 생각을 하게 된다. 그래서 자신의 병 때문에 가족들에게 부담을 주는 것을 피하고, 전문적인 간호가 가능한 호스피스기관이나 요양기관을 선택하게 된다. 그리고 집에서 임종하려면 먼저 환자용 침대, 산소공급기, 흡입기, 휠체어, 변기 겸용 의자 등을 마련해야 하고, 24시간 간호와 의료 처치를 감당할 수 있는 가족이 있어야 한다. 물론 가정간호팀이 주기적으로 방문하여 필요한 도움과 정보를 주지만, 가족이 여러 가지 증상을 적절하게 처리하는 것은 쉬운 일이 아니다. 그래서 많은 간호가 필요한 나이가 많고 죽음에 가까운 환자는 집을 임종 장소로 택하기 어렵다.

국내 한 연구진이 2001년부터 2014년까지 230여만 명 성인의 사망 장소를 조사한 결과 병원이 58%, 집에서 사망한 경우가 32%, 사회복지시설에서 사망한 경우가 3%였다. 그리고 병원 사망률은 2001년 31%에서 2014년엔 75%로 빠르게 증가했다. 이에 반해 같은 기간 집에서 사망한 경우는 60%에서 16%로 감소했다. 높은 교육 수준, 도시 거주자, 젊은 나이, 여성, 그리고 독신인 경우가 병원에서 사망할 확률이 높았다.

십여 년 전에 일본과 대만의 호스피스 시설을 돌아볼 기회가 있었다. 처음 방문 한 곳은 일본 하코네 부근의 골프장 옆에 있는 피스하우스라는 호스피스 기관으로 아름다운 산 기슭에 잘 가꾼 정원 그리고 화려하지는 않지만 고급스러우면서도 품위 있는 별장과 같은 곳에서 조용히 삶을 마치는 사람들을 볼 수 있었다. 그리고 나이가 지긋한 내과 의사가 환자를 돌보고 있었다. 또 한 곳은 일본 국립암센터의 완화의료병동이다. 도심에 위치한 병원내의 넓은 정원 가운데 만들어진 시설이다. 병실 복도를 들어서니 피아노 소리와 함께 따뜻한 햇빛이 넓은 창문을 통해서 들어오고 있었다. 인기척을 느낄 수 없는 너무나 조용하고 차분한 분위기를 느낄 수 있었다. 이어서 대만의 도심 병동형 호스피스 시설을 방문하였다. 일본과는 달리 활기찬 분위기가 느껴졌고 잘 갖춰진 널찍한 면회실 그리고 임종실이 있어서 가족과 함께 지내면서 생을 마칠 수 있게 되었다. 적어도 외롭지는 않은 분위기이다.

그러면 우리나라에서는 죽음의 과정에서 어떤 선택이 있을 수 있을까?

① 병원에서 삶을 마치는 방법이다.

급성기 치료를 하는 병원에서는 마지막까지 가능한 치료를 하기 때문에 중환자실에서 삶을 마치는 경우가 많이 있다. 그래서 이 선택은 삶을 최대한 연장하고 싶은 사람에게 적합한 곳이다.

② 장기 요양 기관으로 요양원과 요양병원이 있다.

요양 기관에서는 생활하는 데 필요한 공간과 일상 생활을 도와주면서 장기요양 서비스를 제공한다. 일반적으로 일상생활과 돌봄만을 제공하는 곳이 요양원이고, 돌봄과 함께 의료서비스를 제공하는 곳이 요양병원이다. 요양원은 노인복지법에 따라 설치된 요양시설로, 65세 이상의 노인 또는 치매, 중풍, 파킨스병 등 노인성 질병을 앓고 있는 환자 중 장기요양등급판정을 거쳐 입소 자격을 얻은 환자만 입소가 가능하다. 노인장기요양보험에서 지원하며, 의료기관이 아니므로 상근하는 의사는 없어도 되나 상근 간호사는 있어야 한다. 한편 요양병원은 의료기관이므로 상근하는 의사와 간호사가 있어야 하고 입원자격에도 제한이 없다. 우리나라에서는 2008년 7월부터 노인장기요양보험제도가 시행되고 있다. 고령이나 노인성 질병 등으로 일상생활을 혼자서 수행하기 어려운 이들에게 신체활동 및 일상생활 지원 등의 서비스를 제공하여 노후 생활의 안정과 그 가족의 부담을 덜어주기 위한 사회보험제도다. 65세 이상 노인 또는 치매, 중풍, 파킨스병 등 노인성 질병을 앓고 있는 환자 중 6개월 이상 일상생활을 수행하기 어렵다고 인정되는 사람을 대상으로 5가지 등급에 따라 서비스가 제공되는데, 1,2등급 환자는 요양원에 입소할 수 있고, 3등급 환자는 재가서비스를 받을 수 있다. 비용은 급여 부분의 경우 노인 장기요양보험에서 80%를 부담하기 때문에 환자는 20%만 내면 된다. 재가서비스로는 신체활동 및 가사활동 등 지원, 목욕, 간호 등 제공, 주간보호센터 이용, 복지용구 구입 또는 대여 등이 있다.

③ 가정간호서비스.

간호사가 가정을 방문하여 의료 서비스를 제공하는 형태이다.

예를 들면 재가암관리서비스로 지역 사회 보건소를 통해서 신청하면 도움을 받을 수 있다. 투약지도, 비약물적 통증완화요법, 증상 및 통증조절, 욕창관리, 영적지지 등을 받을 수 있다.

④ 호스피스 완화의료 서비스.

호스피스 기관은 병원형, 가정형, 독립형 호스피스 등이 있다.

2020년도 현재 전국적으로 호스피스 병실은 87개 병원에 1402개 병상이고, 38개 기관에서 가정형 호스피스를 운영하고 있다. 호스피스 이용 현황을 보면 2017년에 사망한 환자 중 호스피스를 이용한 비율이 20%였다. 그리고 2016년부터 가정을 방문하여 제공하는 가정형 호스피스 서비스가 시작되었다. 대상은 말기 암 환자, 만성 폐쇄성 호흡기 질환, 만성 간경화, 에이즈 등 말기 환자다.

4. 요양원의 문제점

노인들은 점자 노쇠하여 독립성을 조금씩 잃어 가면서 다른 사람의 도움에 의지하게 된다. 그러다가 독립성을 거의 잃을 즈음에 요양원에 들어가게 된다. 다시 회복되어 걸어서 나올 확률은 거의 없다. 요양원은 개인의 프라이버시가 보장되기 어려운 곳으로, 낯선 사람들에게 자신의 수치스러운 모습을 보여주게 된다. 그로 인해 많은 노인들이 견디기 힘든 절망감에 빠진다. 더구나 자유와 독립성은 없고 정해진 스케쥴에 따라서 생활해야 한다. 불가능하다는 것을 알면서도 죽는 한이 있더라도 자신 집에서 자기만의 삶으로 돌아가길 바라게 된다.

요양원의 목적은 간호와 보살핌이다. 요양원의 우선순위는 환자의 안전, 낙상 방지, 영양 공급, 욕창 방지 등에 있다. 요양원에서는 한 명의 간병인이 여러 명의 환자를 돌본다. 지나친 간병 업무로 환자들의 자존감을 고려할 여유가 없다. 아무리 신체적 제약을 많이 받는 상황에서도 자유와 자율성을 잃지 않고 살 수 있을 곳을 만들 수 없을까?

우리는 무의미한 연명치료와 중환자실 치료로 인한 고통에서 벗어나서 가능하면 자신의 집에서 삶을 마치는 것이 가장 이상적이고 올바른 길이라고 생각하고 이를 권장하고 있다. 그런데 현재의 사회문화적 환경에서 자기가 살던 집에서 삶을 마치는 것이 현실적으로 가능할까? 가능하게 만들 방법은 어떤 것일까? 만일 어렵다면 우리 국민 현실에 적합한 더 나은 다른 방법은 없을까? 전문 의료진의 서비스와 가정의 평안함을 함께 누리며 가족들에 쌓여서 삶을 마칠 방법은 과연 없을까? 편안한 곳에서 적절한 서비스를 받으면서 가족과 함께 생의 마지막 시간을 나누는 것은 어떨까? 죽어가는 마당에 사랑하는 가족에게 꼭 힘든 일을 맡겨야만 하나? 미지의 세계로 떠나는 여행을 가족 모두가 편안한 가운데 출발하는 것이 낫지 않을까? 우리 모두 다시 한번 더 생각해볼 문제다.

제4장

죽음 이후를 위한 준비

1. 죽음 교육

죽음교육은 죽음학과 교육학이 접목된 것으로 죽음학이 죽음을 이해하는 다학제적인 학문이라면, 죽음교육은 죽음학에서 만들어진 죽음 관련 지식을 전문가나 일반인에게 알려 활용할 수 있게 하는 일이다. 따라서 죽음교육은 죽음, 죽어감, 슬픔과 상실, 그리고 개인과 공동체에 미치는 영향을 어떻게 대응하는가에 대한 죽음학을 가르치는 교육이다. 또 죽음교육은 예방적 건강 교육으로 죽음을 직면했을 때 죽음에 대한 두려움 없이 신체적으로, 지적으로 그리고 영적으로 자유롭고 활기찬 삶을 영위하다가 궁극적으로 좋은 죽음을 맞이하게 하는 것이 궁극적 목표이다. 죽음교육을 통해서 죽음과 죽음의 불안을 성찰하고 죽음으로 인한 슬픔, 후회, 절망감을 깊이 통찰할 기회를 제공하여 진정한 삶이란 어떤 것인지 깨닫게 해준다. 그래서 죽음 교육은 생물학적 측면뿐 아니라 감성적인 인문학적 접근이 더 중요할 수 있다.

죽음에 대해 배울 수 있는 길은 공식적 경로와 비공식적 경로가 있는데, 공식적인 경로로는 교과서, 강좌, 회의, 워크숍, 강연 등이 있고, 비공식적인 경로로는 경험, 관찰, 영상물 또는 부모를 통해서 배우는 것 등이다. 공식적 죽음 교육은 죽음, 임종과정, 사별 슬픔, 종교와 영적 교육 등이 포함된다. 비공식적 경로의 교육 내용은 종교 행사, 장례 의식, 이야기, 소설, 영화, 뉴스 등이다.

죽음교육을 처음으로 시작한 사람은 허먼 파이펠이다. 1959년 발간된 에세이집 죽음의 의미를 통해서 죽음에 관한 논의의 장을 열었다. 그 후 죽음학 과정이 1960년대 미네소타대학, 웨인대학교에서 개설되었고, 엘리자베스 퀴블러 로스는 간호사 등 의료진에 대한 다양한 죽음교육을 시작하였다. 미국과 일본에서는 죽음학 관련 학회, 학술지, 전문가와 일반인을 위한 강좌, 다양한 학교에 개설된 죽음교육 프로그램이 있다. 그러나 우리나라 죽음교육 현황을 정리한 류성일의 논문을 보면 대학에 개설된 정규 교육프로그램이 없으며 의과대학에도 제대로 된 교육 프로그램이 없다. 그나마 다행인 것은 한국죽음학회, 싸나톨로지스트 협회, 각당복지재단, 가톨릭대학교 간호대학의 호스피스 교육연구소, 호스피스 완화의료학회 등에서 일반인과 전문가 양성을 위한 교육 프로그램을 운영하고 있다는 점이다. 그리고 몇년 전부터 일부 의과대학교의 교수들이 나서서 죽음에 대한 연구와 교육을 시작했다. 필자도 의사들과 학생들을 대상으로 임종의학, 죽음학을 소개하는 강의를 작은 규모이지만 진행하고 있다.

삶과 죽음은 개인적으로나 사회적으로 가장 중요한 가치를 가지고 있는 것은 말할 필요도 없다. 따라서 무엇보다도 선행되어야 하는 것이 삶과 죽음에 대한 교육이다. 그러나 현실은 정반대이다. 여러 차례 이야기하였듯이 현대사회는 죽음을 회피하고 이야기도 하지 않고 있다. 그렇기에 죽음 교육의 필요성이 절실하게 대두되고 있다. 그러면 언제가 죽음 교육의 적기일까? 죽음 교육학자들은 조기교육이 더 효과적이라고 말한다. 그 이유는 나이 든 사람은 삶에 대한 집착이 있어서, 젊은 사람에 비해 죽음 교육이 쉽지 않다고 한다. 더구나 죽음 교육은 결국은 삶의 교육이기도 하기 때문이다.

우리들은 죽음을 앞둔 사람에게 어떻게 다가가야 할지 어떻게 소통하여야 하는지 배운 적이 없다. 그저 실수하지 않을까 걱정만 할 뿐이다. 이런 현상은 의사나 간호사들도 마찬가지여서 죽음에 대해서는 침묵과 외면에 익숙해져 있다. 그래서 죽음에 대한 교육이 필요하다. 또 청소년 자살이 커다란 사회적인 문제인 우리나라에서 청소년 죽음 교육은 자살예방 효과가 크다고 한다.

2. 노인 죽음 교육

노인들 대부분은 나이 듦은 인정해도 임박한 죽음을 인정하지 않는다. 죽음을 생각하려고 하지 않은 채 오늘의 반복되는 삶에 몰두한다. 그러나 아무리 부정해도 죽음은 다가오고 있다. 삶이 곧 죽음이기 때문이다. 노인 죽음교육의 목표는 무엇보다도 죽음을 이해하고 죽음에 대한 누려움을 줄이고 행복한 마무리를 준비하는 일이다. 그러기 위해서 잠시 멈추고 일상의 반복에서 벗어나서 진정한 삶의 의미를 성찰하고 새로운 인생을 만드는 일이다. 자신과 타인을 위해 의미 있는 일을 해야 한다. 오늘의 소중함을 깨닫고 단순히 반복되는 삶에서 벗어나 날마다 자기 행복에 충실할 필요가 있다.

노화와 죽음 사이의 분명한 연관성에도 불구하고, 노인들은 삶의 종말과 죽음에 대한 교육을 받을 기회가 거의 없었다. 그래서 많은 노인들은 죽음과 임종과정에 대한 우려와 두려움을 가지고 있고,

특히 신체적 정신적 건강이 좋지 않은 노인에게 죽음에 대한 불안감이 높다는 것이 알려졌다. 그리고 실제로 노인들도 죽음 교육에 대해 많은 관심이 있다고 한다. 특히 노인을 위한 죽음 교육에서 가장 중요한 것은 죽음에 대한 불안을 어떻게 경감해주는가이다. 죽음교육을 통해서 삶과 죽음에 대한 가치관 돌아볼 수 있게 하고, 죽음을 다루는 능력을 배양하여 죽음에 대한 불안 공포를 가볍게 만들어서 평안한 죽음을 맞도록 하는 것이다. 우리나라 양로시설 거주 노인을 대상으로 죽음 교육의 효과를 분석한 연구에 의하면 첫째, 죽음준비교육 프로그램은 양로시설 거주 노인의 죽음불안을 유의미하게 감소시켰으며 그 효과는 상당 기간 유지되었다. 둘째, 죽음준비교육 프로그램은 양로시설 거주 노인의 우울 증상을 유의미하게 감소시켰다. 셋째, 죽음준비교육 프로그램은 양로시설 거주 노인의 삶의 질을 유의미하게 상당 기간 향상시켰다고 한다.

3. 유언장 작성

인간은 자신의 의지와는 상관없이 세상에 태어나지만, 삶을 마무리하는 과정은 스스로 준비한다면 불가능한 것은 아니다. 그렇다고 스스로 목숨을 끊는 자살을 말하는 것이 아니다. 태어나서 성장하고 늙어가는 것 못지않게 죽는 과정은 매우 복잡하다. 길게는 백년 가까운 세상의 삶을 마무리한다는 것이 쉬운 이야기가 아닐 것이다. 그렇다고 황망하게 죽게 되어 남은 사람들에게 짐이 되어서는 곤란하다. 그리고 세상을 떠나는 동안 불필요한 고통을 받아서도 안 될 것이다. 따라서 죽음에 대한 적절한 준비를 해서 편안한 죽음을 맞을 수 있게 해야 한다.

우선 우리는 반드시 자신의 인생 마무리에 대해서 학습하고 생각하고 찾아보고 정리해서 기록해 두어야 한다. 그리고 자신이 어떻게 이 세상에 기억이 되었으면 좋을지 성찰해 보아야 한다. 죽기 전에 정해 놓아야 할 일을 적어 놓는 일은 자신이 원하는 방식으로 세상을 떠날 수 있는 준비이다.

병에 걸렸을 때 내가 원하는 치료에 대해서 미리 밝혀야 한다. 그래서 자신이 원하는 죽음을 미리 이야기해 놓을 친권자와 주치의를 정하고, 기록해 놓는 것이 필요하다. 본인이 사전에 분명하게 의사를 밝혀 놓지 않으면 문제는 복잡해진다. 남은 가족들이 전원 합의를 이루어야 하기 때문이다.

가진 것이 많거나 적거나, 지위가 높든지 낮은지를 불문하고 스스로가 죽기 전에 미리 정해 놓아야 할 것을 정해놓지 않으면 남겨진 사람들에게 곤란한 일이 생길 수 있다. 그래서 남겨줄 것이 있으면 미리 생전에 주는 것이 바람직하다. 죽기 전에 미리 재산을 정리하고 세상을 이롭게 할 일에 남기면, 존경받고 축복받는 죽음을 맞을 수 있다. 그리고 죽은 다음의 장례 절차 등에 대해서도 미리 정해 놓는 것이 필요하다.

〈5가지 소원(Five Wishes)〉

짐 토이(Jim Towey)는 12년 동안 테레사 수녀와 함께 일을 했고 일 년간 워싱턴 DC에서 테레사 수녀가 운영하는 호스피스 체험을 바탕으로 5가지 소원(FIVE WISHES)을 만들었다고 한다. 자신이 질병 등으로 죽을 때를 대비하여 자신이 원하는 의학적 치료 그리고 개인적, 감정적, 영적요구에 대한 내용 등을 건강할 때 미리 작성한 일종의 유언장이다. 그리고, 환자가 스스로 결정할 수 없는 상황이 되었을 때 환자를 대신해서 결정할 사람을 대리인을 정하여 환자가 어떤 치료를 받기를 원하는지 정확하게 알리는 것이다. 미국의 42개 주에서 법률적인 효력이 있으며 18세 이상 작성이 가능하고 현재 천 5백만 명이 사용하고 있다고 한다. 아래와 같은 5가지 소원의 항목들이 있고, 각 항목마다 자신이 원하는 것을 선택하도록 되어 있다.

① 소원 1: 헬스케어를 내가 스스로 결정할 수 없을 때 나를 대신해 줄 사람을 정함

자신의 헬스케어 대리인을 정한다. 18세 이상으로 당신을 잘 아는 사람 중에 정한다.

의사가 내가 스스로 결정을 내릴 수 없다고 판단할 때, 그리고 또 다른 의료인이 이런 사실을 동의할 때 결정을 대신한다.

② 소원 2: 내가 원하는 그리고 원하지 않는 치료법

나는 내 생명이 소중하다는 것 그리고, 품위 있는 치료를 받을 자격이 있다고 믿는다.

나는 내 생명을 뺏으려는 의도로 의사나 간호사가 어떤 것도 하지 않기를 바란다.

연명치료에 대한 것, 튜브를 이용한 영양 공급, 심폐소생술, 기관지 삽관, 대수술, 수혈, 혈액 투석, 항생제, 그리고 다른 모든 처치에 대한 결정

- 나는 연명치료를 원한다.
- 나는 연명치료를 원하지 않고, 이미 시작했더라도 중단하길 원한다.
- 내 의사가 도움이 된다고 판단하면 연명치료를 받기 원한다. 그러나 나의 상태와 증상에 도움이 되지 않는다면 연명치료를 원

하지 않는다.

- 그 밖에 내가 살아 있기를 원하지 않는 상황을 기술한다.

③ 소원 3: 얼마나 편하고 싶은지에 대한 소원

- 나는 통증을 원하지 않는다. 내가 졸리거나 자는 한이 있더라도 충분한 진통제로 통증을 없애길 바란다.
- 우울증, 오심, 구토, 숨가쁨, 환각의 증상이 있으면 도움이 되는 어떤 치료도 원한다.
- 열이 나면 차갑게 젖은 천을 머리 위에 올려 주길 바란다.
- 입술과 구강이 마르지 않기를 원한다.
- 따뜻한 목욕과 늘 청결하게 유지하기를 바란다.
- 가능하면 따뜻한 오일 마사지를 바란다.
- 죽을 때까지 내가 좋아하는 음악을 듣고 싶다.
- 면도, 손톱깎기, 머리빗기, 칫솔질 개인위생이 아프거나 불편하지 않으면 지속되기 바란다.
- 내가 임종할 때 성경 낭독, 사랑하는 시를 낭독해주면 좋겠다.
- 나와 사랑하는 사람을 위해 의학적, 정서적 영적인 호스피스 돌봄에 대해 알고 싶다.

④ 소원 4: 사람들이 나를 이렇게 대해주면 좋겠다.

- 가능할 때 사람들이 나와 함께 하길 바란다. 죽을 때 누군가가 곁에 있길 원한다.
- 비록 내가 목소리나 터치에 반응하지 못하더라도 내 손을 잡고, 이야기해 주길 바란다.
- 나를 위해 기도해 주길 바란다.
- 신앙공동체의 사람들이 나를 위해 기도해주고 찾아주었으면

한다.

- 슬픔이 아니라 친절과 즐거움으로 돌보아 주길 원한다.
- 내 방과 침대 근처에 사랑하는 사람의 사진을 두고 싶다.
- 내가 대소변을 가리지 못해 옷과 침대가 청결하게 더럽혀지면 바로 바꿔 주길 바란다.
- 가능한 한 나는 내 집에서 죽길 원한다.

⑤ 소원 5: 내가 사랑하는 사람들이 알았으면 하는 것들

- 내가 가족과 친구들을 사랑하는 것을 알려주고 싶다.
- 나로 인해 상처받은 가족, 친구, 사람들로부터 용서를 받고 싶다.
- 나에게 상처를 준 가족, 친구, 사람들을 내가 용서한다는 것을 그들이 알기를 원한다.
- 나는 죽음 그 자체를 두려워하지 않는다. 끝이 아니고 나에게는 새로운 시작이다.
- 내가 죽기 전에 모든 가족이 서로 화해하기를 바란다.
- 내 가족과 친구들이 내가 아프기 전의 모습으로 생각하고 기억해 주길 바란다.
- 내 소원을 비록 동의하지 못해도, 가족, 친구, 간병인이 내 소원을 존중해 주길 바란다.
- 죽어가는 것도 사람의 성장 과정이다. 내 마지막 날의 삶의 의미를 찾을 수 있다.

4. 사후 시신, 장기, 조직 기증

암 환자 중에서 드물게 뇌암 환자는 사망 후 다른 사람에게 장기를 기증하여 생명을 나눌 수 있다. 다른 암과 달리 뇌암은 우리 몸의 다른 부위로 퍼지지 않기 때문에 신장, 심장, 안구, 간, 안구 등을 다른 사람에게 기증이 가능하다.

그동안 뇌암 환자의 장기 기증을 희망하는 환자나 가족을 몇 차례 경험하였는데, 신경외과 전공의였던 1983년경에 뇌종양으로 뇌사 상태에 빠진 남자 고등학생의 아버지가 아들의 장기를 기증하고 싶다는 의사를 밝혀서 뇌사 판정, 장기 기증, 장기 이식이 이루어졌다. 그때에는 의사들이 장기 기증이라는 것에 익숙해 있지 않았고, 지금 같은 장기 기증의 절차나 기준 등이 확립되어 있지 않았다.

의사들이 생각도 하지 못한 상황에서 환자의 아버지가 아들의 장기를 기증하기 원하자 갑자기 분주해지기 시작했다. 외과에 장기 기증자가 있다는 사실을 알려서 신장을 이식받을 환자가 도착하여 수술실에 들어가고, 가족들에게 서약서도 받아야 했으며, 뇌사 판정도 내려야 하고 정말 할 일이 너무 많았다. 얼마 뒤에는 수술실에서는 준비가 되었다고 연락이 오고, 울부짖는 어머니와 기다리는 이식팀 사이에서 정신이 없는 시간을 보냈다. 비록 힘든 과정을 거쳤지만 아들의 희생과 아버지의 결단이 신부전환자 두 사람을 살리고, 다른 두 사람에게는 각막을 줌으로 세상의 빛을 선물하였다.

이제는 이식수술이 발달하여 장기만 있으면 신장이식, 간이식, 심장이식으로 생명연장이 가능하다.

대체 장기의 개발을 위해 인공 장기나 이종장기 연구가 활발히 진행되고 있지만, 아직까지는 장기 기증이 필요하다. 따라서 사랑과 생명 나눔의 정신의 실천인 장기 기증이 활성화되어야 한다. 사후나 뇌사상태에서 자신의 신체 일부 또는 전부를 기증하는 유형은 다음과 같다.

① 시신기증

시신기증이란 의과대학의 해부학 연구를 위해서 시신 전부를 기증하는 것으로 시신기증을 원하시는 경우에는 원하는 의과대학에 요청하면 된다. 현재 우리나라에서는 해부학에 사용할 수 있는 시신이 상당히 부족하다. 따라서 대부분의 의과대학에서는 해부학 연구를 위한 시신의 기증을 기대하고 있다.

② 장기기증

장기기증은 사망하거나 또는 뇌사 판정을 받은 상태에서 다른 사람의 손상된 장기의 회복을 위하여 대가 없이 자신의 장기의 일부 혹은 전부를 기증하는 이타적인 행동을 말한다. 삶의 마지막 순간에 이웃에게 사랑을 베풀 수 있는 필란트로피의 한 가지 방법이다. 장기를 기증하게 되면 신장, 간장, 심장 장기부전 환자 등의 생명을 구할 수 있다. 각막, 폐, 신장은 각각 2명에게 생명을 줄 수 있고, 심장, 간, 췌장 등은 한 사람에게 기증할 수 있어서 전부 9명의 생명을 살릴 수 있다. 세상에서 가장 아름다운 나눔이다. 현재 우리나라에서는 1일 평균 5명이 장기이식을 기다리다가 사망한다고 한다.

보건복지부 질병관리본부 장기이식관리센터의 통계에 의하면 2018년도 뇌사기증자는 약 450명이었고, 남성이 300여 명으로 여성보다 많았으며 주로 40~50대 연령층이었다고 한다. 그리고 뇌사에 의한 장기 기증으로 1750건의 장기이식 수술이 이루어졌는데, 신장이식이 가장 많아 800여 건, 그리고 간이식, 심장 이식, 폐 이식, 췌장 이식, 안구 이식 순이었다. 그런데 2018년도 이식대기자는

3만 7000여 명으로 신장이 2만 2000여 명, 간장이 약 6000명, 췌장 1000여 명 등이다. 장기 기증에 비해 장기를 기다리는 사람들의 수가 압도적으로 많은 실정이다.

③ 인체조직기증

사후에 뼈, 피부, 근막, 심장판막, 인대, 연골, 혈관, 신경, 심낭 등의 조직을 기증할 수도 있다. 피부는 화상 환자, 정맥은 혈관 환자, 뼈와 인대는 장애를 회복시키고, 심장 판막은 심장병 환자, 각막은 시력 회복에 사용될 수 있어서 한 사람이 기증한 조직으로 수많은 환자들에게 도움을 줄 수 있다. 그런데 우리나라의 인구 백만 명당 인체조직 기증자 수는 약 5명으로 미국 100여 명에 비해 매우 적어서, 필요한 조직을 대부분 수입에 의존하고 있다고 한다.

뇌사나 사후에 장기나 인체조직을 기증하기 원할 경우 질병관리본부 국립장기조직혈액관리원, 장기이식관리센터, 한국장기조직기증원, 장기이식등록기관, 조직기증자등록기관 등을 통하여 기증 안내를 받을 수 있다. 또 뇌사 또는 사후에 장기 기증을 희망하는 경우 장기기증등록제도를 통해서 약속할 수 있다. 그리고 장기나 조직 기증은 뇌사 및 사후에 가능하다. 생전에 기증희망 서약을 하고 뇌사 및 사후에 보호자가 기증에 동의하면 기증할 수 있고, 만일 생전에 기증희망 서약을 하지 않은 경우에도 보호자가 기증에 동의하면, 기증할 수 있다. 또한 기증자에 대해서는 장례비 지원뿐만 아니라 숭고한 필란트로피 정신을 기리는 여러 가지 프로그램이 운영되고 있다.

5. 장례 문화의 변화

장례식은 죽은 자를 추모하고 사별 가족을 위로하며 동시에 공동체의 새로운 결속을 위한 의식이다. 한편으로는 장례식은 죽은 자를 정화시켜서 원래 고향으로 귀향시키는 의식이기도 하다. 불은 정화와 재생과 부활의 상징으로, 화장은 고인이 자유롭게 되기를 기원하고, 시신이 부패하는 것을 막는다. 죽은 자를 미라로 만드는 일은 영원한 삶과 젊음을 유지하려는 일이다. 장례식은 인간 존재의 한계를 표현하면서 동시에 한계를 극복하려는 적극적인 인간 의지를 나타내는 역사적, 사회적, 문화적인 의식이다. 그런데 요즘에는 병원 사망과 아파트 거주가 늘어나면서 가족들은 장례식을 병원 장례식장에서 상조 전문회사의 도움으로 치르게 되었다. 그런 이유로 오늘날 장례식은 진정한 장례식의 의미와 문화를 점차 잃어버리고 있다.

죽음을 앞둔 사람들이 미리 결정해야 할 것 중 하나는 자신이 원하는 장례 방식이다. 그렇지 않으면 남은 가족들이 죽은 사람이 무엇을 원했는지 알 수 없어서 어려움을 겪게 된다. 매장, 화장, 수목장 등 자신이 원하는 것을 그리고 특별히 원하는 종교 장례의식이 있으면 알려주어야 한다. 물론 죽은 사람이 희망하였더라도 남겨진 가족들의 뜻이 더 중요할 수 있다.

그리고 초고령화, 일인 가정, 독거노인 증가 등 인구동태의 변화, 죽음에 대한 인식과 종교관의 변화 등으로 장례 문화가 점차 변화하고 있다. 앞으로는 지금과 같이 삼일장 형태로 문상객을 받는 장례식은 점차 사라지게 될 것이다. 고령자가 사망하면 살아 있는 지인들도 적고, 가족이 많지 않기 때문에 문상객도 없을 것이고 따라서 장례식을 할 필요가 없을 수도 있다. 최근에는 살아 있을 때 친지들을 불러서 생전 장례식을 하는 사람들도 생기고 있다.

우리나라를 비롯하여 여러 나라에서 장례 문화가 매장에서 화장으로 바뀌어 가고 있다. 우리나라 통계를 보면 2018년도 총 사망자 수는 29만 8000명이었고 그중 25만 8212명인 86.4%가 화장을 선택하였다고 한다. 좁은 나라에서 매장에 필요한 묘지를 구하기가 어렵고, 화장에 대한 인식이 좋아졌기 때문이다. 특히 고령화 사회의 특성상 죽는 사람의 수가 점점 늘어나기 때문에 묘지 부족은 피할 수 없다. 그래서 그 대안으로 우리는 화장을 선택하고 있고, 또한 화장이 친환경적인 방법이라고 인식하고 있다. 그런데 이제는 화장장 시설이 부족하다. 화장장을 예약하지 못해서 오랜 시간 기다리는 일이 발생하게 되었다. 그런데 화장시설을 새로 만들거나 납골당을 짓는 것은 여러 가지 이유를 들어서 지역 주민들이 반대하기 때문에 쉽지 않은 일이다.

화장에는 고온으로 사체를 소각하기 때문에 다량의 화석 연료가 소모되고 이 과정에서 이산화탄소 등이 만들어지는 것을 피할 수 없다. 미국의 통계에 의하면 화장장에서 일 년에 배출되는 이산화탄소가 자동차 수만 대가 일 년 동안 배출하는 것과 맞먹는다고 한다. 그런데 관을 만드는 데는 얼마나 많은 나무가 베어져야 할까요? 매장도 아닌 화장에 과연 관이 필요할까요? 미국에서는 일 년 동안 관을 만드는 사용되는 철의 양이 금문교 한 개를 만드는 것과 비슷하다고 한다.

그러면 화장하고 남은 유골은 어떻게 처리되고 있을까요? 대부분 소각되고 남은 유골은 분쇄하여 유골함에 담아 납골당에 모셔왔는데, 이제는 납골당도 부족하니 수목장이라고 해서 유골 재를 나무 밑에 묻거나 아니면, 산골이라고 해서 산이나 강물 등에 뿌린다. 그리고 우리는 유골의 재가 나무에 좋은 영양분이 될 것으로 믿고 있다.

그러면 과연 화장한 유골의 재는 나무에게 비료가 되고 물고기의 먹이가 될 수 있을까요? 알고 보니 불행하게도 나무에 해가 된다고 한다. 태우고 남은 유골의 재는 강한 알칼리성이기 때문에 식물의 성장을 방해한다고 한다. 그러니 강에 사는 물고기에도 좋을 리가 만무하다. 매장이나 화장문화의 피해에 대해 우리보다 일찍 인식하고 있는 미국 등지에서는 그린장례라는 새로운 문화가 전개되고 있다. 그곳 연구자들은 화장된 유골의 재는 중화과정을 거친 다음에 자연으로 돌려 보내라고 권장하고 있다. 그리고 그런 서비스를 제공하는 기업들이 소개되고 있다.

미국 질병통제예방센터의 보고에 의하면 우리 몸에는 미량이기는 하지만 수백 종류의 독성 물질이 축적되어 있다고 한다. 이런 사실을 감안하면 매장이나 화장할 때 체내에 축적되어 있던 독성 물질이 배출될 수도 있다. 그래서 우리는 사람의 몸이 반드시 좋은 물질로만 이루어졌다고 생각해서는 안된다고 한다. 죽어서까지 지구의 환경을 오염시키는 것은 바람직하지 않다고 생각한다.

그리고 우리 몸에 축적되어 있던 중금속이나 오염물질 그 이외에도 치과용 재료, 임플란트 등 인체 삽입물에서 나오는 것들도 고려해야 한다. 특히 문제가 되는 것은 치과용 아말감으로 수은을 함유하고 있어서 사체를 태울 때 수은이 공기 중으로 배출되어 화장장 주변의 토양을 오염시켜 사람에게 위해 요인이 된다고 한다. 수은이 우리 몸에 축적되면 신경계 등에 치명적인 영향을 일으키기 때문이다.

그러면 화장은 안 할 수도 없고, 어떤 해결책을 찾아야 할까요? 첫째, 소각시설에 오염 방지 장치를 설치하고 철저히 모니터링하면서 운영하여야 한다. 둘째, 에너지 효율이 높은 소각 장치를 개발하여 사용해야 한다. 셋째, 소각되는 관이나 수의용품 등의 사용을 자제해야 한다. 넷째, 산골이나 수목장을 할 때는 유골을 중화하여야 한다. 다섯째, 치과 치료에서 아말감의 사용을 제한하여야 한다. 마지막으로 친환경적인 새로운 장례법이 연구되어야 한다.

얼마 전부터 미국에서 자연장이란 장례문화가 시작되고 있다. 자연장이란 시신의 분해를 억제하는 기존 방식에서 벗어나 자연적으로 분해되어 흙으로 돌아감으로써 환경에 보탬이 되도록 하는 친환경적인 방법이다. 그린 장례라고도 말하는 이 접근법은 천연자원의 보존, 탄소 배출 감소, 서식지의 복원 및 보존에 도움이 되도록 최소한의 환경 영향만으로 사체를 처리하는 것이다.

최근에 알려진 새로운 방법은 2019년 5월 미국 워싱턴주에서 법적으로 허가를 받은 방법으로 인간 퇴비화 기법이다. 리컴포즈라는 회사는 가축의 사체를 이용하여 비료를 만드는 프로젝트에서 힌트를 얻어, 사람의 사체를 흙으로 만드는 방법을 법의학 연구팀, 생물학자, 건축 설비 전문가와 협업을 통해 개발하였다. 그들은 나쁜 냄새나 유독성 물질 발생 없이 시신을 흙으로 만드는데 약 30일 정도 소요되며 뼈는 물론 치아까지도 완전히 분해시킬 수 있다고 한다. 이 장례법은 2020년부터 실용화된다고 한다.

또 다른 그린 장례법으로 인체의 유해물질을 제거할 수 있는 버섯 균을 처리한 수의를 이용하는 방법이다. 우리 몸에는 살면서 축적된 200여 가지 이상의 독성 물질이 있고, 죽어서 사체가 부패하는 과정에서 환경으로 노출이 된다고 한다. 코이오리는 스타트업의 웹사이트에 의하면 그들이 개발한 버섯 수의는 신체가 부패하며 배출하는 독소를 제거하고, 식물에 영양분 전달을 돕는 버섯 균사체와 기타 미생물이 혼합된 생분해성 물질로 만들어졌다고 한다. 현재는 제품화되어서 1500달러에 판매되고 있으며 실제로 뇌졸중으로 사망한 미국 영화배우 루크 페리가 이 수의를 입고 장례를 치렀다고 한다.

이 세상에 기적 같은 은혜로 태어나서 삶을 살면서 우리는 지구의 에너지를 소모하고, 오염시키며 살다가 죽으면서 시체를 세상에 남긴다. 그리고 그 시체를 처리하는 것이 장례 절차이고 민족마다 지역마다 문화마다 다양한 형태를 가지고 있다. 그런데 근래에 들어서 죽어서까지 세상을 오염시키고 자연을 훼손하고 있다는 문제를 심각하게 인식하고 새로운 대안을 연구하는 사람들이 늘어나고 있다. 죽어서 자연으로 돌아가는 것은 삶과 죽음의 순환이며 마지막까지 자신의 모든 것을 자연에 베푸는 친환경적 행동이다. 이제 사람들은 자신의 시신을 어떻게 처리할지에 대해 스스로 결정할 자유가 있으며 시신을 친환경적으로 처리할 수 있는 안전한 방법이 있다는 것을 알 수 있게 되었다. 우리나라에도 이러한 친환경적인 방법들에 대한 인식과 보급을 위하여 심층적인 연구와 토론이 필요한 시점이 되었다.

제3부

유산기부

THE GUIDE FOR
BEAUTIFUL AND
MEANINGFUL PASSING

우리가 나눌 수 있는 것은 나눔으로써
반으로 줄어드는 것이 아니라 나눔으로써
두 배로 커지는 것에 국한될 수밖에 없습니다.
그런 점에서 나눔은 사랑이어야 하고 모임은 봉사이어야 합니다.
사랑과 봉사, 그것은 조금도 상실이 아니기 때문입니다.
그리고 사랑과 봉사야 말로 한없이 인간적인 것이기 때문입니다.
우리 사회의 재물을 더 풍성하게 하고
우리를 더욱 아름답게 가꾸어 주는 것이기 때문입니다.
그리고 그것은 우리 사회를 그 구조에서부터
가꾸어 주는 것이기 때문입니다.

– 신영복(1941~2016) –

제1장

유산기부의 이해

사람을 움직이는 세 가지 강력한 힘이 있다. 그 세 가지는 죽음, 재물, 꿈이다. 인간은 죽음을 피해갈 수 없는 유한한 존재이기 때문에 인간의 행동은 개인이 누릴 수 있는 시간의 유한성에 대한 자각과 죽음에 대한 내면의 두려움에 근거하고 있다. 종교도 죽음이 있기에 시작된 것이고, 인간이 이 세상에 살다 갔다는 흔적을 남기고자 하는 부단한 노력들도 죽음이라는 숙명에 기반한 것이다.

사람을 움직이는 두 번째 힘은 재물이다. 재물에 대한 욕망은 부를 이룸으로써 더 나은 삶의 수준을 누리고, 다른 사람에게 영향력까지 미칠 수 있기에 끊임없이 인간을 자극하는 욕망이다. 좋은 말로 포장된 행동도 동기를 계속 추적해보면 경제적 동기인 경우가 많다.

세 번째 힘은 꿈이다. 자신이 목표한 것을 이루고자 하는 성취동기, 세상을 좀 더 나은 곳으로 만들고자 하는 활동, 남들에게 본인이 향유하고 있는 예술이나 교육 등의 좋은 가치의 즐거움을 알게 하고 싶은 마음, 이런 것이 모두 현재보다 나은 차원의 세상을 만들고 싶은 꿈에서 출발하는 것이다.

유산기부는 인간을 움직이는 강력한 3가지 동기인 죽음, 재물, 꿈, 이 세 가지가 복합적으로 결합된 결정체이다.

1. 유산기부의 개념

유산기부란 기부자가 사망하였을 때 유언 또는 이를 문서화한 유증을 통해 기부자의 재산 일부 또는 전부를 비영리단체에 기부하는 것을 말한다. 유산기부는 일종의 계획기부(planned gift)이다. 계획기부란 기부자가 기부할 자산을 어떤 형태로 기부하고, 어떻게 운용하고, 어디에 쓸지에 대해 계획을 세워가는 과정이 필요한 기부형태이다. 계획기부는 일반적으로 기부를 약정하는 시점과 기부금이 이전되는 시점에 차이가 있다.

유산기부를 하려는 개인이나 유산기부를 받는 단체는 유산기부의 원리를 이해하는 것이 필요하다.

유산기부는 먼저 일반적인 '기부'의 개념이 충족되어야 한다. 기부의 사전적 의미는 상대방에게 대가 없이 재산이나 물품을 주는 것을 뜻한다. 이러한 사전적 의미를 넘어서 비영리 섹터에서 기부라는 개념으로 인정되기 위해서는 다음 몇 가지 조건이 필요하다.

첫 번째는 기부금품을 받는 대상자나 대상기관이 기부금품을 주는 자와 가족관계, 친분 등의 개인적 연결고리가 무관한 자(unrelated beneficiaries)여야 한다. 기부는 사인(私人)간의 증여와 구분되는 개념으로 기부가 관계가 있는 자들 간의 재산의 은닉, 편법증여 등 사적인 이익을 위한 방편이 되는 것은 인정받지 못한다는 것을 의미한다.

두 번째는 대가가 없어야 한다. 기부에 대한 대가로 재화나 서비스를 제공해서는 안된다. 기부금품 모집 및 사용에 관한 법률에서는 기부금품을 '반대급부 없이 취득하는 금전이나 물품'으로 명시하고 있다.[1]

세 번째, 기부를 하는 목적이 공공의 이익을 위한 것이어야 한다. 종교, 문화, 예술, 교육, 과학의 발전, 사회복지, 스포츠, 인권, 의료, 환경 등 공공의 이익의 범위는 다양하고 포괄적일 수 있으나 그 명분이 공공의 이익을 빙자한 사익을 추구하는 것이 되어서는 기부로 인정될 수 없다.

네 번째 조건은 기부처의 대상이 공익목적의 조직이어야 한다. 그런데 '공익적인 목적'의 조직 범위는 점점 확장되고 있다. 공익목적을 실행하는 조직의 전통적인 형태는 비영리조직이다. 비영리조직에는 종교기관, 교육기관, 병원, 사회복지기관, 문화예술단체 등이 포함된다.

과거에는 사단법인이나 재단법인 등의 형태를 갖춘 전통적인 비영리조직이 주류였다면 최근에는 다양한 형태의 공익목적 조직이 진

---

1 [기부금품모집 및 사용에 관한 법률] 제2조(정의) 이 법에서 사용하는 용어의 뜻은 다음과 같다.

1. "기부금품"이란 환영금품, 축하금품, 찬조금품(贊助金品) 등 명칭이 어떠하든 반대급부 없이 취득하는 금전이나 물품을 말한다. 다만, 다음 각 목의 어느 하나에 해당하는 것은 제외한다.
   가. 법인, 정당, 사회단체, 종친회(宗親會), 친목단체 등이 정관, 규약 또는 회칙 등에 따라 소속원으로부터 가입금, 일시금, 회비 또는 그 구성원의 공동이익을 위하여 모은 금품
   나. 사찰, 교회, 향교, 그 밖의 종교단체가 그 고유활동에 필요한 경비에 충당하기 위하여 신도(信徒)로부터 모은 금품
   다. 국가, 지방자치단체, 법인, 정당, 사회단체 또는 친목단체 등이 소속원이나 제3자에게 기부할 목적으로 그 소속원으로부터 모은 금품
   라. 학교기성회(學校期成會), 후원회, 장학회 또는 동창회 등이 학교의 설립이나 유지 등에 필요한 경비에 충당하기 위하여 그 구성원으로부터 모은 금품

이 법에서 정한 기부금품에 대한 정의와 이에 해당하지 않는 것은 일반적으로 비영리조직에서 말하는 기부금품의 개념과는 차이가 있다. 이 법에서 정한 정의는 이 법의 적용을 받는 기부금품을 정의한 것으로 보는 것이 타당할 것이다.

화하면서 그 스펙트럼이 확장되고 있다. 기부는 사단법인, 재단법인 형태의 비영리조직에 하는 것이라고 한정하게 되면 최근 필란트로피 트렌드에 따라 확장되고 있는 공익조직의 의미를 포함하지 못하고 기부처의 범위를 축소하게 되는 오류가 발생한다. 〈그림 3-1〉에서 보듯이 이익창출을 목적으로 하는 전통적인 영리조직과 공익적 사명 중심의 전통적인 비영리조직의 양극단 사이에 다양한 형태의 하이브리드 형이 등장하고 있다. 협동조합, 사회적기업, 벤처 필란트로피, 임팩트 금융 등이 그러한 예이다.

비영리조직 중에도 법정기부금단체나 지정기부금단체로 기획재정부에 의해 지정이 된 단체들이 있다. 지정기부금 단체 또는 법정기부금단체에 기부하는 것만 기부로 인정받을 수 있다고 오해하는 경우가 있는데 이 단체에 기부를 하면 기부에 따른 세제혜택을 받을 수 있는 것이지, 이 단체들에 한 기부행위만이 기부인 것은 아니다.

그림 3-1 전통적 비영리조직과 전통적 영리조직 사이의 하이브리드 스펙트럼

전통적 비영리조직 Traditional Non-profit	수입창출활동을 하는 비영리조직 Non-profit With Income-Generating Activities	사회적 기업 Social Enterprise	사회적 책임기업 Socially Responsible Business	사회적 책임(CSR) 실현기업 Corporation Practicing Social Responsibility	전통적 영리조직 Traditional For-profit

- 사명이 동기
- 이해관계자에 대한 책무성
- 사회적 프로그램이나 운영비에 수익 재투자

- 수익창출이 동기
- 주주에 대한 책무성
- 주주에 수익 재배분

출처: Kim Alter(2007)[2]

2 Alter, K. (2007). Social enterprise typology. Virtue ventures LLC, 12(1), 1-124.

2. 유산기부의 특성

유산기부의 구체적인 특성을 살펴보자.

첫째, 유산기부는 죽음을 전제로 한다. 죽음은 인간의 가장 근원적 두려움이다. 유산기부는 개인이 죽음을 언젠가 직면하게 될 것임을 인정하고 삶의 유한성이라는 숙명을 영원한 가치와 연결하는 행위이다. 유산기부는 누구도 피할 수 없는 죽음 이후의 시간에 대해 특별한 의미를 부여하는 유의미성을 지닌다.

유산기부의 두 번째 특성은 시간상의 유보성이다. 기부를 약정하는 시점과 실제 기부금이 기부 받는 단체로 이전되는 시점에는 시간상 간격이 있다. 이 시간상의 유보성으로 인해 거짓서약자(lying pledger)의 문제가 발생한다. 유산기부는 일반적으로 유서를 전제로 서약되고 이행된다. 유언대용신탁과 공익신탁 등의 형태가 있으나 가장 일반적인 유산기부 형태는 유언장에 기부의사를 남기는 것이다. 유언장은 언제든지 새로 쓸 수 있고, 새로 쓰면 이전의 유언장의 내용은 무효가 된다. 이런 특성으로 인해 유산기부를 거짓으로 서약하고 지키지 않는 거짓서약자의 문제가 발생할 수 있다. 이 문제를 예방하기 위해 단체들이 유산기부자 클럽을 운영하면서 기부자의 충성도를 높이고 관계를 더 발전시키는 전략을 활용한다.

셋째, 유산기부는 계획기부의 특성이 강하다. 유언대용신탁이나 공익신탁을 설정하거나 재단을 직접 세우고 유산을 기부하는 경우 등이 계획기부에 해당한다. 계획기부는 상당히 장시간에 걸쳐 기부자산과 기부형태를 정하는 일련의 계획과정을 거치게 되는데 이는 일반기부보다 복잡하다. 이 때문에 기부자의 이타심, 동정심에 기반한 기부결정 이상의 전문적 체계성을 필요로 하고 있다. 따라서, 유산기부를 실행하려면 변호사, 세무사, 재정컨설턴트, 필란트로피 자문가 등 전문가의 조언이 필요하게 된다.

3. 유산기부자의 유형

어떤 사람들이 유산기부를 결정하게 되는 것일까? 유산기부자의 유형은 크게 기부자성장형, 가치전환형, 가족전통형, 코치형, 문제해결형 등 5가지로 구분할 수 있다.

기부자성장형은 소액기부자가 라이프사이클에 따라 성장하고 최종적으로 유산기부를 결정하는 유형이다. 기부자가 이벤트에 참여한 일회성 기부자나 정기소액기부자에서 시작하여 중액기부자, 고액기부자로 성장하고 마지막에는 유산기부자로 성장하는 일련의 과정을 거치는 것으로, 이는 가장 이상적인 유산기부자 유형이다. 그러나 아직 국내에서는 이러한 성장과정을 거쳐 유산기부자로 진입하는 경우는 많지 않다. 한 단체에 소액으로 매월 기부를 하는 것에서 시작해 중액기부, 고액기부로 이어지고 유산기부까지 결정하는 국내사례는 있기는 하나 자주 발생하는 것은 아니다. 이는 아직 단체들이 장기간 시간과 노력을 들여 기부자 성장에 집중할 여력이 없기도 하고, 유산기부 프로그램을 갖추고 있는 단체도 적기 때문이다. 국내의 고액기부자는 소액에서 출발하는 것보다 자산을 이미 보유한 상태에서 기부를 결정하면서 바로 고액기부로 진입하는 경우가 많아 보인다. 고액기부자가 유산기부자로 성장하는 사례는 고액기부자 클럽을 운영하고 있는 단체에서 주력하고 있는 전략이며, 이 역시 국내에서 없지는 않으나 아직 활발하지는 않다.

그림 3-2 기부자의 성장 단계

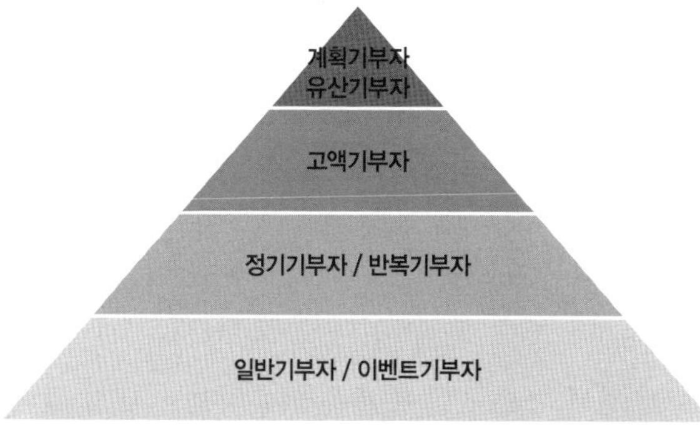

출처: Greenfield(1999)[3]

두 번째 유형인 가치전환형은 인생에서 사랑하는 가족의 죽음, 건강의 상실 등 심리적으로 크게 충격을 받은 경험을 통해 인생의 가치를 새롭게 전환하며 기부를 하게 되는 유형이다. 이들은 과거에 기부를 생각해 본 적은 있으나 크게 실천할 기회를 찾지 못했거나 기부에 관심이 크게 없었던 차에 인생에 충격적인 사건을 겪으면서 과거에 품은 생각을 환기하게 되거나 새로운 가치를 자각하게 되고 실천하게 되는 유형이다. 외상경험이 회복되면 한층 세상과 사물을 바라보는 눈이 성숙하게 된다. 고통을 통해 본인이 기존에 가지고 있던 한계를 넘어서는 경험을 하게 되는 것이다.

이들은 기부자성장형과 달리 평소에 기부를 해온 경험이 풍부하지는 않으나 기부금액은 상당히 고액인 경우가 많다. 이 유형은 기부를 할 뿐만 아니라 생애를 바쳐 그 분야에서 활동하고 사회에 문제를

3 Greenfield, J. M. (1999). Fund Raising: Evaluating and Managing the Fund Development Process (AFP/Wiley Fund Development Series). John Wiley & Sons.

해결하는 방식을 만들어내고 알리는 데 헌신적으로 일하기도 한다. 故 전태일 열사의 어머니, 故 김용균 씨의 어머니, 푸르메 재단의 설립자 백경학 이사 부부, 어린이안전재단 고 석 이사장 등이 그러한 경우이다.

세 번째 유형은 기부가 가족의 전통인 경우이다. 우리나라보다는 미국에서 필란트로피를 가족의 전통으로 내세우고 대대로 실천하는 경우를 더 자주 볼 수 있다. 부모가 세운 개인재단(private foundation)에 자녀와 손주들이 계속 기부하는 형태가 많다. 미국에서 만난 한 대학교수는 지역재단에 기부자조언기금(Donor-Advised Fund)를 설치하고 매년 기부금을 어디에 쓸지 정하는 시기가 되면 가족들이 다 모여 의논해서 정한다고 했다. 자손들이 어릴 때부터 필란트로피 의사결정에 참여하게 하여 가정에 필란트로피 전통을 대대로 남기고 싶기 때문이라고 한다.

국내에서는 한국 전쟁 후 세대들은 먹고 살기 바빠서 가정에서 필란트로피를 공유하는 경험을 전통으로 세우기 어려웠다. 그러나 가난한 시절을 이겨내고, 경제수준이 높아지면서 필란트로피를 가족의 전통으로 세우려는 시도를 하는 가정이 늘고 있다.

네 번째 유형은 좋은 필란트로피 코치를 만나 영향을 받고 기부하게 되는 유형이다. 이 코치는 존경하는 사회적 인물이 될 수도 있고, 평생 관계를 이어온 비영리조직 대표가 될 수도 있다. 사업을 하면서 알게 된 존경하는 사회의 선배일 수도, 다니는 교회의 목사일 수도 있다. 전문적으로 기부를 상담해주는 전문가를 만나는 경우도 여기에 포함된다.

이런 사람들이 기부를 실천하거나 권하는 모습을 가까이서 보게 됨으로써 직간접적으로 영향을 받고 기부를 결정하게 된다. 기부를 하지 않는 이유 중에 세 번째로 큰 이유로 꼽히는 것이 요청받지 않았기 때문이다. 역으로 보면 기부를 하게 된 이유 중에 하나는 요청을 받았기 때문이기도 하다. 이러한 필란트로피 코치를 만나 영향을 받고 가슴이 뜨거워지는 경험을 하게 되고 직간접으로 요청을 받게 되면서 기부를 실행하게 되는 경우이다.

마지막 유형은 기부를 통해 문제를 해결하려는 유형이다. 모든 기부자들이 100% 이타적인 생각만을 가지고 기부하는 것은 아니다. 복잡한 가정사, 가족구성원들 간의 갈등, 해결하기 어려운 권리관계, 지역사회 갈등, 관리여력이 없는 재산을 보유하고 있는 경우 등 다양한 문제와 갈등이 재산과 얽혀 있을 수 있다. 문제해결형은 기부를 통해 좋은 일도 하면서 동시에 이러한 갈등을 회피하거나 해결해보려는 기부자 유형이다.

유산기부를 받는 비영리조직에서는 위 다섯 가지 유산기부자 유형 중 기부를 통해 문제를 해결하려는 유형을 주의해야 한다. 기부자가 내적인 문제해결의도를 밝히지 않으면 비영리조직은 향후 발생할 수 있는 잠재적인 분쟁의 문제를 파악하지 못하고 기부를 받게 될 수도 있다. 상담과정에서 파악하게 된 경우에도 단체에서 해결할 수 있는 능력 밖의 문제인 경우가 많으며, 기부 받으려는 단체에서 노력을 기울여도 실제 기부로 이어질 확률이 낮다.

4. 유산기부와 생전기부

여러분이 한 비영리단체의 유산기부 담당자라고 가정해보자. 60대 잠재기부자 한 명과 관계를 형성하고, 기부 상담을 하는 중이다. 유산기부를 할지, 생전기부를 할지 기부자가 고민하고 있다면 어떤 차이점과 각각의 장점을 설명할 것인가? 유산기부와 생전기부의 차이, 유산기부의 장점, 공통점을 알아보자.

1) 유산기부와 생전기부의 차이

① 생전기부는 기부금이 사용되면서 만들어내는 기부의 결과를 생전에 지켜보고 확인할 수 있는 반면, 유산기부는 그렇지 않다.
② 생전기부는 소액을 매월 기부하는 소액기부부터 고액기부까지 다양하지만 유산기부는 일반적으로 고액인 경우가 많다.
③ 유산기부는 유언장의 공증 비용 등 비용이 발생할 수 있다.
④ 유산기부는 그 절차와 방법이 일반적인 기부보다 복잡할 수 있다.
⑤ 생전기부는 세제혜택을 기부자가 직접 받을 수 있는 반면, 유산기부는 그 방법에 따라 상속자가 세제혜택을 받게 된다.
⑥ 유산기부는 기부를 약속한 것이지 실행된 것은 아니므로 기부를 받는 단체에서 제공하는 기부자 예우에서 생전기부와 차이가 있을 수 있다.
⑦ 유증으로 한 유산기부는 취소할 수 있다.

2) 유산기부의 장점

유산기부는 다음과 같은 장점이 있다.

① 유산기부는 삶을 마감하는 시점에 선한 영향력과 변화의 가능성을 사회에 남기는 것이므로 죽음을 의미 있게 만들 수 있다.
② 살아 있는 동안 생활규모를 줄이거나 돈이 필요해지는 경우

가 발생할 것에 대해 걱정하지 않으면서 기부의사를 지킬 수 있다. 사후에 자산의 기부가 이루어지므로 생애동안 생활수준의 후퇴 등을 염려할 필요가 없다.

③ 가족 구성원들에게 유훈을 남길 수 있고, 가정에 기부라는 전통을 만들 수 있다.

④ 유산기부를 결정하는 과정이 삶을 돌아보는 기회가 된다.

⑤ 유산기부자의 사후에 그 뜻을 알리고 그 가치를 공유할 수 있다.

3) 유산기부와 생전기부의 공통점

① 유산기부는 생전기부와 동일하게 기부처와 기부목적을 심사숙고하여 결정하는 과정을 거치게 된다.

② 기부자가 소중히 여기는 가치에 투자하는 것이다.

③ 기부자의 뜻을 알릴 수 있다.

④ 세제혜택을 받을 수 있다.

5. 유산기부가 어려운 이유

1) 기부자 입장에서 유산기부가 어려운 이유

기부자 입장에서 유산기부는 선뜻 결정하기 어려운 문제이다. 기부자들이 유산기부를 결정하는 데 방해가 되는 것들은 무엇일까?

첫 번째는 본인소유 자산이라도 마음대로 처분하기가 어렵다는 점이다. 배우자, 자녀, 손주 등 자산처분 결정에 영향을 주고받는 이해관계자들이 여러 명이 있다. 유산기부를 하고 싶으나 가족의 동의를 얻지 못하는 경우, 과감히 기부를 단독으로 결정하기는 쉽지 않다. 특히, 우리나라는 상속인들에게 유류분(遺留分)을 인정하고 있어, 고액기부일수록 상속인들의 유류분 권리를 침해하게 되고 이들이 유류분 반환 소송을 제기할 가능성이 있어 더욱 그러하다. 유류분은 고인(피상속인)의 의사와 무관하게 상속인이 받을 수 있는 최소한의 유산 비율을 말한다.

자산의 형성 과정이 자신이 일군 것이 아닌 경우도 처분을 결정하기가 상당히 어렵다. 자수성가한 사람이 유산을 물려받은 사람보다 평균적으로 기부에 더 관대하다.[4] 자수성가한 경우가 아니라 상속으로 자산가가 된 부류들은 자산을 잘 유지, 관리하고 대물림 해줘야 한다는 의무감이 강하기 때문에 자산의 감소를 가져오는 기부를 선뜻 결정하기 어렵다. 또한 우리나라에서는 상속을 노후보장 모델로 접근하는 경우가 많다. 이런 문화에서는 상속과 유산기부에 관한 문제발생의 소지가 많다.

두 번째로 유산기부 결정을 어렵게 하는 요인은 유산기부는 속성 상 개인의 인생에 대한 전반적인 정리가 선행되어야 한다는 점이다. 유산기부는 표면적으로는 자산을 처분하는 행위이나 실제 본인의 인생과 쌓아온 인간관계와 재산, 가치 우선순위를 총망라해서 정리하는 과정이기도 하다. 인생을 돌이켜 보며 과거에 대한 생각을 정리하고 가치를 반영하여 최종의사결정을 내리는 데까지 상당한 시간과 숙고를 요구한다. 때로는 자신의 과거를 돌아보는 과정, 관계에 대해 정의 내리는 과정이 매우 고통스럽기까지 하다. 이 과정을 직면하

---

4 Acs, Z. (2013). Why philanthropy matters: How the wealthy give, and what it means for our economic well-being. Princeton University Press.

는 용기와 수고, 인내가 필요한 것이 유산기부이다. 역으로 생각하면 유산기부자들이 이러한 과정을 거친다면 삶의 정리라는 큰 숙제를 마친 것이 된다. 많은 이들이 이런 단계를 거치지 못하고 준비 없이 죽음을 맞게 된다. 이에 비하면 유산기부는 시간이 걸리고 수고스럽지만 그 과정을 통해 삶을 정리하고 죽음을 준비하는 의미 있는 시간을 가질 수 있다.

세 번째, 유산기부는 절차가 복잡하다. 유언장을 공증해야 하는 등 절차가 필요하고 공증사무소에 비용을 지불해야 하는 등 비용이 수반된다. 유언장을 작성하는 방식으로 유산을 정리하는 사례가 드문 우리 사회에서는 유산기부 절차는 더욱 복잡하게 받아들여진다.

비현금성 자산을 기부하려면 유산기부 절차는 더 복잡하다. 2019 한국부자보고서에 따르면 한국에서 금융자산 10억 원 이상을 보유한 자산가들의 총자산은 부동산자산 53.7%와 금융자산 39.9%로 구성되어 있다. 부동산 자산 비중은 지속적으로 50% 이상을 유지하는 반면, 금융자산 비중은 2019년에는 다소 낮아졌다. 부동산 자산

그림 3-3 한국 부자의 총자산 구성비 추이 (단위: %)

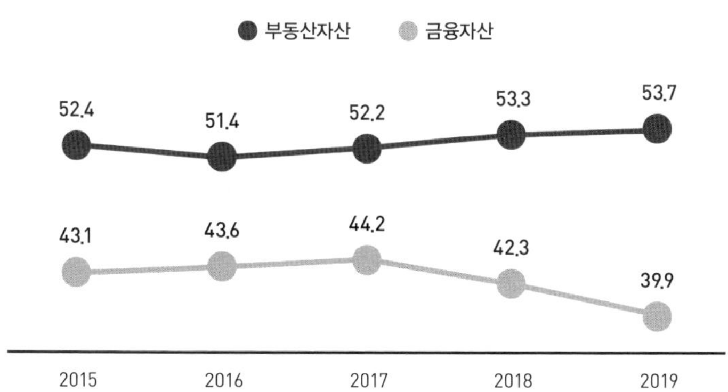

주) 기타 포함 100%. 기타는 그래프에서 제외, 중간값 기준
출처: KB금융그룹(2020)

을 살펴보면, 전체 자산가의 56.3%가 거주 외 주택을 보유하고 있고, 전체 자산가의 45.0%가 빌딩/상가를, 31.8%가 토지/임야를 보유하고 있다. 금융자산은 보험, 예적금, 펀드, 주식 순으로 비중을 차지한다.[5] 비교적 이전절차가 간소한 금융자산보다 부동산 기부는 권리관계 등 검토할 것이 많으며, 감정비용, 이전비용 등 수반되는 비용도 발생한다.

결국 유산기부를 어렵게 만드는 위 세 가지는 유산기부를 하기 위해서는 건강한 가족관계에 기반한 가족의 동의와 존중, 체계적인 절차, 전인적인 죽음에 대한 준비와 지원 등 여러 선결과제가 필요하다는 것을 보여준다.

네 번째, 기부자 입장에서 유산기부를 꺼리게 되는 이유는 비영리기관에 대한 불신 때문이다. 기부를 꺼리게 되는 이유 중 두 번째로 큰 이유가 비영리기관을 믿지 못하겠다는 점인데 유산기부에도 마찬가지로 적용된다. 특히, 사후에는 비영리조직이 기부금을 마음대로 쓰더라도 막을 방법이 없다고 생각하기 때문에 유산기부를 꺼리게 된다.

안타깝게도 기부단체를 신뢰할 수 없다는 반응은 점점 늘고 있다. 2017년 통계청 사회조사에 따르면 기부하지 않는다는 응답자 73.3% 중에 기부 단체 등을 신뢰할 수 없어서 기부하지 않는다는 비율이 8.9%였는데 2019년 같은 조사에서는 14.9%로 2년 전보다 6.0% 증가하였다.

다섯째 이유는 통계상 가장 많은 사람이 꼽은 기부하지 않는 이유와 일맥상통한다. 기부할 돈이 없다. 즉, 기부할 만큼 경제적 여유가 없다는 것이다. 우리나라 기부문화는 미국과 자주 비교된다. 2018년

5 KB금융그룹. (2020). 2019 한국 부자보고서.

기준 미국의 1인당 국민총소득(GNI)은 63,690 PPP(구매력평가지수)달러이고, 한국의 1인당 국민총소득은 40,090 PPP달러이다.[6] 이는 미국의 1인당 평균소득의 62.9%에 해당하는 수준이다. 생활비 물가수준을 비교해보면 한국 서울과 미국 뉴욕의 생활비물가지수는 전 세계 133개 도시에서 공동 7위이다.[7] 한국인이 미국인보다 더 적은 수입으로 물가는 비슷하게 비싼 환경에 살고 있다고 보면 된다. 그러니, 기부 참여율만을 놓고 미국과 비교해 한국이 기부 후진국인 것처럼 해석하는 것은 적절하지 않다.

노후 안전망이 약하기 때문에 유산기부할 여력이 없는 것도 마찬가지의 경제적 이유이다. 통계청의 2017 생명표에 따르면 우리나라 남자의 기대수명은 79.7세이고 여자의 기대수명은 85.7세이며 남녀평균은 82.7세로 조사되었다. 지난 10년간 평균 기대 수명은 약3.1세 늘었고, 100세 인생이라는 말이 실현되는 것이 먼 미래의 일이 아니다. 기대수명은 늘고 고령화사회가 되면서 노후 비용은 점점 늘고 있으나 노후 안전망이 부족한 현실은 중소규모의 유산기부자들이 확대되지 못하는 이유이다.

한국인의 강한 국가중심주의도 기부문화와 유산기부가 활발하지 못한 이유이다. 한국은 모든 영역에서 정부가 견인차가 되어 일사불란하게 문제를 해결해 가야 한다는 국가중심주의가 강하다. 시민사회 영역이 형성되고 있지만 국가중심주의가 강해 시민단체가 늘어난 데 비해 시민의 참여는 저조한 편이다.[8] 시민들이 자발적인 봉사와

---

6 https://data.worldbank.org/indicator/NY.GNP.PCAP.PP.CD

7 2019년 이코노미스트 인텔리전스 유닛(EIU)에서 전 세계 133개 도시의 생활비 지수를 조사한 정보이다. 싱가포르, 프랑스 파리, 중국 홍콩이 공동 1위이다.

8 정수복. (2012). 한국인의 문화적 문법. 생각의 나무.

기부를 통해 사회의 문제를 해결하려는 인식보다 정부가 예산으로 문제를 해결해야 한다는 인식이 강하기 때문에 시민들이 자발적으로 조직을 결성하고 시간과 돈을 내가며 사회 문제 해결을 위해 일하는 비영리조직에 기부를 하려는 생각은 약해질 수밖에 없다. '이 문제는 내가 기부하고 봉사해서 해결할 것이 아니고 정부가 예산으로 해결해야 할 것이 아닌가'하는 한국인의 국가중심주의적 사고는 시민사회에서 유산기부가 활발하게 되지 못하는 이유 중 하나이다.

이 외에도 고액자산가들은 기부로 인해 발생하는 불편함에 대한 우려가 있는데 이도 유산기부를 어렵게 만드는 이유이다. 기부를 하면 자산 규모 및 개인정보가 노출될 수 있고 세무조사를 받을 수도 있다는 우려, 가족과 친인척과의 관계가 소원해지거나 불편해질 것에 대한 우려, 정작 본인은 실천하지 않으면서 부자나 유명인에게는 높은 기부수준을 요구하는 대중의 이중적 잣대를 감당해야 하는 부담, 이 단체 저 단체에서 원치 않는 기부요청이 계속될 것이라는 우려들이 그것들이다.[9]

2) 비영리조직이 유산기부 프로그램을 하지 못하는 이유

기부자들만 유산기부가 어려운 것이 아니라 비영리조직 입장에서도 유산기부를 선뜻 받지 못한다. 대부분의 비영리조직이 아직 한 건도 유산기부를 받은 경험이 없거나 유산기부 프로그램을 도입하는 데 적극적이지 않다. 그 이유는 무엇일까?

첫 번째는 유산기부의 취소 가능한 속성에 근거한다. 가장 대표

9 사회복지공동모금회. (2015). 초고액기부 전략수립연구.

적인 유산기부 방법인 유언장은 언제든지 새로 작성하면 이전 유언장은 취소가 된다. 기부자가 거짓 의도를 가지고 작성하거나 취소하는 것을 막기 어렵다면 굳이 이런 위험한 기부에 노력을 들일 필요성을 비영리조직에서는 느낀다. 따라서, 비영리조직에서는 바로 받는 기부 프로그램에 비해 상대적으로 덜 우선순위를 낮추게 된다. 한정된 예산과 인력을 가진 비영리조직 입장에서는 오히려 생전기부 프로그램에 더 노력을 기울이는 것이 효과적이라고 선택할 수 있는 것이다.

두 번째 이유는 상속자들이 유류분 반환 소송을 제기할 수 있다는 점이다. 유류분 반환 소송이 제기되면 비영리조직은 범죄에 연루된 것도 아니고, 비윤리적인 행위를 한 것도 아니지만, 소송의 대상이 되는 것만으로도 상당히 부담스럽다. 소규모 비영리조직은 소송에 대응할 인력도 없고, 소요되는 비용도 감당하기 어렵다. 부동산을 기부받았는데 유류분을 현금으로 반환해야 할 경우에는 거액의 현금을 융통하기 어려운 경우도 있다.

세 번째로 비영리조직에서 아직까지 유산기부 프로그램을 활발하게 하지 못한 이유는 유산기부는 전문가들의 협력이 필요한 분야라는 점이다. 변호사, 회계사, 자산관리사, 모금담당자 등 관련 분야 전문가이면서도 비영리조직에 대한 이해를 가지고 있고 유산기부에 대한 경험도 있는 전문가 그룹이 협력체제로 비영리조직과 함께 기부자 별로 각기 다른 사안을 다루며 협력할 수 있어야 하는데 이러한 구조를 작은 비영리단체로서는 갖추기가 쉽지 않다.

네 번째 어려움은 한국의 비영리조직의 모금 성숙도 단계에 비추어 설명할 수 있다. 기부 프로그램은 소액기부, 고액기부, 캐피탈 캠페인, 유산기부 이렇게 크게 4종류로 분류할 수 있다. 이 중 유산기부는 비영리조직이 10년이상 소액기부와 고액기부 프로그램에 매진하고 모금프로그램이 어느 정도 성숙하였을 때 접하게 되는 프로그램이다.

아직 소액기부와 고액기부에 집중해야 하거나 캐피탈 캠페인 경험이 없는 낮은 모금성숙도 단계에 있는 많은 비영리조직에서 유산기부 의사를 가진 자를 만나게 되더라도 이를 처리할 수 있는 능력이 부족하다. 유산기부를 활발한 기부 프로그램으로 정비하려면 상당한 시간과 모금 성숙도가 필요하다.

마지막으로 비영리조직에서 유산기부 프로그램을 활발하게 운영하지 못하는 이유는 유산기부는 기부자의 죽음을 전제로 하고 있다는 점이다. 자녀조차 본인의 부모에게 사후 어떻게 상속해줄 것인지에 대해 대화하기가 어려운 것처럼 비영리조직도 상대방이 먼저 유산기부 의사를 밝히지 않는다면 먼저 화제로 꺼내 요청하기가 쉽지 않다.

그림 3-4 모금 성숙도 5단계

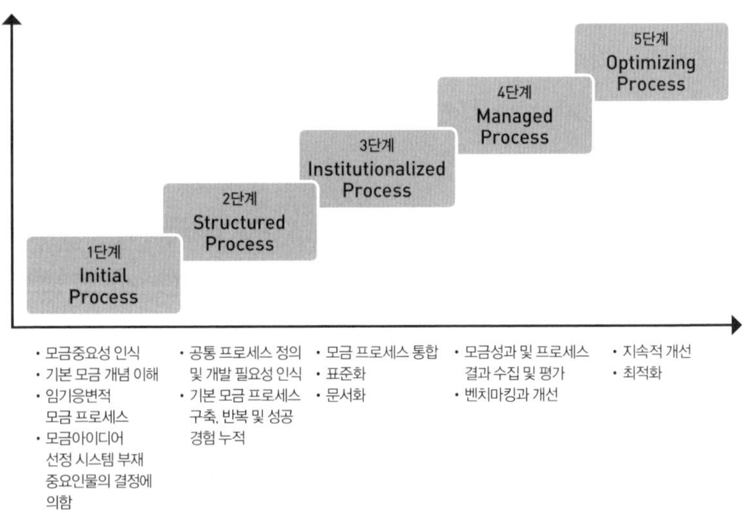

재구성: OPM3(2008)[10]

10 OPM3(2008), Organizational Project Management Maturity Model, Project Management Institute, Newtown Saure, PA.

이렇게 기부자 입장에서도, 비영리조직 입장에서도 유산기부가 접근하기 쉽지 않은 기부 프로그램이므로 확산되는 것을 기대하기 어려울까? 위에서 기술한 어려운 점이 있는 것은 사실이나 기부자와 비영리조직이 유산기부의 장점과 특성을 이해한다면 앞에서 기술한 장벽들은 충분히 낮아질 수 있다.

6. 국내유산기부 현황

국내유산기부 의향은 통계청 사회조사, 사회복지학계에서 생산한 논문, 나눔국민운동본부 설문, 아름다운재단의 기빙코리아 조사, 사회복지공동모금회 조사 등에서 발표된 결과를 참고할 수 있다. 이 중에서도 유산기부 의향에 관한 질문을 매년 하는 정기조사는 없어서 시계열로 기부의향의 결과의 추이를 매년 비교하기는 어려운 점이 있다.

통계청 사회조사에 따르면 기부경험이 있는 사람은 2011년 36.4%, 2013년 34.6%, 2015년 29.9%, 2017년 26.7%, 2019년 25.6%로 점점 줄어드는 추세이다. 향후 기부의향도 유사한 흐름을 보인다. 2011년 45.8%, 2013년 48.4%, 2015년 45.2%, 2017년 41.2%, 2019년 39.9%로 줄어들고 있다. 유산기부의향도 다르지 않다. 2011년 37.3%, 2013년 35.9%, 2015년 조사에서 34.5%가 유산기부 의사가 있다고 응답한 반면, 2019년 조사에는 26.7%로 7.8%가 줄어들었다.[11]

11 기부의사에 관해 시행되는 가장 규모가 큰 국내조사는 통계청 사회조사이고, 기부 경험, 향후 기부 의향을 묻는 조사는 격년마다 조사되고 있으나, 2015년 이후 유산기부 의사는 4년

그림 3-5 기부경험, 기부의향, 유산기부의향 추이(2011~2019) (단위: %)

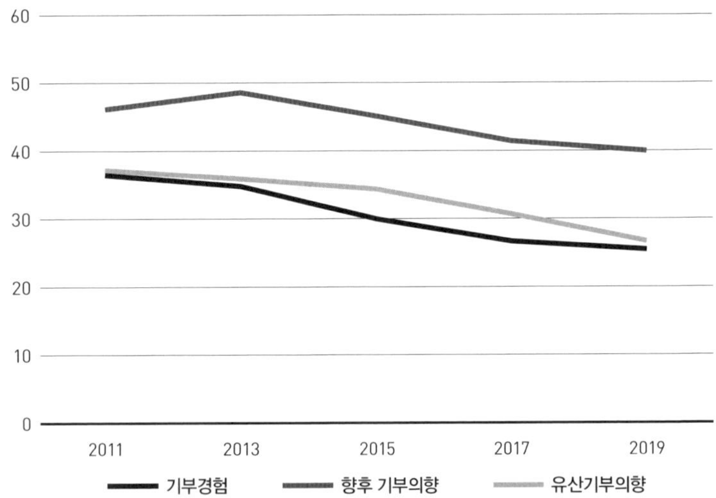

출처: 통계청 사회조사[12]

유산기부를 실행할 수 있는 50대 이상을 대상으로 한 최근 조사 결과도 있다. 한국자선단체협의회에서 2019년에 전국 만50세 이상 남녀 1008명을 대상으로 조사한 유산기부 인식조사에 따르면 유산기부의향이 '있다'고 응답한 비율은 26.3%(많이 있다 7.5%, 어느 정도 있다 18.8%)이다.[13]

주기 조사항목으로 분류되어 2017년 유산기부의향 정보는 없다. 2019년 통계청 사회조사는 전국 약 1만 9천 표본 가구 내 상주하는 만 13세 이상 가구원 약 3만 7천 명을 대상으로 실행되었다.

12 www.kostat.go.kr

13 한국자선단체협의회의는 2019년 전국 50대 이상 1008명을 대상으로 유산기부 인식조사를 시행하였다. 26.3%의 응답자가 유사기부 의사가 있는 것으로 조사되었는데 표본오차 ±3.1%(95% 신뢰수준)이다. 조사결과는 한국자선단체협의회 홈페이지 www. Legacy korea.kr에서 확인할 수 있다.

7. 유산기부에 영향을 미치는 요소

유산기부를 하는 사람들은 어떤 사람들일까? 연령, 교육정도, 혼인상태, 성별, 재산규모 등 인구사회학적 요소들과 유산기부 의향과의 관계를 살펴보자.

1) 연령

고령일수록 유산기부 의사가 더 높을 것 같으나 실제는 그 반대인 것으로 나타났다. 〈표 3-1〉을 보면 연령이 낮을수록 유산기부 의사가 더 높고, 50대 이상으로 갈수록 급격하게 떨어진다. 50대와 60대는 본인이 퇴직을 했거나 퇴직을 앞두고 있는 세대이다. 아래로는 자녀들 교육비가 많이 들고, 자녀 교육을 마친 후에도 결혼비용

표 3-1 연령대별 유산기부 의사

구분	유산기부 의사가 있다(%)	유산기부 의사가 없다(%)	계(%)
13~19세	35.0	65.0	100.0
20~29세	30.6	69.4	100.0
30~39세	28.7	71.3	100.0
40~49세	32.4	67.6	100.0
50~59세	27.7	72.3	100.0
60세 이상	15.5	84.5	100.0
65세 이상	12.7	87.3	100.0

출처: 통계청 사회조사(2019)

등 자녀를 지원하는 데 드는 비용을 감당해야 하는 세대이다. 위로는 노후대책을 마련해 놓지 못한 부모의 생활비와 의료비 등을 부담해야 하는 등 이중 부양의 현실에 처해 있기 때문으로 보인다.

고령으로 갈수록 유산기부 의향이 줄어드는 것은 수명이 점점 길어지고, 생활비와 의료비, 품위유지비 등 노후 비용이 예상보다 많이 드는 것을 자각하게 되며, 이상적으로 생각했던 기부를 실행하기에는 가족의 동의 등 현실적 장벽이 높기 때문으로 보인다.

2) 교육정도

학력은 유산기부에 어떤 영향을 미칠까? 예상대로 학력이 높을수록 유산기부 의향이 높다.[14] 이러한 관계는 미국 유산기부자에게도 유사하게 나타난다.

표 3-2 학력에 따른 유산기부 의사

구분	유산기부 의사가 있다(%)	유산기부 의사가 없다(%)	계(%)
초졸 이하	13.9	86.1	100.0
중졸	21.6	78.4	100.0
고졸	25.6	74.4	100.0
대졸 이상	33.9	66.1	100.0

출처: 통계청 사회조사(2019)

14 전국경제인연합회.(2008) 사회공헌활동에 관한 기업인 및 국민 의식 조사. 전국경제인연합회. 전은경.(2008) 유산기부의향에 영향을 미치는 요인에 관한 연구. 숭실대학교 대학원 석사학위논문.

3) 혼인상태

결혼상태는 유산기부에 영향을 미치는 중요한 요소 중 하나이다. 통계청 사회조사(2019)에 따르면 미혼의 상태인 자가 배우자가 있거나 사별, 이혼의 상태에 있는 자보다 유산기부의사가 더 높은 것으로 나타났다. 이는 아직 미혼일 가능성이 높은 10대와 20대에서 유산기부의사가 높은 것과 관련이 있어 보인다. 기혼인 자는 배우자와 자녀에게도 상속을 해주고자 하는 의사도 작용한다. 한 편, 자발적 비혼자들이 점점 늘고 있고, 여성의 사회경제적 능력이 증대됨에 따라 향후에는 상당한 규모의 자산을 성취한 미혼 여성이 유산기부의 잠재기부자 대상이 될 가능성이 커지고 있다.

표 3-3 혼인상태와 유산기부의사

구분	유산기부 의사가 있다(%)	유산기부 의사가 없다(%)	계(%)
미혼	31.9	68.1	100.0
기혼	26.1	73.9	100.0
사별	12.3	87.7	100.0
이혼	22.8	77.2	100.0

출처: 통계청 사회조사(2019)

미국의 유산기부 의향은 국내 통계청 자료와 유사한 행태를 보인다. 결혼 상태 별 미국세청(IRS) 연방 재산세 신고서에서 추출한 유산기부 데이터를 살펴보면 자선단체에 유산을 남긴 그룹은 미혼인 자가 43.3%를 차지하고 있고, 이는 기혼인 자보다 높다. 사별한 자의 유산기부는 25.4%로 두 번째로 높다. 배우자가 있는 유산기부자는 7.4%

를 차지한다. 이는 미혼 또는 사별한 유산기부자가 전체유산기부자의 68.7%를 차지하는 데 비하면 상대적으로 매우 적은 수치다. 그 이유는 유산의 상당 부분이 배우자에게 상속되기 때문일 것으로 추측할 수 있다. 이 자료에 따르면 배우자가 있는 유산기부자는 배우자에게 자선단체보다 3배 정도 많은 금액을 유산으로 남기는 것으로 나타났다.[15]

유산기부자 중 기혼자의 비율이 낮은 또다른 이유는 기혼자가 유산기부 서약을 취소하는 경우가 미혼이나 배우자와 사별한 자에 비해 많이 발생하기 때문이다. 자녀의 수와 배우자 생존여부는 유산기부 행동에는 부(-)적인 영향을 미친다. 자녀가 2명 늘어날수록 유산기부금액이 6% 하락한다는 연구결과도 있다.[16 17]

그림 3-6 미국 유산기부자의 결혼상태

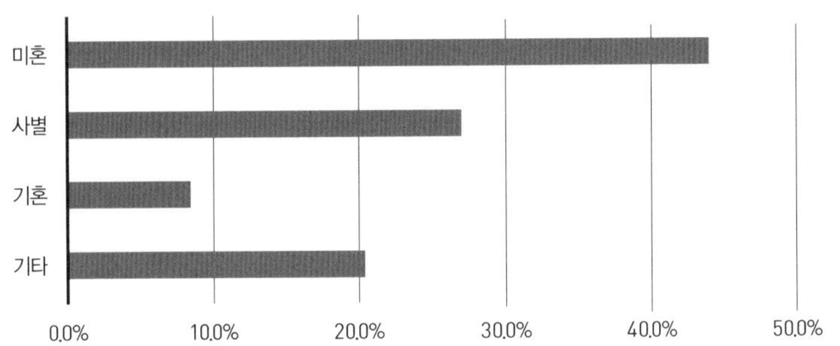

출처: Eller(1996)

15 Eller, M. B. (1996). Compendium of Federal Estate Tax and Personal Wealth Studies chapter 4, Charitable Bequests: Evidence from Federal Estate Tax Returns, IRS.

16 Sargeant, A., & Jay, E. (2003). The efficacy of legacy communications.
Sargeant, A., Hilton, T. & Wymer, W. 2006. "Bequest Motives and Barriers to Giving : The Cest of Direct Mail Donor." Nonprofit Management and Leadership. Vol. 17. No. 1. pp. 49~66.

17 Sargeant, A., Hilton, T., & Wymer, W. (2006). Bequest motives and barriers to giving: The case of direct mail donors. Nonprofit Management and leadership, 17(1), 49-66.

4) 성별

모성이 여성 필란트로피의 원천이라고 하기도 한다. 실제 여성이 남성보다 더 기부의사가 높을까?

성별에 따른 기부의향의 차이는 국내와 미국연구결과에서 차이를 보인다. 해외연구결과들은 여성의 유산기부의향이 남성보다 더 높은 것으로 조사된 결과가 많았으나, 국내에서는 반드시 그런 것은 아니다.[18] 통계청 사회조사(2019) 결과에서도 남녀 각각 유산기부의향 있는 비율은 26.7%로 같게 나왔으며 한국자선단체협의회(2019)의 조사에서는 오히려 남성이 더 높은 것으로 나타났다.

표 3-4 성별에 따른 유산기부의사

구분	유산기부 의사가 있다(%)	유산기부 의사가 없다(%)	계(%)
남성	26.7	73.3	100.0
여성	26.7	73.3	100.0

출처: 통계청 사회조사(2019)

Eller(1996)에 따르면 미국에서는 증여세를 낸 여성 사망자 중 24.3%가 자선 단체에 기부한 반면, 남성은 13.4%에 그친다. 자선 단체에 기부한 여성 유산기부자 24.3% 중에도 남편과 사별한 사람이 대부분이고, 남성 유산기부자는 배우자가 생존해 있는 상태가 많

18 Sargeant, A., Hilton, T. & Wymer, W. (2006). Bequest Motives and Barriers to Giving: The Case of Direct Mail Donors. Nonprofit Management and Leadership, 17(1), pp. 49-66.

다. 결혼상태가 유산기부에 영향을 미치는 당연한 결과이다. 사망자 중 여성 유산기부자가 남성보다 많은 반면, 유산기부 금액을 살펴보면 남성이 51억 달러, 여성이 50억 달러로 남성이 더 크다. 생전기부에 있어서도 여성이 더 자주 기부하는 반면, 남성은 더 평균적으로 더 큰 금액을 기부하는데 유산기부도 마찬가지인 것으로 나타났다. 남성이 평균 888,000달러를 자선단체에 유산기부하고, 여성이 평균 587,900달러를 유산기부 한다. 여성이 본인의 자산 중 29.3%를 기부하는 것으로 남성이 자산의 26.8%를 기부하는 것보다 자산대비 더 많은 비율로 기부하는 것으로 나타났다. 이 자료가 상당히 과거의 정보이기는 하지만 여전히 시사하는 바는 크다.

여성과 남성이 기부하는 목적에도 차이가 있다. 한국자선단체협의회(2019)의 조사에 따르면 국내 여성은 국내복지사업, 환경단체, 국

표 3-5 성별과 기부희망분야

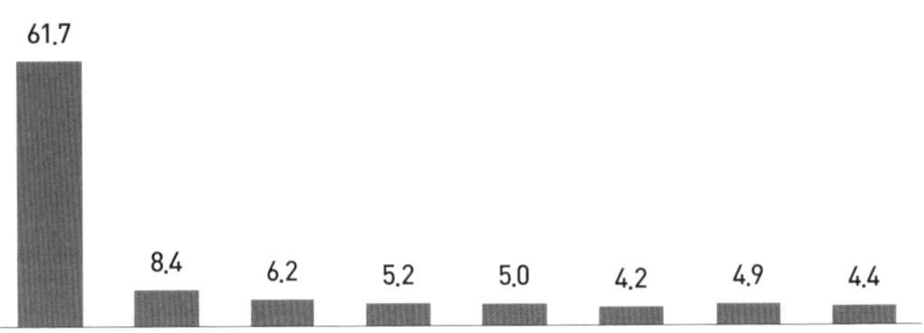

구분		국내복지사업	환경사업	의료사업	국제구호사업	교육사업	종교단체	기타	모름/무응답
전체		**61.7**	**8.4**	**6.2**	**5.2**	**5.0**	**4.2**	**4.9**	**4.4**
성별	남자	61.3	5.6	6.3	4.1	6.9	5.2	8.2	2.4
	여자	62.1	11.3	6.1	6.3	3.0	3.3	1.6	6.4

출처: 한국자선단체협의회(2019)[18]

19 한국자선재단협의회. (2019). 유산기부에 대한 인식조사.

제구호사업, 의료사업, 종교단체, 교육사업 순으로 기부하고 싶다고 밝혔다. 반면, 국내 남성은 국내복지사업, 교육사업, 의료사업, 환경사업, 종교단체, 국제구호사업 순으로 기부의사가 많았다. 남성은 교육과 의료사업에 기부하고 싶은 의사를 국제구호보다 우선순위로 두는 경향이 있는 점이 여성과의 차이점이다.

그림 3-7 성별에 따른 유산기부 분야 (단위: %)

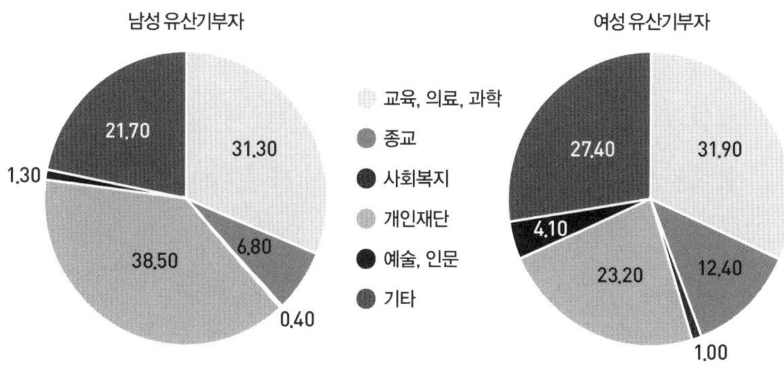

출처: Eller(1996)

미국 유산기부자의 자료를 보면 남성은 사립재단(private foundation)[20]에 가장 많이 기부하고, 교육, 의료, 과학분야가 그 뒤를 잇는다. 여성의 경우는 교육, 의료, 과학 분야가 가장 높고, 기타를 제외하면 그 다음이 사립재단이다. 종교와 예술, 인문 분야에 여성들의

20 미국의 사립재단(private foundation)은 개인이나 가족, 기업 등 단일한 기부자가 출연하여 만든 재단으로 이사회가 기금에 대해 주요의사결정을 한다. 사립재단은 일반적으로 대중으로부터 기부금을 모금하지 않는다. 주로 기금은 비영리단체에 지원금을 주는 형태로 일한다. 이 지원금이 교육, 의료, 사회복지, 환경 등 다양한 분야의 비영리단체에 사용되기 때문에 사실 영역으로 따진다면 사립재단은 〈그림 3-7〉에서 보여주는 다른 분야에 사용되고 있다고 볼 수 있다. 이 점이 인용한 통계자료의 한계로 지적된다.

유산기부 선호도가 남성보다 높은 것으로 보인다. 미국 자료는 상당히 과거의 자료이긴 하나 유산기부를 실행한 남녀를 대상으로 조사하여 유산기부처에 대한 선호가 다른 점을 분명히 보여주고 있다. 국내 자료는 유산기부를 실행한 자가 아니라 유산기부 의향을 가진 자를 대상으로 한 조사라는 점에서 성별 기부선호처에 대한 조사는 더 필요해 보인다.

5) 재산 대비 유산기부 정도

재산 중 어느 정도 비율을 유산기부로 남기게 될까?

한국자선단체협의회의 조사(2019)에서 가장 많이 차지하는 유산기부 비율은 재산의 10~19%이다. 이 그룹은 응답자의 17.1%를 차지한다. 두 번째 그룹은 재산의 50~59%를 기부하겠다는 그룹인데, 응답자의 15.4%를 차지한다. 세 번째 그룹은 30~39%를 기부하겠다는

그림 3-8 재산대비 유산기부 정도 (N=265, %)

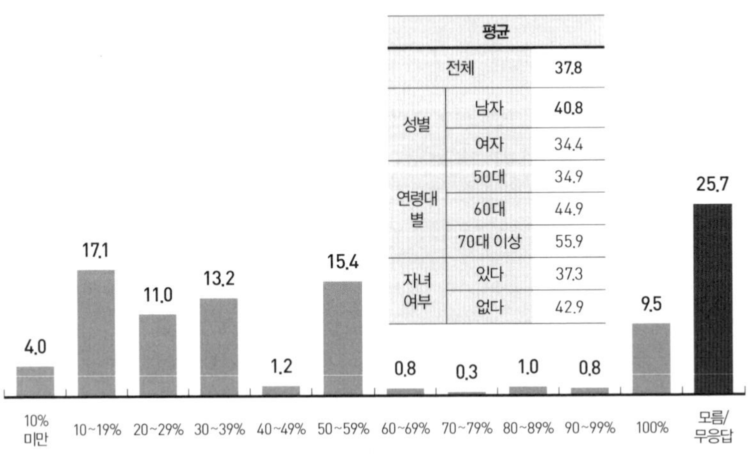

출처: 한국자선단체협의회(2019)

그룹으로 응답자의 13.2%를 차지한다. 연령대가 높아지거나 자녀가 없는 경우, 재산대비 유산기부의 비율은 높아지는 경향을 보인다. 남성은 재산의 40.8%를 기부하겠다고 하고, 여성은 34.4%를 기부하겠다고 하니, 남성이 재산대비 기부하려는 정도가 기부의사면에서 더 높은 편이다.

미국은 어떤지 살펴보자. 2007년도 미국세청(IRS) 자료에 따르면, 2007년도에 사망한 자의 자산을 살펴보면 총건수 중 19.4%, 총금액 중 12.7%가 유산기부로 이어졌다. 재산에서 차지하는 유산기부 금액과 건수를 보면 재산의 규모가 커질 수록 그 비중도 커졌다.

단순비교는 어렵지만 한국에서 실시한 조사에서 평균 37.8%의 자산을 유산기부 하겠다는 것은 미국 사례에 비해 상당히 높은 비중으로 보인다. 미국의 자료는 실제 유산기부를 실행한 자를 대상으로 한 통계이고, 한국의 자료는 유산기부의향이 있는 자를 대상으로 한 통계라는 차이 때문으로 보인다.

표 3-6 미국유산기부자 재산규모 대비 유산기부 비중(2007) (단위: 1천 달러)

총재산 규모	총재산 건수	유산기부 건수	건수 대비 유산기부비율	총재산 규모	유산기부 금액	총재산 대비 유산기부비율
2백만~3.5백만 달러	20,893	3,215	15.4%	53,918,068	1,764,189	3.3%
3.5백만~5백만 달러	6,638	1,346	20.3%	27,431,042	1,290,325	4.7%
5백만~1천만 달러	5,868	1,452	24.7%	39,876,382	2,475,771	6.2%
1천만~2천만 달러	2,116	644	30.4%	28,916,919	2,130,768	7.4%
2천만 달러 이상	1,192	477	40.0%	74,698,710	20,882,976	28.0%
계	36,707	7,134	19.4%	224,841,121	28,544,032	12.7%

출처: www.irs.org

유산기부를 하기로 의사결정 하는 데 성별, 연령, 교육정도, 재산 등 인구사회학적 요소 외에 어떤 요인들이 영향을 미치게 될까? 정치적으로 진보성향을 가진 경우나 자선적, 종교적 기부 경험이나 기부 교육 경험이 있는 사람일수록 유산기부 의향이 높다고 한다.[21] 이 외에 유산기부 의향에 영향을 미치는 요인을 살펴보자.

6) 가족과 롤모델의 필란트로피를 본 경험

재산이 많이 있는 자산가라고 해서 다 유산기부를 하는 것은 아니다. 부모가 기부와 봉사를 꾸준히 하는 모습을 봐 왔거나 사회에서 알게 된 롤모델이 필란트로피를 실천하는 과정을 옆에서 보게 되면 결국 본인도 기부를 하게 되는 경우가 많다.

필란트로피가 가정의 전통으로 자리잡은 경우가 대표적이다. 부모가 사랑의 열매의 아너 소사이어티에 가입한 후, 자녀가 가입하는 경우도 있다. 어머니가 걸인들이 보일 때마다 툇마루에서 밥을 먹이던 모습을 보며 성장한 자녀는 노숙자들을 위해 매월 기부를 잊지 않고 하고 유언장에 얼마간의 기부금을 노숙자를 돌보는 단체를 지정해 적어 놓는다. 한 중소기업 대표는 사회적으로 도움을 많이 받고 존경하던 지역기업인이 지역재단에 장학금을 기부하는 모습을 보고, 본인도 유산기부에 동참하기로 한 경우도 있다. 개인의 단독 결정 같이 보이는 기부도 그 배경을 알아보면 필란트로피 결정에 영향을 미친 인물들이 있다.

21 박소현, 편창훈, 최영훈. (2012). 유산기부 의향에 대한 영향요인탐색. 한국사회복지조사연구, 32, 109-139.

7) 유산기부 후 주변의 지지

유산기부를 결정하는 데 주변의 정신적, 물질적 지지는 매우 중요하다. 배우자의 동의, 자녀의 수용의사, 지인들의 긍정적인 반응 등 주변의 긍정적인 지지가 가능할 때 유산기부의 뜻이 실천까지 이어지게 된다. 본인이 유산기부를 고려하더라도 가족, 친지, 지인들의 긍정적인 지지를 받지 못하면 실행까지 이어지지 못하는 경우가 많다.

8) 신뢰하고 있는 이의 권유

유산기부가 확산되기 위해서는 공중이 유산기부에 대해 인식하도록 알리는 공중을 대상으로 한 캠페인과 유산기부에 대해 관심이 잠재되어 있는 자들이 관심을 드러내게 하고 실행으로 옮길 수 있게 개인을 돕는 두 가지 전략이 다 필요하다.

잠재되어 있는 유산기부 의사는 외부의 권유와 요청이라는 계기를 통해 싹을 틔운다. 장기간 인간관계를 맺고 있는 자, 지역사회서비스 제공기관의 종사자 등 신뢰하고 있는 인적자원의 요청이나 권유가 있는 경우가 많다.

이 외에도 상속세와 유산세의 폐지는 재산상속을 늘리고 유산기부의 감소를 초래할 것이며, 상속세와 유산세 세율이 높고 유산기부에 따른 혜택이 많은 경우 유산기부 의향을 증가시킬 것이라는 연구도 있다.[22] 기부금을 관리하는 기관에 대한 신뢰도, 자금관리의 투

22 Bakija, J. M., Gale, W. G., & Slemrod, J. B. (2003). Charitable bequests and taxes on inheritances and estates: Aggregate evidence from across states and time. American

명성이 기부자 예우나 보상보다 더 유산기부 의향에 유의한 영향을 미친다는 연구도 있다.[23]

Economic Review, 93(2), 366-370.

23 Sargeant, A., Wymer, W., & Hilton, T. (2006). Marketing bequest club membership: An exploratory study of legacy pledgers. Nonprofit and Voluntary Sector Quarterly, 35(3), 384-404.

유산기부의 방법

유산기부를 하는 방법은 유언장을 남기는 방법, 보험 수익자를 지정하는 방법, 유언대용신탁, 공익신탁, 기부자 조언기금 등이 있다. 아래에서는 각 방법의 개념과 특징을 알아본다.

1. 유언장을 남기는 방법

유산기부를 남기는 가장 일반적인 방법은 유언장을 작성하고 이를 공증하는 방법이다. 유언장은 법정요건주의(法定要件主義)에 따라 유언장의 내용이 진의(眞意)라 하더라도 그 형식이 법에서 정한대로 갖추어지지 않으면 효력이 없다. 민법에서 유언의 방식을 엄격하게 규정하고 있는 것은 유언자의 진의를 명확히 하고 법적 분쟁과 혼란을 예방하기 위해서다.

우리나라에서 법적으로 인정하는 유언의 종류는 자필증서에 의한 유언, 녹음에 의한 유언, 공정증서에 의한 유언, 비밀증서에 의한 유언, 구수증서에 의한 유언이다. 이 중에서 가장 일반적인 유언은 자필증서에 의한 유언과 공정증서에 의한 유언이다.

자필증서와 공정증서 유언장이 효력을 갖추기 위한 요건은 다음과 같다.

① 유언서 전문
② 연월일
③ 주소 및 성명 자필 서명
④ 날인

유언을 남기는 자는 유언장의 내용을 자필로 작성해야 한다. 주소 및 성명까지 자필로 서명하고, 동시에 날인까지 해야 한다. 날인이 빠져 기부금을 반환해야 했던 사례를 소개한다.

한 독지가가 숨지기 전에 "전 재산을 연세대에 기부한다"는 자필 유언장과 함께 예금과 채권 등 123억 원을 우리은행에 맡겼지만 유언장에 날인이나 손도장이 없어서 유족들이 소송을 제기했다. 현행 민법과 판례는 유언의 요건을 까다롭게 적용하고 있어 법에서 정한 유언 방식에 따르지 않을 경우, 유언자의 뜻과 유언장의 내용이 일치하더라도 효력이 발생하지 않는다.

[유언무효 확인소송 사례 1]

120억 유산 유족 · 대학 다툼… "날인없는 유언장은 무효", 대법원, 연세대학교 패소 확정

한 사회사업가가 남긴 120억 원대의 유산을 둘러싸고 벌어진 유족과 연세대의 법정싸움에서 유족들이 최종 승소했다.

대법원은 이번 판결에서 유언자의 날인이 없는 유언장은 자필증서에 의한 유언으로서 효력이 없다는 종전 입장을 재확인 했다.
대법원 민사2부(주심 박일환 대법관)는 8일 고 김운초 선생의 동생인 김모(72)씨 등 유족 7명이 우리은행을 상대로 낸 예금반환 청구소송 상고심(2006도25103)에서 독립당사자참가인인 연세대의 상고를 기각하고 "원고들에게 김씨 명의의 예금과 은행이 법원에 맡긴 공탁금 등 123억여원에 대한 출급청구권이 있다"며 원고 승소판결을 내린 원심을 확정했다.
재판부는 판결문에서 "민법 제1065조 내지 제1070조가 유언의 방식을 엄격하게 규정한 것은 유언자의 진의를 명확히 하고 그로 인한 법적 분쟁과 혼란을 예방하기 위한 것이므로, 법정된 요건과 방식에 어긋난 유언은 그것이 유언자의 진정한 의사에 합치하더라도 무효라고 하지 않을 수 없다"며 "민법 제1066조1항이 '자필증서에 의한 유언은 유언자가 그 전문과 연월일, 주소, 성명을 자서하고 날인해야 한다'고 규정하고 있으므로 유언자의 날인이 없는 유언장은 자필증서에 의한 유언으로서의 효력이 없다"고 밝혔다.
재판부는 이어 "자서와는 별도로 유언자의 날인을 요구하고 있는 민법 제1066조 1항이 유언의 자유를 과도하게 제한하는 규정으로서 헌법에 위반된다고 볼 수도 없다"고 덧붙였다.
김씨 등 원고들은 지난 58년 서울 화곡동에 그리스도신학대를 설립하는 등 사회복지에 힘쓰며 평생을 독신으로 살던 고 김운초 선생이 2003년 11월 '전재산을 연세대에 기부한다' 는 유언장을 남긴 채 사망하자 "자필증서에 본인 날인이 빠진 만큼 무효이므로 유산을 돌려달라" 며 우리은행을 상대로 소송을 냈으며, 연세대는 소송 중에 독립당사자참가를 신청해 유족들과 치열한 법정공방을 벌여왔다.

출처: 법률신문 2006.9.14

1) 유언장의 내용

유언장의 내용은 상속에 관한 사항, 유산의 처분에 관한 사항, 신분에 관한 사항, 유언의 집행에 관한 사항이 법정유언사항이다. 이 네 가지에 해당하는 사항 외에 장례에 대한 방식이나 기타 내용을 포함해도 되나 유족이나 상속인에게 강제되는 내용은 아니다.

[서식 예] 자필증서에 의한 유언증서

자필증서에 의한 유언증서

유언자 ○ ○ ○

19○○년 ○월 ○일생

등록기준지 ○○시 ○○구 ○○길 ○○

주소 ○○시 ○○구 ○○길 ○○ (우편번호)

전화 ○○○ – ○○○○

유언사항

1. 나는 다음과 같이 유언한다.

(1) 재산의 사인증여(민법 제562조 계약임, 등기원인은 "증여"가 된다) 또는 유증(민법 제1073조 단독행위임, 등기원인은 "유증"이 된다)에 관하여,
○○시 ○○동 ○○번 대지 ○○㎡는 이를 상속인 중 장남 □□□ (주소: 생년월일:)에게 증여하고,
○○시 ○○동 ○○번 대지 ○○㎡와 동 지상 철근 콘크리트조 슬라브지붕 1층 주택 건평 ○○㎡는 차남 □□□(주소: 생년월일:)에게 증여하고, 이 사인증여(또는 유증)는 나의 사망으로 인하여 효력이 발생한다.

(2) 유언집행자의 지정에 관하여
위 사인 증여계약(또는 유증)의 이행을 위하여 유언집행자로 ◇◇◇ (주소: 생년월일:)를 지정한다.

작성일자 서기 20○○년 ○월 ○일

유언자 성명 ○○○ (인)

출처: 대한법률구조공단

2) 유언장의 공증

유언장의 효력에 대한 분쟁을 예방하기 위해 가장 좋은 방법은 유언장을 공증받는 방법이다. 공증이란 '공증인에 의한 공적인 증명'을 의미한다. 공증은 확정판결을 받아 놓은 것처럼 재판을 거칠 필요

없이 집행할 수 있는 효력이 있다.

유언장을 공증 받은 경우 다음과 같은 장점이 있다.

① 상속자나 유언으로 인해 영향을 받는 이해관계자들로부터 유언장이 위조되었다는 주장이나 분쟁의 소지를 예방할 수 있다.
② 유언장이 분실되는 위험을 예방할 수 있다.
③ 공증하지 않은 경우 유언장을 집행하기 위해 법원의 검인절차를 거쳐야 하는데, 공증은 이 절차가 필요 없어 신속하게 집행할 수 있고, 유언에 따른 수증자가 단독으로 권리를 행사할 수 있다.

대학이나 병원 등 규모를 갖춘 기관들은 실제 유산기부를 받을 때 공증을 원칙으로 하고 있다. 반면, 공증하는 데 시간과 비용이 소요되고 기부자들에게 공증을 요구하는 것이 기부자들이 압박으로 받아들일 수 있다는 우려 때문에 모든 비영리단체들이 유언장을 공증하도록 하는 것은 아니다.

3) 유언장의 공증절차

① 유언자가 증인 2명과 유언집행인을 선임해야 한다. 증인은 미성년자, 금치산자, 한정치산자는 유언능력이 없는 것으로 본다. 유언으로 인해 이익을 받을 자나 그 배우자와 직계혈족은 증인이 될 수 없다. 이 점은 비영리조직이 유산기부를 유언장 공증의 방식으로 받는다면 비영리조직의 직원이 증인이 될 수 없다는 점에서 주의가 필요하다.
② 공증권한을 가지고 있는 법률사무소를 선정한다. 모든 법률

사무소가 변호사 사무소가 공증권한을 가지고 있는 것은 아니므로 공증권한을 가진 법률사무소를 선정한다.

③ 증인의 신원조회를 한다.

④ 유언자, 유언집행인, 증인 2인이 공증사무소에 출석한다.

⑤ 유언자가 증인 2인과 공증담당 변호사 앞에서 유언의 취지를 말하고, 공증권한을 가진 변호사가 필기, 낭독하여 유언자와 증인이 정확함을 승인한 후 유언자와 증인이 각자 서명 또는 기명 날인한다.

그림 3-9 유언공증절차

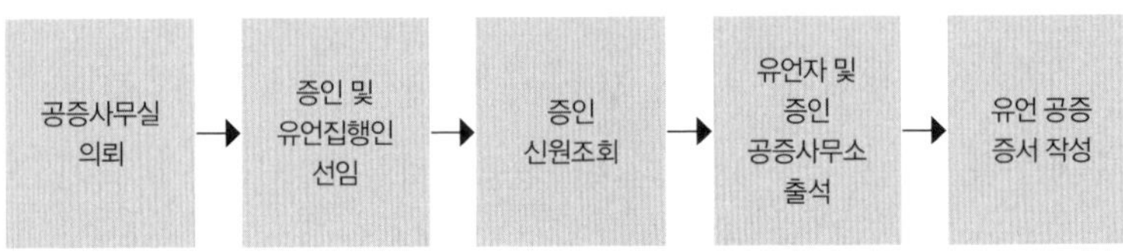

4) 유언장의 효력을 확실히 하기 위한 방법

① 유언의 법정요건을 다 갖추어야 한다. 유언장의 효력을 확실히 하기 위해서는 유언장이 유언서 전문, 연원일, 주소 및 성명 자필 서명, 날인을 다 포함하고 있어야 한다.

② 유언작성자가 정신능력이 있어야 한다. 유언작성자가 정신능력이 있어야 하고, 유언작성자의 능력에 문제가 없어야 한다. 우리나라 민법에서는 17세 미만자의 유언, 유언의사무능력자의 유언, 수증결격자에 대한 유언, 공정증서 유언이라고 작성 당시 유언자에게 정신 능력이 없었을 경우를 무효로 본다.

③ 유언이 강행법규나 선량한 풍속, 기타 사회질서에 위반되는

사항이 없어야 한다. 또한, 법정유언 사항이 아닌 사항을 내용으로 하지 않아야 한다.

④ 유언장은 진의 아닌 내용을 담아도 통정허위표시로 보지 않아 무효가 되지 않는다. 진의 아닌 의사표시로 한 유언도 유효하므로, 유언작성자와 유언의 대상이 되는 자가 쌍방이 진의가 아닌 것을 알았다 하더라도 유언장의 내용은 유효하다.

[유언이 무효가 되는 경우]

①유언서가 작성되었으나, 그 방식에 일부라도 흠이 있거나 누락된 경우는 무효이다.
②17세 미만자, 의사무능력자의 유언, 수증결격자에 대한 유언은 무효이다. 공정증서유언도 작성 당시 유언자가 정신능력이 없을 경우 무효이다.
③유언이 강행법규나 선량한 풍속, 기타 사회질서에 위반되는 사항이나 법정유언 사항이 아닌 사항을 그 내용으로 할 때 무효이다.

[유언무효 확인소송 사례 2]

대법원 "故 허영섭 전 녹십자 회장 유언 유효"

디법원 1부(주심 박병대 대법관)는 고(故) 허영섭 전 녹십자 회장의 장남인 허성수(43) 전 부사장이 "아버지의 유언장은 거짓으로 작성돼 무효"라며 어머니 정모(67)씨 등을 상대로 낸 유언무효확인 청구소송 상고심에서 원고 패소 판결한 원심을 확정했다고 6일 밝혔다.
재판부는 "법리와 기록에 비춰 살펴보면 원심의 판단은 정당하고, 공정증서에 의한 유언에 있어 유언취지의 구수 요건 등에 관한 법리를 오해하는 등의 위법이 있다고 할 수 없다" 며 원고의 상고를 기각했다.
재판부는 "공증인이 사전에 유언자의 의사에 따라 유언을 작성한 뒤 그 서면에 따라 질문하고 이에 대한 유언자의 답변을 통해 진의를 확인할 수 있어 실질적으로 유언을 진술한 것"이라며 "유언자가 유언 취지를 정확히 이해할 의사식별능력이 있고, 유언 자체가 진정한 의사에 기한 것으로 인정할 수 있는 경우에는 유언취지의 구수 요건을 갖췄다고 봐야 한다"고 판시했다.
이어 "유언의 취지를 구수하는 전과정에 증인이 동석해 구수 내용을 듣고 그 취지대로 정확하게 기재된 것을 확인후 서명·날인했다면, 증인들이 사전에 유언의 취지를 전해 듣지 못한 채로 참여했다고 하여 적법요건을 갖추지 못한 것은 아니다"라고 덧붙였다.
앞서 허 회장은 구두로 작성된 유언장을 통해 자신 소유의 녹십자 홀딩스 주식 56만여주 중 30만여주와 녹십자 주식 26만여주 중 20만여주를 녹십자 재단에 기부하고, 나머지 주식 및 그 외 계열사 주식은 아내와 차남, 삼남에게만 물려주겠다는 뜻을 밝혔다.
이에 장남인 허 전 부사장은 "아버지 유언장이 거짓으로 작성됐다"며 어머니 정씨 등을 상대로 소송을 제기했다.
1·2심 재판부는 "유언장의 내용은 허 전 회장의 의사에 따라 작성된 것으로 보여 효력이 인정된다"며 원고 패소 판결한 바 있다.

출처: 뉴시스 2013.1.6

2. 보험금의 수익자를 지정하는 방법

보험기부는 가입자가 사망할 경우, 사망보험금의 전부 또는 일부의 수익자로 비영리단체를 지정해 사망보험금이 지정된 기부처에 사용되도록 하는 방식이다. 2000년대에 종신보험이 유행하면서 '기부보험'이라는 이름으로 주로 대학에서 동문들을 대상으로 시도했던 기부프로그램이다. 보험사에서도 고객이 보험금의 수익자를 자선단체, 대학, 종교단체 등 아예 지정할 수 있도록 하는 상품을 내놓으면서, 이를 보험 마케팅의 전략으로 세워 활용하기도 했다.

지금도 규모가 있는 비영리단체는 보험사와 기부보험 협약을 맺어 특정 단체를 지정할 수 있는 보험상품을 내놓기도 한다. 보험가입시부터 이 단체에 사후에 기부할 총액을 결정하고, 전문설계사와 상담하여 보험의 종류와 납입 보험료를 정하는 방식이다.

상법(제733조 제1항)에서는 보험계약자가 보험수익자를 지정 또는 변경할 권리를 인정하고 있다. 처음부터 기부보험으로 설계된 보험상품을 가입하는 방법 외에도 이미 가입되어 있는 보험상품의 수익자를 비영리조직으로 변경하거나 기존 수익자는 유지하면서 보험금의 비율을 조정하여 추가하는 방식이 가능하다. 보험 가입 이후 수익자를 변경할 때는 피보험자의 동의를 각 보험사에서 요구하는 서면양식을 제출하거나 영업점을 방문하면 된다.

1) 보험기부의 장점

보험기부의 장점은 무엇일까?

첫째, 보험기부는 기부를 위한 별도의 재원을 마련하지 않아도 된다. 일반적으로 기부보험은 비교적 고액의 사망보험금이 있는 종신보험이나 생명보험에 해당한다. 기부보험이라 해서 보험료가 올라가는 것은 아니기 때문에 기부를 위해 별도의 재정을 구분하지 않아도 된다. 납입하는 보험금으로 보장은 보장대로 받고 사후에 사망보험금의 일부, 또는 전부가 기부되므로 생전에 유산기부를 위한 돈을 따로 적립해둘 필요가 없다.

둘째, 유언장 공증 방식보다 간단하고 공증비용이 들지 않는다.

셋째, 수익자를 추가하거나 변경할 수 있다. 수익자를 지정하고, 수익자가 2인 이상일 경우에는 각 수익자가 받을 수 있는 보험금의 비율을 정하면 된다. 예를 들어, 자녀 1인과 모교에 보험금을 50:50의 비율로 지정하는 방식도 가능하다. 수익자를 변경하기 위해서는 피보험자가 본인이 아닌 경우는 피보험자의 동의가 필요하다.

2) 보험기부를 할 때 유의할 점

보험기부를 하려면 어떤 점에 유의해야 할까?

보험가입자가 비영리단체를 보험금 수익자로 지정했다는 사실을 그 비영리단체에 생전에 알리지 않는 경우가 있다. 보험사에서도 계약자 사후에 보험금을 지급하기 위해 비영리단체를 적극적으로 찾아 알리거나, 생전에도 잘 알리지 않는다. 이런 경우, 기부자가 사망해도 비영리단체에서는 수익자로 지정되어 기부금을 받을 수 있다는 사실을 알지 못하기 때문에 보험금을 청구하지 못하는 어려움이 있을 수 있다. 수익자 지정을 알지 못해서 기부자의 유지가 실현되지 못하게 되는 안타까운 일이 발생할 수도 있으므로 보험기부자는 생전에 비영리조직에 알리는 것이 필요하다. 처음부터 비영리조직과 협약 되어 있는 보험사의 기부보험을 선택하고, 비영리조직과 보험사에서 원활한 소통이 있다면 이런 가능성을 줄일 수도 있을 것이다.

3. 유언대용신탁

1) 유언대용신탁의 개념

유언대용신탁을 통한 유산기부를 이해하기 위해서는 신탁의 개념을 이해하는 것이 필요하다. 신탁이란 신탁을 설정하는 자(위탁자, trustor)와 신탁을 인수하는 자(수탁자, trustee) 간의 신임관계에 기하여 위탁자가 수탁자에게 특정의 재산을 이전, 담보권의 설정, 그 밖의 처분을 하고 수탁자로 하여금 일정한 자(수익자, beneficiary)의 이익 또는 특정의 목적을 위하여 그 재산의 관리, 처분, 운용, 개발, 그 밖에 신탁

그림 3-10 신탁의 구조

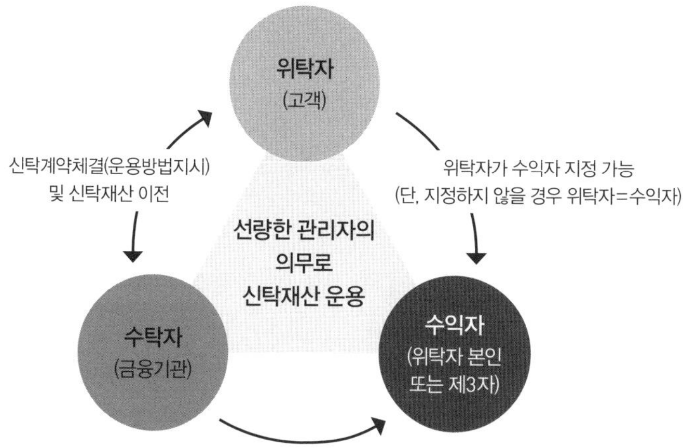

목적의 달성을 위하여 필요한 행위를 하게 하는 법률관계를 말한다.[1]

유언대용신탁이란 위탁자가 자신이 사망한 때에 수익자에게 수익권을 귀속시키거나 위탁자가 사망한 이후 신탁이익을 취득할 수 있는 수익권을 부여하는 형태의 신탁을 말한다.[2]

신탁을 설정하기 위해서는 위탁자, 수탁자, 수익자 등 3자가 등장

1 신탁법 제2조(신탁의 정의)
"신탁"이란 신탁을 설정하는 자(이하 "위탁자"라 한다)와 신탁을 인수하는 자(이하 "수탁자"라 한다) 간의 신임관계에 기하여 위탁자가 수탁자에게 특정의 재산(영업이나 저작재산권의 일부를 포함한다)을 이전하거나 담보권의 설정 또는 그 밖의 처분을 하고 수탁자로 하여금 일정한 자(이하 "수익자"라 한다)의 이익 또는 특정의 목적을 위하여 그 재산의 관리, 처분, 운용, 개발, 그 밖에 신탁 목적의 달성을 위하여 필요한 행위를 하게 하는 법률관계를 말한다.

2 신탁법 제59조(유언대용신탁)
① 다음 각 호의 어느 하나에 해당하는 신탁의 경우에는 위탁자가 수익자를 변경할 권리를 갖는다. 다만, 신탁행위로 달리 정한 경우에는 그에 따른다.
1. 수익자가 될 자로 지정된 자가 위탁자의 사망 시에 수익권을 취득하는 신탁
2. 수익자가 위탁자의 사망 이후에 신탁재산에 기한 급부를 받는 신탁
② 제1항제2호의 수익자는 위탁자가 사망할 때까지 수익자로서의 권리를 행사하지 못한다. 다만, 신탁행위로 달리 정한 경우에는 그에 따른다.

한다. 위탁자는 본인의 재산을 목적을 가지고 신탁으로 설정하려는 자이다. 유산기부에서는 기부자에 대응하는 개념으로 볼 수 있다. 수탁자는 이 재산의 관리자로서 신탁재산을 운용, 관리하는 자이며, 주로 자산운용의 전문성을 가지고 있는 보험사, 은행, 부동산신탁회사 등 금융기관이다. 수탁자는 위탁자에게 신탁 운용에 드는 비용과 보수를 받을 수 있다. 신탁수익자는 위탁자가 설정한 신탁을 통해 이익을 받는 자이다. 유언대용신탁의 경우, 신탁자산을 받거나 신탁에서 발생한 수익을 받는 비영리조직도 수익자가 될 수 있다.

2) 유언대용신탁의 장점

유언대용신탁은 위탁자가 살아 있는 동안 신탁회사와 신탁 계약을 체결하고, 생전 수익에 대한 수익자를 본인으로 지정하고, 위탁자 사후에는 배우자, 자녀, 손자, 제3자 등을 수익자로 지정하는 방법이다. 유언장에는 상속재산의 분할방법을 지정하거나 이를 위탁하는 내용을 포함할 수 있다. 그러나 단순히 상속인들에게 재산을 분할하는 방법을 지정하는 방법으로는 유언자의 수익과 재산처분, 승계에 관한 계획과 복잡한 가정구조를 다 반영하지 못하고, 상속자간 분쟁이 발생하는 경우가 있다. 재산에서 발생하는 생전 수익과 사후 수익을 잘 활용하고 상속계획을 명확하게 하고자 하는 경우, 유언대용신탁은 위탁자의 상황에 맞게 상속을 설계하고 기부를 계획하는 방법이 된다.

유언대용신탁을 활용하여 기부를 하는 경우 사후 수익자를 비영리조직으로 지정하면 된다. 자산을 비영리조직에 증여하여도 그 자산을 매각하지 않고 활용하기를 바란다면 유언대용신탁이 좋은 대안이 된다.

최근에 유언대용신탁에 사망시점 1년 이전에 맡긴 자산은 유류분 적용 대상이 아니라는 법원 판결이 나왔다.[3] 유언대용신탁에 맡긴 자산은 고인의 의사와 무관하게 상속인이 받을 수 있는 권리인 유류분에 해당되지 않는 자산으로 인정받음으로 상속재산을 유언대용신탁을 통해 전액 비영리단체에 기부할 수 있는 길이 열렸다. 전액기부를 받아도 유언대용신탁에 가입한지 1년이 지났다면 상속인들의 유류분청구대상이 아니게 됨으로써 비영리단체나 기부자들이 유언대용신탁을 유용한 유산기부 대안으로 볼 가능성이 높아졌다.

3) 유언대용신탁 활용 유형

유언대용신탁을 활용하여 기부를 하고자 하는 유형은 크게 3가지로 나눌 수 있다.[4] 배정식, 길혜전(2012)에 따르면 이 세 가지 유형은 대학이나 병원에 재산의 일정 부분을 기부하고자 하는 자산가 그룹, 본인의 노후생활에 도움을 주는 조카나 친척에게 재산의 일부를 주고 남은 재산을 모두 사회에 기부하고자 하는 혼자 된 여성, 재산 규모와 관계없이 일정 부분을 사회에 기부하고자 하는 경우이다.

대학이나 병원에 기부하려는 자산가는 생전에도 해당 기관에 기부를 해왔거나 관계를 쌓아왔을 가능성이 높다. 유언대용신탁을 활용하면 자산운용을 통한 사후 수익이 기부되도록 지정해서 기존에 하고 있던 장학금 프로그램을 운영하는 방식 등, 원금은 기부하지 않아도 원금을 기부한 기금을 운용하는 효과를 누릴 수 있다. 두 번째

---

3 https://www.hankyung.com/society/article/2020032210971 한국경제신문, 신탁에 유산 맡기면 몰아주기 상속 가능…근간 흔들리는 상속제도, 2020.03.22

4 배정식, 길혜전. (2012). 신탁 상속: 재산 분쟁 없는 희망 상속 플랜, 브렌즈.

그룹인 직계비속이 없는 자산가 1인가구는 비혼여성이 증가하고 있고, 여성의 경제활동이 활발해지면서 여성 자산가가 증가할수록 더욱 많아질 것으로 예상되는 그룹이다. 세 번째 그룹인 재산규모와 관계없이 재산의 일부를 사회에 환원하고자 하는 경우도 유산기부 문화가 성장하면서 확대될 것으로 보인다.

4) 유언대용신탁을 활용한 유산기부 방법

① 유언대용신탁을 운용할 금융기관과 금액, 운용조건, 수수료, 비영리단체를 사후 수익자로 지정의사가 있음 등을 상담한다.
② 기부를 염두에 두고 있는 비영리조직과 유언대용신탁 사후수익자 지정의사와 기부목적, 운영방법 등에 대해 상담한다.
③ 금융기관과 유언대용신탁 계약을 체결한다. 계약에서 생전 수익자와 사후 수익자를 지정하는데 유산기부를 하려면 기부할 단체를 사후 수익자로 지정한다.
④ 생전에는 본인 또는 본인이 지정한 자가 수익자가 되어 수익을 수령한다.

그림 3-11 유언대용신탁을 활용한 유산기부 절차

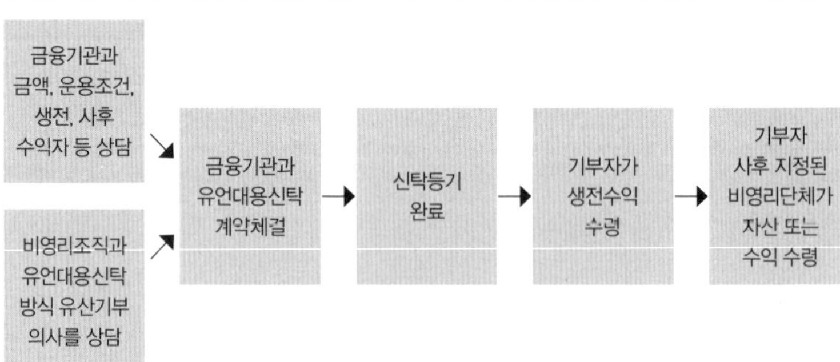

⑤ 사후에는 유언대용신탁 계약에 지정한대로 사후수익자에게 자산, 또는 수익이 기부된다.

[유언대용신탁의 사례]

이순영 회장은 남대문에서 주방기기 장사를 하며 부동산에 투자하여 여의도에 빌딩을 소유할 만큼 부를 이룬 70대 여성기업인이다. 한국전쟁 고아인 그는 잠시 결혼생활을 하였으나 남편이 일찍 세상을 떠났고 직계가족이 없다. 남편의 조카가 있으나 왕래가 없어진 지 수십년이 되어 재산을 조카에게 주고 싶은 생각은 없다. 친한 친구가 갑자기 뇌졸중으로 쓰러진 후 가족간 재산 분쟁이 생기고 평소에 친구가 말해왔던 대로 재산분배가 이루어지지 못하는 것을 보고 충격을 받은 이순영 회장은 본인에게도 의사결정 능력에 문제가 생길 경우를 대비하고 재산을 의미 있게 쓰는 방법을 고민하고 있었다.
이순영 회장이 선택한 방법은 유언대용신탁이다. 유언대용신탁을 설정해 재산을 관리하고, 본인 생전에는 생활비와 의료비 등에 사용하며 사후에는 통일과 한반도평화를 연구하는 대학원에 기부되도록 지정하였다. 유언대용신탁은 생전에는 필요한 목적대로 수익을 활용하고 사후에 유산기부를 하는 대표적인 방법이다.

4. 공익신탁

1) 공익신탁의 개념

공익신탁은 기부를 목적으로 하는 사람이 기부하려는 재산을 기관이나 개인에게 맡겨 관리하게 하고, 원금과 발생 수익을 기부자가 지정하는 공익 목적에 사용하도록 하는 신탁제도이다. 유언대용신탁을 통해 기부를 하는 경우는 기부자인 위탁자와 금융기관 등 수탁자 간의 계약으로 기부 받는 기관을 특정할 수 있는 반면, 공익신탁은 기부자와 수탁자 외에 공익신탁관리인이 필요하고, 법무부의 인가를 받으며 기부 받는 기관을 특정하는 것이 아니라 기부금을 사용하는 사업영역을 지정하도록 하는 방식으로 설정된다. 생전에 공익신탁을 설립해놓고 운용기간을 사후에도 지속되도록 해놓으면 공익신탁도 유산기부의 방법으로 활용할 수 있다.

그림 3-12 공익신탁의 흐름

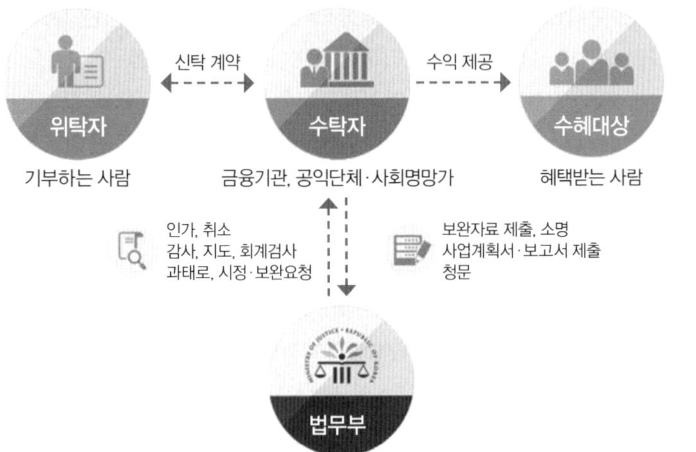

출처: www.trust.go.kr

2) 공익신탁을 설정하는 방법

공익신탁을 설정하는 절차는 다음과 같다.

① 공인신탁은 기부자와 수탁자 간에 신탁계약을 체결한다. 수탁자는 금융기관이나 공익단체, 수탁자가 신뢰하는 명망가 등 개인도 될 수 있다. 신탁계약에서 정한 업무 및 공익신탁법에서 정한 업무를 수행하는 신탁관리인을 정한다.

② 법무부에 인가를 신청한다. 신청일로부터 3개월 이내에 인가,

조건 부과와 인가, 불인가가 결정된다.

③ 인가를 받으면 사업계획과 결과를 법무부에 보고해야 한다. 공익사업이 수년 동안 계속되는 사업인 경우, 매년 보고해야 한다. 수탁자는 매 사업연도 개시일 1개월 전까지 해당사업연도의 사업계획서, 추정대차대조표 및 그 부속명세서, 추정손익계산서 및 그 부속명세서를 작성하여 신탁관리인의 승인을 받고 법무부장관에게 제출한다.

④ 매 사업연도가 끝난 후 2개월 이내에 사업보고서, 대차대조표 및 그 부속명세서, 손익계산서 및 그 부속명세서, 외부감사인의 감사보고서, 신탁재산운용명세서, 신탁재산사용점검표, 공익사업세부명세서, 기부금품 사용명세서를 작성하여 신탁관리인의 승인을 얻어 법무부장관에게 제출한다.

⑤ 사업계획서 범위 내에서 기부금품을 지급하거나 이익을 제공한다.

⑥ 공익신탁은 신탁재산을 모두 목적 사업에 사용하고, 위탁자가 추가 위탁을 하지 않겠다는 의사를 표명하면 종료된다. 수탁자는 종료사실을 신탁관리인 및 법무부장관에게 신고하고, 만료되면 잔존재산을 처리하고 최종계산을 법무부 장관으로부터 승인받는다.

3) 공익신탁의 특징

공익신탁은 다음과 같은 특징이 있다.

① 공익신탁은 수탁자의 고유재산과는 분별 관리되고, 수탁자가 파산 시에도 영향을 받지 않는다. 중간에 수탁자가 중도해지

할 수 없고, 당사자의 합의로 종료되지 않아 신탁의 원금이나 수익금을 공익목적에 사용하려는 취지를 보호하고 있다.

② 기부한 재산이 신탁계약에서 위탁자의 의지대로 명시한 목적에만 사용될 수 있다.

③ 공익신탁을 운영하는 데에도 법무부가 관리·감독하고, 공익신탁의 사업계획서와 사업결과보고서를 법무부에 제출하고, 사업결과는 공시하도록 하고 있어 투명성을 보장하려는 장치들이 있다.

④ 공익법인을 설립하고 사무국을 운영하는 등 별도의 조직을 운영할 필요가 없어서 공익법인 설립에 비해 운영비용을 상대적으로 적게 들이면서 신탁재산과 수익을 공익목적에 사용할 수 있다.

⑤ 공익신탁법에서는 장학, 복지, 통일, 문화, 스포츠, 환경 보호 등 다양한 공익사업이 공익신탁법에 규정되어 있다. 명칭에 '공익신탁'이 포함되도록 하고, 공익신탁법에 규정된 공익성이 있는 사업이면 공익신탁의 목적이 될 수 있다.

⑥ 신탁계약에 따른 기부금의 금액을 정할 수 있다. 공익신탁법에는 기부금의 한도를 정하고 있지 않고 있으며, 다수의 기부자들이 소액기부로 참여해서 모은 기부금으로 신탁을 설정할 수도 있다.

[공익신탁을 활용한 기부 사례]

태인 이상현 대표, 장애청소년 문화체육활동 위한 공익신탁 1억 기부

㈜태인의 이상현 대표는 26일 하나은행을 통해 장애 청소년의 문화체육활동을 지원하기 위한 공익신탁 계약을 체결하고 1억 원을 기부했다. 신탁금액은 매년

2000만 원씩 5년간 장애청소년의 문화체육활동 지원에 쓰이며, 사회복지공동모금회를 통해 진행할 예정이다.
공익신탁은 기부를 하려는 사람이 기부재산을 일정한 개인이나 기관에 맡겨 관리하게 하고, 그 원금과 수익을 기부자가 지정하는 공익적 용도로 사용하는 제도다. 운영·회계를 법무부가 관리·감독하고 공익신탁의 주요 현황을 인터넷 홈페이지(trust.go.kr)에 공시하므로 기부자와 일반인들이 현황을 파악할 수 있다.
공익신탁 발족식에서 이상현 대표는 "공익신탁이라는 좋은 제도를 통해 의미 있는 곳에 투명하게 기부를 할 수 있어 기쁘다."며 "이를 통해 장애청소년 가정의 문화체육생활에 조금이라도 도움을 줬으면 한다."고 했다.

출처: 웰페어뉴스, 2017.12.26

5. 기부자조언기금

1) 기부자조언기금의 개념

일반적인 기부금은 기부 이후 기부자가 사용 보고와 감사, 예우를 받는 정도로 관여하고, 기부금의 투자나 운영에 관해 개입하지 않는다. 이에 비해 기부자조언기금(Donor Advised Fund, DAF)은 기부자가 정기적으로 기부금의 운용과 사용에 대해 의견을 제시할 수 있는 기부금이다. 미국에서는 기금은 투자하고 발생하는 이자 등 수익금을 지정 사업에 쓰는 형식으로 운영되는데, 국내 사회복지공동모금회에서는 '한국형 기부자조언기금'이라고 하여 원금을 쓰는 방식으로도 운영한다.

2) 기부자조언기금의 장점

기부자조언기금은 재단을 설치해서 본인의 필란트로피 가치를 실현하고 싶지만 출연금의 규모가 재단을 세우기에는 적고, 그 과정이 복잡하고 운영비가 많이 들 것으로 예상되어 선뜻 참여하지 못하는 잠재기부자들에게 좋은 대안이 된다.

기부자조언기금은 생전에 기부하는 것이기 때문에 유산기부의 일종은 아니지만, 생전에 기부금으로 설치하고 유산을 추가기부 하는 방식도 가능하기 때문에 사망하면서 재단에 출연하는 것과 유사한 효과를 낼 수 있다. 생전에 기부자조언기금을 운영하면서 기부금이 사용되는 데 의견을 제시하는 기회도 누리고, 추후 유산기부의 효과까지 누릴 수 있는 실용적인 방식이다.

표 3-7 재단과 기부자조언기금의 비교

구분	재단을 설립하고 운영하는 경우	기부자조언기금을 비영리단체에 설치하는 경우
운영비	인건비, 사무실 임대료, 행정에 수반되는 비용 등 수천만 원 이상 예상	별도 인건비, 사무실 임대료가 들지 않음. 행정비용 등은 해당기관에서 부담하거나 투자수익에서 충당
설립절차	소관부처에 신청하고 승인까지 수개월에서 수년 소요	투자회사와 기금을 받는 기관, 기부자 3자의 협의로 신속하게 가능
필요자산규모	법에서 정한 최소 출연금액은 5천만 원 (현실적으로 최소 20억 원 이상 필요)	유연함
기금 네이밍	가능	가능
투자에 관한 기부자 의사반영	이사회나 기금위원회에서 결정, 기부자가 이사나 위원으로 참여가능	가능
기부금사용에 관한 기부자 의사반영	가능	가능

그림 3-13 기부자 조언기금의 운영원리

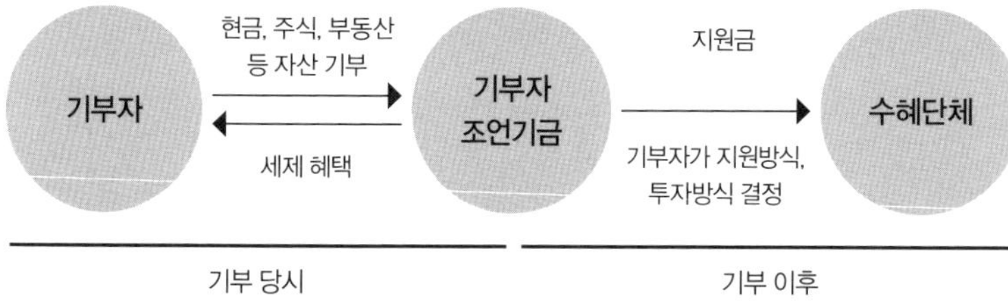

6. 유산기부를 사회 캠페인으로 하려는 움직임

개인의 기부결정은 기부금액의 규모와 상관없이 당사자의 자율적인 결정에 달려 있다. 개인의 기부결정에 영향을 주는 요소는 다양하다. 한 사회의 기부문화를 살펴보면 기부는 그 사회의 소득수준, 경기, 법과 제도, 부와 부자에 대한 인식, 종교와 역사, 사회자본의 수준 등 다양한 요소들이 복합적으로 작용하고 있다. 따라서, 기부자에게 세제혜택을 많이 주는 방향으로 세법을 개선한다고 해서 단기에 기부가 확 늘지는 않는다. 영국, 미국, 프랑스 3국의 예를 들어보자. 기부자들에게 주는 세제혜택은 프랑스가 더 높고, 이어 영국, 미국 순이다. 실제 국민들의 기부참여율은 미국인, 영국인, 프랑스인 순으로 높다.

기부문화를 확산하기 위해서는 다양한 방식의 접근이 필요하다. 유산기부를 확산시키기 위한 일환으로 캠페인을 만들어내는 움직임이 각국에서 시도되고 있다. 2011년 9월 13일에는 영국, 호주, 벨기에, 캐나다, 스페인, 스위스 등이 참여하여 첫 국제 유산기부의 날을 제정하기도 했다.

1) 빌 게이츠 부부와 워렌 버핏이 주도한 억만장자들의 기부캠페인 The Giving Pledge

기빙 플레지는 가장 대표적인 유산기부 캠페인이다. 기빙 플레지는 2010년 빌 게이츠와 멜린다 게이츠 부부와 워렌 버핏이 억만장자들이 생전 또는 사후에 재산의 50% 이상을 사회 문제를 해결하는 데 기부하도록 하자는 취지로 만든 운동이다.

기빙 플레지는 조직을 갖춘 비영리재단이 아니라 억만장자들이 자유롭게 기부하고자 하는 의도와 기부금을 어떤 문제에 쓰고자 하는지를 천명하는 서약서를 홈페이지에 올리는 방식으로 공개적으로 서약하는 멤버십 형태이다.

기빙 플레지의 멤버가 되려면 10억 달러 이상의 재산을 가지고 있어야 한다. 기빙 플레지는 세계적으로 손꼽히는 부자들이 사회를 위해 기부하도록 하는 데 크게 기여하고 있다. 2020년 현재 207건의 서약이 23개국의 연령대 30대에서 90대의 개인이나 부부에 의해 공개되었다. 단순히 서약하는 데 그치지 않고 정기적인 모임을 통해 필란트로피 영감을 주고받고 성공과 실패 사례를 공유하며, 서로에게 배우는 네트워크로까지 확장되고 있다. 마이클 블룸버그(전 뉴욕시장), 조지 루카스(영화감독), 테드 터너(CNN 창업자), 마크 주크버그(페이스북 창업자)와 프리실라 챈 부부도 서약하였다.

2) 영국의 Legacy 10 캠페인

영국은 인구의 7%가 유산기부에 참여하고 있고, 기부금액의 3분의 1이 유산기부라고 한다. 레거시 10 캠페인은 영국 금융컨설팅 기업 핀스버리 창업자인 롤랜드 러드가 주도한 유산기부 캠페인으로 상속해줄 재산의 10%를 비영리단체에 기부하겠다고 서약하는 유산기부 캠페인이다. 조지 오스본 재무장관, 데이비드 캐머런 총리 등이 참여했는데 미디어, 사업, 정치적 관계를 이용하여 영국인의 유산기부 비중을 10%까지 올리는 것을 목표로 했다. 유산의 10% 이상을 기부하면 상속세율을 40%에서 36%로 낮추는 법이 만들어지기도 했다.

영국에는 Remember a Charity 라는 200개 비영리조직이 참여하는 컨소시엄이 2000년도에 만들어졌다. 여기서는 유언장 작성을 도와주는 서비스도 제공하고 지역이나 사업영역으로 검색하면 단체 이름과 담당자 연락처가 나오도록 하여 유산기부가 더 원활하게 되도록 하고 있다.[5]

3) 한국의 유산기부 캠페인

한국의 유산기부 캠페인은 유산 남기지 않기 운동, 사회복지공동모금회의 행복한 유산 캠페인, 153 유산기부 운동, ING 생명의 사랑의 보험금 캠페인 등이 있다.

유산 남기지 않기 운동은 재산의 3분의 1만 후손에게 남기고, 3분의 1은 어려운 처지의 가까운 사람들에게 베풀고, 나머지 3분의 1은 사회복지시설 등 불특정 다수를 위해 사용하자는 운동이다. 1984년, 1990년, 1995년 3차례 전국 친목단체와 종교단체에 운동 취지를 설명하는 형식의 엽서를 보내는 방식으로 진행되었다. 1984년에 23명으로 시작하여 2004년에는 864명이 참여한 민간주도의 유

5 www.rememberacharity.org.uk

산기부 운동이다.

2004년 서울 사회복지공동모금회에서 행복한 유산 캠페인을 전개했고 2013년에는 유산기부자들의 기부클럽인 사회복지공동모금회 레거시 클럽을 발족하였다. 유산기부 전문가 그룹과 MOU를 체결해서 운영하고 있으며 꾸준히 회원수는 증가하고 있다.

종교기관에서도 유산기부 운동이 시도되었는데 2015년에 오산침례교회의 교인 49명이 동시에 서약했다. 이 교회에서 시작한 153유산기부운동인데 유산의 10%는 생애 마지막 십일조, 50%는 남아 있는 가족에게, 30%는 어려운 이웃을 위해 사회에 환원하는 방식이다. 전재산을 유산기부 하는 것이 아니어서 유산기부에 대한 심리적 장벽을 낮추는 데 효과적으로 설계하였다.

생명보험사에서도 보험기부를 통한 유산기부 캠페인을 하였는데 2001년 ING생명보험에서 '사랑의 보험금 캠페인'을 하였다. 가입자가 사망 후 보험금의 전부나 일부를 자녀 등 가족 대신 자선단체가 받도록 하고 가입하는 것으로 4년만에 2700명의 가입자가 생겼다.

민간주도의 캠페인 외에 정부가 기부문화를 확산하고자 지원해서 만든 나눔운동본부에서도 유산기부 캠페인을 하고 있고, 한국자선단체협의회 유산기부센터도 활동하고 있다. 최근에는 개별 비영리단체들이 유산기부 클럽을 결성하는 방식으로 유산기부를 확대하고 있다.

비영리조직에서 유산기부자를 모으고 충성도를 높이기 위해 유산기부자 클럽을 운영한다. 유산기부자 클럽은 비영리단체들이 기부자 클럽을 운영하는 목적을 유산기부자를 대상으로 특정한 것이다. 한국기아대책기구의 '헤리티지 클럽', 초록우산어린이재단의 '그린 레거시 클럽' 등이 그 예이다. 기부자 클럽은 기부자들에게 기부자 클럽 가입 기준 금액을 제시함으로써 도전적인 기부금액을 약정하게 하여 클럽에 가입하게 하는 효과와 클럽 멤버들을 위한 특별 예우와 활동을 제공함으로써 기부자들의 기부단체에 대한 충성도를 높이는 효과가 있다. 유산기부자 클럽은 유산기부를 약정할 때의 기부자의 의도를 지속하게 하는 효과도 있다.

유산기부자 클럽을 만들 때 성공요소 중 하나는 매력적인 클럽 이름이다. 유산기부자 클럽 이름은 아래 5가지를 많이 활용한다.

① 설립자 등 단체의 존경받는 인물의 이름
② 설립연도 등 기념이 되는 시점
③ 레거시 클럽 등 유산기부를 직관적으로 알도록 명시하는 이름
④ 기관이 중시하는 가치를 붙이는 이름
⑤ 단체의 중요한 장소를 기리는 이름

기아대책기구는 유산기부자가 돌아가셨을 때 장례식장에 유산기부클럽 멤버이심을 알 수 있는 포스터를 제작해서 설치한다. 조문객들이 돌아가신 분의 필란트로피 정신을 알게 됨으로써 그 분의 생애에 대해 존경심을 가지고 조문하게 되며, 그들에게 단체의 유산기부자 클럽을 알릴 수 있는 효과까지 있다.

제3장

유산기부를 잘 하는 방법

1. 유산기부 잘 준비하기

어떻게 하면 후회하지 않는 유산기부를 할 수 있을까? 유산기부를 잘하는 방법을 소개한다.

1) 가정에 필란트로피 전통을 세우라

유산기부는 기부자 한 개인이 소중히 여기는 가치를 반영하는 개인의 결정이지만, 사실은 그 가족 구성원의 집단적인 결정으로 볼 수 있다. 어떻게 보면 유산기부는 가족으로만 구성되는 상속자 그룹에 비영리조직을 상속자로 인정해주는 것과 마찬가지이다. 따라서, 유산기부로 영향을 받게 되는 가족들의 동의와 이해가 상당히 중요하다.

국내 한 대학에 3백억 상당의 토지를 기부한 한 부부는 외아들이 어릴 때부터 유대인의 재정관 교육을 시켰고, 부모의 재산은 기부할 것이라는 것을 강조해왔다고 한다. 아들은 이 대학에서 열린 기부 약정식에 참석해 부모의 기부 결정을 흔쾌히 존중하고, 부모님에 대한 존경심을 한껏 표했다. 이렇게 되는 데는 어렸을 때부터 한 교육이 근본적으로 작용하였을 것이다. 평소에 작은 금액부터 가족들이 함께 기부할 곳을 결정하고, 동참하게 하는 방법이 가족 전체가 훌륭한 필란트로피 전통을 세워 나가고, 유산기부에 따른 갈등을 예방하고 존경받는 가장 근본적인 방법이다.

2) 나누어 줄 곳은 주고 나서 기부해도 된다

유산기부에 대한 오해 중 하나가 재산의 전부를 기부하고 떠나야하는 것이 아닌가 하는 점이다. 언론에 종종 등장하는 재산 전부를 기부하는 이들의 미담 사례들이 사람들에게 좋은 영향을 미치는 동시에, 기부는 본인이 실천하기에는 부담스러운 일이라는 거리감을 만들기도 한다.

사랑하는 가족, 친척들에게 주고 싶은 만큼 주면서, 일부를 본인의 필란트로피 가치를 실현하고 싶은 곳에 기부할 수 있다. 기부하는 분량이 재산의 1%가 될 수도, 50%가 될 수도 있다. 유산기부는 평생 소중히 여겨왔던 가족이라는 가치와 상반되는 것이 아니다.

3) 미리 준비하라

육체적으로 건강하지 못하고, 정신적으로 의사결정능력이 떨어질 때는 인생을 정리하고 사랑하는 이에게 남기고 싶은 뜻을 전하기도, 유언장을 쓰기도 늦다. 임종에 임박해서 건강이 안 좋은 상태에서 쓰는 내용들은 작성자의 정신능력을 의심하게 하고, 유족들 간의 분란의 소지가 되기도 한다. 따라서, 육체적, 정신적으로 건강하고 삶을 돌아볼 여유가 있을 때 유언과 유산기부를 미리 준비하는 것이 좋다. 최근에는 이를 돕기 위해 유언장 써보기, 자서전 써보기 등의 강좌들이 열리기도 하는데, 이런 기회를 활용해보는 것도 좋다.

4) 평소에 자신의 필란트로피 관심분야를 찾아보라

기부는 재단법인, 사단법인, 병원, 대학, 사회복지기관 등 조직에 하는 것이다. 그러나, 기부는 그 조직이 천명하고 있는 사명(mission)과 그 비전이 본인의 내재적 가치와 일치하고, 그 사업이 그 사명을 실현하는 효과적인 방법이라는 것을 인정하는 행동이다. 기부는 기관에 하지만, 그 사명과 가치에 투자하는 것이다.

따라서, 기부자는 기부할 기관을 먼저 찾기 보다 평소에 본인이 소중히 여기는 필란트로피 가치가 무엇인지를 돌아볼 필요가 있다. 아래의 '필란트로피 관심찾기 워크시트'는 기부할 가치를 찾는 데 도움이 될 것이다. 본인의 필란트로피 관심을 찾은 후에 그 가치를 실현하고 있는 최적의 기관을 찾는 순서가 좋다.

나의 필란트로피 관심 찾기 워크시트

1. 다음 질문에 답을 적어보십시오.
   - 기부하려는 동기는 무엇입니까? (예: 종교적 신념이나 도움을 받았던 경험 등)
   - 가족이나 존경하는 롤 모델이 나에게 영향을 미친 가치가 있습니까?
   - 과거의 경험 중에 본인의 믿음이나 생각을 형성하는 데 영향을 준 것이 있습니까?
   - 책이나 신문, 뉴스 등에서 관심을 끄는 내용을 본 것이 있습니까?
   - 과거에 주로 어디에 시간과 돈을 사용해왔고 왜 거기에 주로 사용했습니까?

2. 우선순위 찾기

위에서 적은 가치와 신념을 대상, 지역, 문제, 해결방식, 지향하는 가치 등 구체적으로 변환하면 기부하고자 하는 후보군을 좁힐 수 있습니다.

- 대상: 인구나 특정한 상황에 따라 정의 (예: 가정에서 학대당하는 아이들)
- 지역: 특정 지역의 상태에 따라 정의 (예: 영등포역 쪽방촌, 서울역 노숙자)
- 문제: 사회에 미치는 부정적 결과에 따라 정의 (예: 기후 변화, 발달장애인의 낮은 취업율)
- 해결방식: 특정 솔루션이나 문제해결에 도움이 되는 접근 방식(예: 젊은이들을 가르치는 멘토의 힘 또는 연구를 통한 플라스틱 분해기술의 발전)
- 지향하는 가치: 궁극적으로 이 문제가 해결되면 확산되는 가치 (예: 민주주의, 인권)

3. 기부의도 적어보기

위 1과 2에서 정리한 내용을 바탕으로 자신의 기부 의도를 적어보세요.

____

____

____

____

____

4. 나누기

기부하고자 하는 가치와 신념에 대해 정하는 것은 개인의 결정입니다. 그러나, 가족이나 친구, 멘토 등 삶에서 중요한 사람들에게 설명해 봄으로써 여러분의 기부의도를 테스트해 보는 것도 좋은 방법입니다. 가족이나 친구들이 같이 참여하게 될 수도 있습니다.

상대방에게 여러분이 쓴 내용을 읽어주고 어떤 생각이 드는지 물어보십시오. 이 과정을 통해 당신의 의도가 더욱 분명해지도록 발전시킬 수 있습니다.

재구성: Find your philanthropy compass, Bridgespan group.

5) 로직 모델을 이해하라

로직 모델은 주어진 문제를 해결하기 위한 프로그램의 근본적인 논리를 설명하는 단순화된 도해를 말한다. 프로그램 구성 요소 간의 논리적 관계를 보여주고 프로그램이 작동하는 방식에 대해 합리적으로 설명하는 모형이다.

로직 모델은 프로그램의 근본적인 이론과 가정을 찾아내고, 비영리조직에서 어떤 자원을 투입하는가, 어떤 일을 하는가, 그 결과 또는 성과는 무엇인가 등을 기술해 자원, 활동, 의도된 결과 사이의 관계를 시각적으로 보여주는 일종의 지도와 같다. 유산기부에 관심을 가지고 있고 기부금이 사용되는 목적을 지정하고자 한다면 로직 모델을 이해하고 있는 것이 좋다.

여러분이 상가건물 1동을 소유하고 있다고 가정해보자. 상가 근처에 발달장애인을 위한 사회복지관이 있는데 출퇴근할 때 늘 쳐다보곤 했던 곳이다. 상가건물을 이 사회복지관에 유산기부 하기로 하고 이 곳을 찾아갔다. 기부를 결정하는 데 필요한 다른 논의들은 수차례 미팅을 통해 순조롭게 진행되었고, 어느 목적에 쓸지를 단체의 모금담당자와 대화하는 중이다. 단체에서 '이 상가는 발달장애인 취업에 쓰이면 좋겠습니다' 라고 하면 대부분의 기부자들은 순순히 동의하고 그렇게 하라고 수긍한다. 이 순간 궁금한 것이 몇 가지 있으나 더 묻지 않고 '단체가 알아서 좋은 일에 쓰겠지' 라고 생각하고 만다면 후에 후회하게 될 수도 있다.

현재 발달장애인 취업에 어떤 어려움이 있는지, 어떤 자원을 어떻게 투입하여, 어떤 결과를 예상하는지 논리적인 흐름을 스스로 납득할 수 있어야 한다. 단체에서 먼저 이 기부금으로 몇 명에게 어떤 교육을 시키고 어떤 자원을 투입하며 어떤 결과를 낼지 구체적으로

그림 3-14 로직모델의 구성요소

출처: Frumkin(2010)[1]

물어보고 그 논리구조가 이해되어야 한다. 단체에서 상가건물 1층을 카페로 만들고, 몇 명의 발달장애인 바리스타를 교대로 근무하도록 하며, 이들에게 어떤 교육을 얼마동안 받게 할 것이며, 활동보조인을 몇 명을 고용할 것이며, 카페 인테리어와 시설, 집기 비용은 어떻게 충당하게 할 것이며, 월수익은 얼마나 되고, 어떤 고용효과와 변화를 가져올 것인지에 대한 설명을 구체적으로 할 수 있다면 더할 나위 없을 것이다. 상담 초기에는 기부금을 받게 되는 비영리조직에서 자세한 정보를 갖추고 있지 못할 수도 있다. 그러나 매우 구체적이지는 못하더라도 이러한 사업을 개발하는 내용들이 논리적으로 설명될 수 있어야 하고, 기부자가 이해할 수 있어야 한다.

기부자와 단체 사이에 기부금 사용처에 대한 분쟁이 있고, 심지어는 기부금 반환소송까지 이어질 수 있는데 많은 경우 기부금 사용처에 대한 이해가 서로 다른 데서 출발한다. 모호하고 추상적인 언어

1 Frumkin, P. (2010). The essence of strategic giving: A practical guide for donors and fundraisers. University of Chicago Press.

가 아니라 논리적인 구조로 이 기부금으로 어떤 문제를 어떻게 해결할 수 있겠다는 확신을 가지고 기부해야 후회가 없다. 통제할 수 없는 상황의 변화나 외부효과의 발생 등으로 단체가 의도했던 로직 모델의 결과가 나오지 않을 수도 있다. 그러나, 기부자가 로직 모델을 이해하고 한 것과 그렇지 않은 것은 그 결과를 받아들이는 태도에 큰 차이를 만든다.

6) 독립적인 전문가를 활용하라

자산의 규모가 적고 관련되어 있는 상속자 등 이해관계자 수가 적은 유산기부는 그리 복잡하지 않다. 자산 규모가 커지고 관련자들이 많은 경우는 변호사, 세무사, 재무전문가, 기부상담 전문가 등 여러 분야의 전문가의 조언이 필요하다. 모금의 체계가 갖춰져 있는 큰 규모의 비영리단체는 단체 내에 유산기부 상담을 위한 전문가 그룹이 형성되어 있으나 대부분의 중소형 비영리단체는 그러하지 못하다. 기부자로서 유산기부를 상담 받고자 한다면 큰 규모의 기관에 상담을 받는 것이 편리할 수도 있다. 규모가 적고 유산기부를 받아 본 경험이 미약한 단체이지만 단체의 열정과 잠재력을 높이 사는 도전적인 기부자라면 조직과 협력하여 유산기부 사례를 잘 만들어 보는 것도 의미 있는 기부이다. 아직은 성장 단계에 있는 기관에 유산기부금으로 재정적인 측면에서 기여하는 것뿐만 아니라 그들에게 유산기부를 기획하고 처리하는 절차를 밟아보는 경험을 제공함으로써 유산기부 프로그램이 설치되고 더 많은 참여자들이 나오도록 하는 효과까지 만들 수 있기 때문이다. 비영리조직이 법률, 세무자문을 외부에서 도움받을 수 있는 구조들이 과거보다 많아지고 있으므로 중소규모

비영리단체들도 도전해 볼 만하다.[2]

단체에서 기부자의 편의를 위해 전문가들의 상담을 제공하고 있으나 기부자와 단체는 유의해야 할 것이 있다. 기부자와 기부 받는 단체의 이해관계가 항상 일치하는 것은 아니라는 것이다. 최종 결정에 대한 법적 책임은 단체는 단체에게, 기부자는 기부자에게 있는 것이다. 따라서, 기부자는 법률자문을 단체에서 제공하는 내용에만 의존할 것이 아니라, 독립적인 전문가와 상담하고 결정할 필요가 있다.

7) 불확실한 사항을 대비하라

사망 후에 내가 지정한 기부금의 용도가 더 이상 필요 없게 되거나, 단체에서 더 시급하게 필요한 용도가 있을 경우는 어떻게 할 것인가?

유산기부자는 기부금의 사용 목적을 구체적으로 명시할 필요가 있으나, 기부금의 사용 목적을 작성하는 시점에 최선의 용도를 지정했다고 할지라도 시대와 기술, 사회적 상황이 급속도로 변함에 따라 그 명시한 목적이 더 이상 효과적이지 않게 되거나 기금이 기부당시 지정한 용도에 한정되어 결국 사용할 수 없게 되는 경우도 있다. 그렇다고 너무 광범위하게 기금용도를 명시한 경우에는 기부자의 의도와 다르게 해석되어 기부금이 오용될 소지가 있으니 이 점도 예방하여야 한다.

따라서, 기부자는 비영리단체와 면밀하게 협의하여 기부금의 사용처를 정하되, 정한 사용처 대로 쓸 수 없는 경우가 발생할 때에는

2 재단법인 동천(www.bkl.or.kr), 서울시NPO지원센터(snpo.kr), 예술경영지원센터(www.gokams.or.kr) 등에서 1:1매칭, 상담, 컨설팅 등의 방식으로 법률, 세무전문가의 도움을 비영리조직에게 제공하고 있다.

누가 어떠한 절차를 밟아 어떻게 변경하거나 처분할 수 있는지를 명시해 놓는 것이 좋다. 다음은 한 기부자가 유언장에 이러한 경우를 대비한 문구를 적은 예시이다.

[기부금 사용 목적 지정 예시]

본인은 2억5천만 원을 대한민국 서울 서대문구 연희로 소재 Y대학 신학과에 "돕는 손 장학기금"을 설치하고 장학금을 지속하는 목적으로 기부한다. 장학기금의 원금은 보수적으로 투자하고, 발생 이자로 학문적으로 우수하나 경제적으로 어려운 학생들에게 장학금을 매년 지급한다. 장학금 선발은 신학과 교수들로 구성된 선발위원회에서 한다.
장학기금이 소멸되거나 본인이 의도한 목적을 성취할 수 없는 상황이 발생하면 Y 대학의 이사회가 자유재량으로 본인의 신탁관리자와 협의하여 Y 대학과 재학생들을 위해 사용하도록 해도 좋다.

8) 죽어서도 내 뜻을 그대로 유지할 수 있는 장치를 마련하라

필라델피아에 반스 미술관은 전형적이지 않은 미술품 전시 방식과 수준 높은 컬렉션으로 유명한 곳이다. 이 컬렉션들은 알버트 반스(Albert Barnes, 1872~1951) 박사가 수집한 것이다. 그는 항염증제 개발에 성공함으로써 엄청난 부를 축적하게 되고, 당시에는 인정받지 못했던 인상파 화가들의 작품 등 지금 엄청난 가치가 나가는 예술품을 대거 수집하였다.

그는 공장 노동자에게 미술작품을 보여주고 세미나를 할 정도로 서민들을 위한 예술교육에 관심이 많았다. 1922년 필라델피아 서쪽로어 메리온에 반스 재단을 세우고, 미술관 운영에 관한 신탁증서를 작성했다. 그는 필라델피아의 기성 예술계와 크게 갈등하였는데, 필라델피아 예술계는 그의 컬렉션을 '쓰레기'라 폄훼하였고, 반스는 필라델피아 미술관을 '예술적 지적 매음굴'이라고 비판하였다.

그는 신탁증서에 자신의 컬렉션을 절대로 로어 메리온에서 다른 곳으로 옮기지 말 것, 다른 미술관에 대여하지도 말 것, 오직 교육 목적으로만 이용할 것을 기록하였고, 재단 이사회 5자리 중 4자리를 링컨 대학에 맡긴다.

자녀가 없었던 반스 박사는 불의의 교통사고로 갑자기 사망하고 만다. 함께 일했던 직원이 미술관을 정치적, 사업적 이해관계와 멀리하려고 했던 반스 박사의 뜻을 잘 알고 유지를 지켰지만 그 직원도 사망하고 난 후, 반스 미술관은 위기에 처하고 만다.

작품대여를 하지 못하도록 했던 반스 박사의 의도는 대표가 바뀌면서 재정적으로 필요하다는 이유로 국내와 해외 전시를 위해 수차례 작품들을 대여하게 되면서 지켜지지 못했다. 오랜 소송과 예술계와 정치계의 개입 끝에, 교육 목적으로만 활용하기를 원했던 그의 의도도 결국 지켜지지 못했다. 교육목적 외에 일반관람자를 받게 되었으며 미술관 건물조차 로어 메리온을 떠나 그가 극도로 싫어했던 필라델피아 다운타운으로 이전하게 된다. 재단 이사회 자리도 기금모금 기회 확장을 이유로 15개까지 증가하게 된다.

반스 박사는 그의 의도를 사망 전에 신탁계약서에 명확하게 적고, 이사회도 그렇게 구성하였다. 그런데 왜 그의 의도는 지켜지지 못했을까? 반스가 신탁계약서를 쓰던 당시로 돌아간다면 그의 의도가 지켜질 수 있도록 여러분은 어떤 충고를 그에게 해줄 것인가?

반스 미술관의 경우는 정치계와 미술계의 권력과 암투가 결부되어 그의 의사에 반한 결정들이 내려지게 되었으니 유산기부의 전형적인 경우라고 볼 수는 없다. 지금도 유산기부자의 뜻이 지켜지게 하기위해 할 수 있는 방법은 반스 박사가 했던 방식과 그리 다르지 않다. 유산기부자의 의도를 명확하게 기술하는 서류와 이를 지킬 수 있도록 이사회나 위원회 등 거버넌스 구조를 만드는 것 등이다.

고액의 기금을 설치하는 경우에는 기금위원회에 기부자가 지정하는 몇 사람을 임명하도록 하고 몇 자리는 본인의 자녀나 자녀가 제3자를 지정하게 하는 등의 방식도 가능하다. 한 대학에서는 이사회를 할 때마다 설립자가 남긴 대학의 사명선언문과 의사결정 가이드 영상을 보는 것으로 시작한다고 한다. 이런 방식도 흔하지는 않지만 설립자의 정신을 새길 수 있는 좋은 방편이 될 수도 있다.

2. 유산기부를 상담할 때 주의할 점

비영리단체에서도 유산기부를 상담할 때 주의할 점이 있는데, 중요한 7가지를 아래에서 소개한다.

1) 유산기부도 기부자 중심으로 돌아가라

유산기부자도 고액 생전 기부자와 마찬가지로 본인의 인생에서 가장 소중하게 여기는 가치를 유산기부에 투영하고 싶어한다. 기부자의 인생에서 소중했던 경험, 성공에 도움을 주었던 사람들이나 기관, 제도, 존경하는 사람들의 영향, 종교적 가치와 소중한 사람과의 관계 등에 대해 기부자와 대화를 하다 보면 기부자가 소중히 여기는 가치를 이해하게 된다. 다른 기부 프로그램의 기부자와 마찬가지로 유산기부자와도 좋은 질문과 대화를 통해 기부자의 필란트로피 관심을 우선으로 해야 한다.

2) 기부자와 유산기부자는 다르지 않다

비영리단체에서는 유산기부자는 기부자와 다른 특성을 가진 그룹으로 생각하고, 유산기부를 할 사람을 별도로 찾으려 하기 쉽다. 그러나, 유산기부자도 본인을 기부자라고 생각하지, '유산' 기부자라고 다르게 생각하지 않는다. 기부자가 평생동안 좋은 관계를 맺어오며 기부해 온 단체에 기부를 계속하고 싶어하지, 새로 찾는 경우는 드물다. 따라서, 비영리단체는 지금 기부하고 있는 기존 기부자 그룹에서 유산기부자로 성장할 수 있는 이들을 우선순위로 찾는 것이 훨씬 효율적이다.

3) 기부자의 숨겨진 의도를 잘 파악하라

1장에서 다양한 기부자의 유형을 살펴보았다. 기부자가 유산기부를 통해 진정으로 의도하는 바가 무엇인지 진솔한 질문과 대화를 통해서 이해해야 한다. 기부자가 준다고 해서 눈 앞의 이익만을 좇는 근시안적 접근법이 아니라 기부자의 의도와 이 기부금이 기관의 사업과 이해관계자와의 관계에 도움이 되는 기부금인지 판단해야 한다.

4) 하기 간편하다고 설득하는 것은 유산기부의 무게를 간과한 것이다

유산기부를 상담할 때, 잠재기부자가 갖고 있는 유산기부에 대한 편견을 없애기 위해 유산기부 방식이 간편하다고 강조할 수 있다. 그러나 유산기부의 간편성이 유산기부 의사를 반드시 촉진하는 것은 아니므로 절차의 간편성을 설득의 주요요소로 삼는 것은 권하지 않는다. 유산기부가 유언장을 남기는 방식이 일견 간단해 보일 수 있으나 이는 유언장에는 한 사람의 인생이 다 담겨 있다는 무게감을 간과한 것이다. 유언장을 남기는 일은 굉장한 수고와 인생에 대한 반추가 소요되는 일이다.

5) 법률, 세무 정보를 제공할 수 있으나 최종 책임은 기부자가 독립적으로 자문을 받아야 한다는 것을 설명하라

비영리조직에서는 기부 의사를 가진 자가 와서 상담을 하게 되면 기부자가 불편함을 느끼지 않고 기관의 친절하고 준비된 모습에 좋은 인상을 받도록 법률적, 세무적 자문을 상세하게 제공하고 싶어 한다. 그러나, 기부자의 입장과 기부를 받는 단체의 입장은 다를 수밖에 없다. 기관에서 고용한 변호사나 세무사는 기관에 유리한 입장을 대변할 수밖에 없다. 따라서, 기초적인 정보는 제공하되, 최종의사결정을 위한 법률, 세무자문은 기부자가 독립적으로 알아보는 것이 기부자의 최종 책임이다. 이에 대해 고지해야 한다.

6) 과도한 예우를 디자인하지 말라

대학이나 병원에서 화려한 기부자 예우 프로그램을 디자인해서 실행하는 것이 유행한 적이 있다. 지금 일부 대학이나 병원은 늘어나는 기부자 예우 프로그램 비용을 부담스러워하며 비용이 드는 서비스 제공 성격의 기부자 예우 혜택을 줄이려고 한다.

유산기부를 상담할 때는 기부자의 최종 기부 결정을 받기 위해 단체내에서 아직 협의되지 않았거나 실현 가능성이 낮은 예우 조건을 제시하지 않아야 한다. 잘못된 정보에 기반한 기부결정은 후회와 갈등의 씨앗이 될 수 있다.

7) 생전에 실행하는 예우에 대한 약속은 주의하라

유산기부, 특히 유증에 의한 유산기부는 취소 가능하다. 작성한 내용의 일부나 전부에 대해 재작성 하면 이전 내용은 무효가 된다. 유산기부는 유산기부 약정자의 사망 이후에 기부금이 이전되는 구조이므로 기부자가 변심하게 되거나 경제상황이 바뀌게 되면 취소될 수도 있다. 실현되지 않은 기부금을 기반으로 건물 네이밍을 하는 등 과도한 예우에 시간과 비용을 들이게 되면 예상치 못한 결과를 경험할 수도 있다. 따라서, 과도한 비용이 들지 않으나 약정자의 충성도와 관심을 이어갈 수 있는 성격의 예우 프로그램을 권한다.

3. 유산기부 모금윤리

비영리조직의 모금활동에 있어 윤리성은 장기적으로 기부자들과 건강한 관계를 유지하고 공중의 신뢰를 얻으며 지속가능한 모금 프로그램을 운영하는 데 매우 중요하다. 유산기부 프로그램은 그 속성과 관련된 잠재적인 윤리문제에 대해 이해하고 준비하는 것이 필요하다.

유산기부 모금 윤리의 이슈들을 이해하기 위해서는 비영리 단체가 직면하게 되는 윤리적 이슈의 차원에 대해 이해가 필요하다. 비영리단체가 직면하는 윤리적 이슈는 3가지 차원으로 정리할 수 있다.

그 첫 번째는 이 사안이 합법적(legal)인가 불법적(illegal)인가 하는 것이다. 예를 들면 조직이 더 많은 유산 기부자를 확보하기 위해

그림 3-15 비영리조직이 직면하는 3가지 윤리적 국면

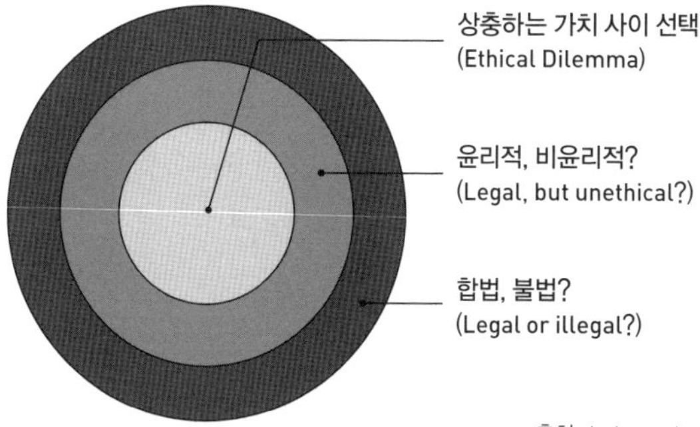

출처: Independent Sector(2002)[3]

국내 최대 모금 조직의 DB를 해킹해서 입수하여 활용한다면 이는 명백한 불법행위이다. 이 사안에서는 합법적인 행위인가 불법적인 행위인가를 법의 기준을 적용하면 되므로 비교적 명확하게 판단할 수 있다.

두 번째 차원은 이 사안이 합법적(legal)이지만 윤리적(ethical)인가 비윤리적(unethical)인가를 검토해야 하는 국면이다. 가령 기부자가 한 조직에 수십 년 간 기부를 해왔고 마지막에 유산 기부를 이 조식에 하고, 재산의 일부를 그 담당자에게도 남겼다면 이 담당자가 그 유산을 받는 것이 윤리적으로 문제가 없을까? 법적으로는 아무 문제가 없는 것이나 업무를 통해 알게 된 기부자에게 유산이라는 선물을 받는 것이 적절한 것일까?

세 번째 비영리 단체가 직면하게 되는 윤리적 문제의 차원은 법적으로도 윤리적으로도 문제가 없으나 조직이 추구하는 가치 사이에서 충돌하는 경우이다. 예를 들면 한정된 재원에서 예산을 어떻게 배분할 것인가 하는 문제가 있다. 조직의 유산기부를 늘이기 위해 유산기부 담당자를 1명 채용해야 하는데 예산이 한정되어 있다면 조직

이 제공하는 서비스의 규모를 줄이고 유산기부 담당 인력을 채용하여 장기적으로 모금액을 늘일 것인가 하는 등의 선택의 문제가 있다.

미국 플리마우스 대학의 하트숙(Hartsook) 지속가능한 필란트로피 센터의 펀드레이징 싱크탱크인 로가레(Rogare) 연구소에서는 모금윤리를 다음과 같은 관점으로 제시하였다.[3]

기부자와 모금가는 근본적으로 입장의 차이가 있다. 기부자는 모금가가 기부를 요청하지 않거나 다른 방식으로 다른 시기에, 다른 금액을 요청하기를 원한다. 반면 모금기관에서는 최대한의 서비스를 수혜자들에게 제공할 수 있도록 모금액을 최대화하기를 원하기 때문에 기부자와 모금단체 사이에는 이해관계가 다를 수밖에 없다.

로가레 연구소는 모금은 모금가가 모금단체를 대신해서 기부를 요청해야 하는 의무와 기부자가 기부하는 데 불필요한 압박감을 느끼지 않도록 기부자의 권리를 유지하는 의무 사이에서 균형을 이룰 때 윤리적이라고 보고, 다음 4가지 관점을 제시하였다.

- 신뢰주의(Trustism)는 기금모금이 공공의 신뢰를 보호하는 방식일 때 윤리적이고, 공공의 신뢰를 해치는 방식으로 행해진다면 그것은 비윤리적이라고 보는 관점이다.
- 관계관리(Relationship Management) 이론은 모금은 자선단체와 기부자 공중 간의 관계관리라고 보고 비영리조직과 공중이 상호 유익한 관계(mutually beneficial relationship)를 세우고 유지할 때 윤리적이라고 보는 관점이다.
- 기부자중심주의(Donorcentrism)는 모금이 기부자의 필요, 원하는

3 https://www.plymouth.ac.uk/uploads/production/document/path/7/7407/Rogare_Fundraising_Ethics_White_Paper_v1.1.pdf

바, 희망사항 등에 우선순위를 둘 때 윤리적이라고 보는 관점이다.

- 필란트로피에 기여(Service of Philanthropy) 이론은 모금이 기부자가 실천하려는 필란트로피에 의미를 부여할 때 윤리적이라고 보는 관점이다.

주로 접하게 되는 모금윤리의 이슈 중 유산기부에 적용되는 사항들을 살펴보자.

1) 오염된 기부금

오염된 돈(tainted money)이란 비영리 조직에서 기부금으로 받을 때 그 돈의 재원, 기부를 하게 되는 상황이나 방법 등이 조직의 구성원들과 이해관계자들에게 이 돈을 받는 것이 적절한가에 대한 논란이 제기될 수 있는 돈을 말한다. 오염된 돈의 경우는 불법행위로 조성된 돈이나 비영리 조직에서 미션과 가치에 대치되어 수용하기 어려운 입장에 있는 조직이나 개인이 주는 돈이 있다.

불법행위로 조성된 돈은 사기, 횡령, 화이트칼라 범죄 등에 연루되어 발생한 이익금이다. 비영리 조직의 미션과 가치에 대치되는 조직이나 개인이 주는 돈도 오염된 기부금이 될 수 있다. 기부자가 불법행위를 한 것은 아니나 비영리 조직이 천명한 미션과 대치되는 사업을 하는 경우는 기부자들과 구성원들에게 '이 비영리 조직은 스스로 천명한 사명대로 일하고 있는가?'에 대한 의문을 제기하고 조직의 신뢰에 타격을 줄 수 있다.

오염된 기부금에 대해서는 기부금을 받기 전에 아래와 같은 질문에 검토해 보고 수령 여부를 결정할 수 있다.

- 이 기부금을 받는 것이 단기적으로는 유익하나 장기적으로는 조직의 명성에 위협이 되지 않는가?
- 이 기부금을 거절한다면 단기적으로 어떤 문제가 있는가?
- 이 기부금은 주요 이해 관계자들과 다른 기부자들과의 장기적인 관계에 어떤 영향을 미치는가?

유산기부를 받을 때도 유산기부의 재원이나 기부자의 의도와 상황이 단체의 다른 기부자들과 이해관계자들에게 논란을 발생시키는 기부금인지 주의할 필요가 있다.

최근에 있었던 사례를 살펴보자. 국내에서 코로나19 바이러스가 대유행하여 전국이 어려움에 처했는데 많은 전파자가 예배에 참석한 신천지 교회 신도들이었다. 신천지 교회에 대한 조사와 책임을 묻는 여론이 강해지자 신천지 측에서는 120억 원을 사회복지공동모금회에, 100억 원을 대구시에 기부하겠다고 하였다. 그러나 결국 수령처에서 거절하여 기부하지 못한 일이 있었다. 왜 사회복지공동모금회와 대구시는 초고액의 기부금을 거절했을까?

사회복지공동모금회와 대구시는 신천지가 기부한 기금의 원천이 시한부종말론에 빠진 신도들로부터 갈취한 돈이며, 코로나 사태가 끝나면 대중으로부터 면죄부를 받고 대대적으로 홍보하는 데에 기부받는 단체가 이용당할 수도 있다는 우려 때문에 논의 끝에 기부금 거절을 결정했다.

이 경우와 다르게 오염된 기부금인지 아닌지 명쾌하게 답할 수 없는 애매한 기부금이 있을 수 있다. 오염된 기부금이라면 무조건 안 받는 것만이 답일까? 어떤 기부금을 수령하는가 여부에 조직의 존폐가 달려 있다면 무조건 거절하는 것이 적절한 것인지는 어려운 모금 윤리 딜레마 중 하나이다. 받을 것인가, 거절할 것인가를 결정하는 것이 중요하나, 그 보다 더 중요한 것은 모금윤리위원회, 기부금수령위원회, 이사회 등 이를 결정하는 거버넌스가 있고, 이를 위해 절차와 기준을 명시해 놓은 기부금 수령 규정이 마련되어 있는지이다.

2) 유산기부의 요청 시점

유산기부는 유산기부를 요청하는 시기와 방법과 관련되어 윤리적 문제가 발생할 수 있다. 유산기부를 고려하는 대상은 주로 고령이고 심리적으로 취약한(vulnerable) 상태에 있다. 건강이 약해져 조력자에게 육체적, 정신적으로 의지하고 있으며, 합리적인 판단능력도 약해진 상태일 수 있다. 이 때, 과도한 친절과 도움을 베푸는 사람이 있다면 재산을 주겠다는 충동적인 결정을 하기도 한다.

병원 유산 기부의 예를 들어 보자. 국내 유명한 병원에 말기 암 환자가 입원 치료를 받고 있다고 가정해 보자. 이 분을 치료하고 있는 주치의가 해당병원에 유산기부 할 것을 권한다. 환자는 유산기부를 수락하면 병원에서 좀 더 신경을 써서 치료해주지 않을까 하는 기대와 거절했을 때 주치의와의 관계에서 혹여나 부정적인 영향을 미치지 않을까 우려하며 보이지 않는 압박감을 느낄 수도 있다. 다른 경우도 생각해볼 수 있다. 거의 임종을 앞두고 있는 사람에게 유산기부를 권하는 것은 윤리적일까? 이미 이 분과 과거에 유산기부에 관해 논의를 수차례 하였고, 이제 유언장에 서명만 하면 되는 절차만 남았는데, 갑자기 이 분의 상태가 악화되어 임종에 임박해 있다면 비영리조직 모금담당자로서 기필코 서명을 받을 것인가?

유산기부자가 육체적, 정신적으로 건강하고 의사결정능력이 충분할 때 협의해서 결정할 수 있도록 하는 것이 윤리적인 유산기부 모금방식이다. 유산기부 요청자도 기부자에게 암묵적인 압박감을 주지 않는 위치나 상황에 있는 사람이 하는 것이 기부자의 자율결정권을 존중하는 요청방법이다.

3) 유산기부자와 건강한 거리를 유지하는 관계

고령의 유산기부자는 배우자가 사망했고 가족들은 자주 볼 수 있는 대화상대가 되지 못해 외로운 심리상태에 있는 경우가 많다. 비영리단체에서는 유산기부자가 단체에 대한 기부결정을 유지하도록 하고 기부자 예우 차원에서 자주 찾아 뵙고 반복적인 이야기에도 인내하고 맞장구를 쳐주는 말동무가 되기도 한다. 결국, 기부자와 비영리단체 직원은 필란트로피 파트너이자 사적으로 애매한 친구관계가 되기도 한다. 해외에서는 이런 관계에서 신체적, 언어적으로 성추행도 일어나는 것도 종종 문제가 되기도 했다. 비영리단체 직원은 기부자와 관계가 친밀해질 수록 어느 정도까지가 수용가능한 관계인지 헷갈리게 된다.

이런 경우는 비단 유산기부자와의 관계에서만 일어나는 것은 아니다. 일반기부자와의 관계에서도 발생할 수 있다. 이런 일이 자주 발생하고 송사까지 이어지자 모금팀의 책임자와 단체의 대표는 직원이 위험한 환경에 노출되지 않도록 예방하고, 그런 환경에 노출되었을 경우에는 기부금을 받는 것보다 직원을 보호하는 노력을 우선하겠다는 선언문이 CASE(Council for Advancement and Support of Education)에서 발표되었다.[4]

4 www.case.org

모금가 성추행 피해예방을 위한 무관용 서약

'Zero Tolerance' Pledge on Sexual Harassment of Fundraisers

- 상호 존중과 안전한 작업 환경을 조성하기 위해 할 수 있는 모든 일을 할 것입니다. 어떠한 상황에서도 괴롭힘이 용인되지 않을 것이라는 점을 분명히 할 것입니다.
- 직원이 보복에 대한 두려움 없이 잠재적으로 불편하거나 학대당하는 상황을 보고할 수 있는 환경을 보장할 것입니다.
- 불만이 제기되면 진지하고 즉각적으로 대응하겠습니다. 이 점에 관해서는 조직의 규정을 준수할 것입니다.
- 직원이 괴롭힘이나 학대의 위험에 처하지 않는 기부자 참여, 관계개발, 기부요청 전략을 개발할 수 있도록 노력하겠습니다.
- 직원이 안전하지 않은 조직 또는 사회 환경에서 근무하도록 요청받지 않도록 할 수 있는 모든 조치를 취할 것입니다.
- 괴롭힘이나 부적절한 활동이 계속 될 수 있는 관계가 있는 경우 이 잠재력을 완화하기 위해 필요한 조치를 취할 것입니다.
- 누군가가 지속적으로 직원을 괴롭히거나 위험한 환경을 만들면 그 사람과 제가 일하는 기관 간의 관계를 끊을 것입니다.

4) 기부자의 특별한 선물

당신은 발달장애인을 위한 학교에 30년째 모금을 담당해 온 모금팀장이라고 가정해보자. 당신은 30년 전 설립할 때부터 일해온 설립멤버이고, 그 때부터 함께 해 온 기부자가 있다. 이 분은 학교가 어려울 때마다 든든한 지지자가 되어왔고, 당시에는 중년의 여인이었던 분이 이제 할머니가 되어 유산기부 대상에 이 학교를 포함하고 있다. 그런데, 이 분이 돌아가시고 유언장이 공개되었는데 학교에 기부하는 것과 별도로, 당신에게도 5백만 원이라는 선물을 남겨두었다. 당신은 이 선물을 받을 것인가?

기부자와 비영리단체 직원 간의 바람직한 관계 원칙은 개인과 기부자와의 관계가 아니라 소속한 비영리 조직과 기부자와의 관계를 우선시해야 한다는 것이다. 감사와 우정의 표현으로 작은 선물은 받을 수도 있으나, 어떤 기준이 허용할 만한 '작은 선물'인가는 논란이 있을 수 있다. 조직에 따라서는 받을 수 있는 선물 금액의 허용선을 두기도 하고, 직원윤리강령에서 절대 선물을 받아서는 안된다고 규정을 두기도 한다. 이를 명확하게 하기 위해 기부자와의 관계에서 특별한 선물을 받거나 이익을 얻게 되는 것에 대해 전문적인 모금가들은 윤리적이지 않다고 본다.[5]

5) 유산기부 유치자와 조력자에 대한 보상

비영리단체가 더 많은 기부자들을 참여하도록 하기 위해서는 소속직원 전원의 노력이 필요하다고 해도 과언이 아니다. 모금 담당자들이 더 열심히 일하게 하고, 조직내 협력자(natural partner)로 역할을 하는 사람들을 독려하기 위해 단체들은 모금 인센티브 정책에 대해 고민하고, 실제 이를 설계하기도 한다.

특히, 대학에서는 동문 기부자를 찾기 위해 교수들의 네트워크를 활용하고 싶어하고, 병원은 의사들이 환자 기부자를 개발하는 데 적극적으로 참여해 모금에 협력해주기를 바란다. 이런 취지에서 기부금 유치 금액의 일정 퍼센티지를 유치자와 조력자에게 보상하는 방법을 설계하는 기관도 있다.

---

5 AFP(Association of Fundraising Professionals)에서는 모금윤리규정(Code of Ethics) 4항에 '회원은 기부자, 잠재 기부자, 자원봉사자, 고객, 고용주 등의 관계를 이용하여 회원 자신들의 조직이나 회원 자신들의 이익을 취하지 않는다'라고 명시하고 있다.

얼핏 보면 인간의 경제적 성취 욕구를 활용하여 조직에도 좋고, 해당자에게도 좋은 윈윈(winwin) 전략인 것 같지만 실제 결과는 그렇게 작동되지 않는다. 모금액 대비 퍼센티지에 근거한 보상제도는 몇 가지 잠재적인 문제점을 내포하고 있다.

기부자의 입장에서 이 제도를 살펴보자. 비영리 조직은 이윤 추구가 아니라 천명한 사명을 수행하는 데 목적을 두고 있기 때문에 기부자들과 단체의 이해관계자들은 모금 담당자가 모금액과 직접 연결하여 일정 퍼센티지를 보상으로 받는 부분에 대해 수용하기 어렵다. 기부금이 전부 지정한 사업에 사용된다고 생각하거나, 일부가 행정비용으로 소요되는 것까지는 이해할 수 있지만 기부자가 낸 기부금이 내부직원이나 외부 조력자에게 일부 보상된다는 것을 알면 상당한 실망감을 느끼게 될 것이다.

이제 모금가의 입장에서 살펴보자. 더 많은 금액을 모금하고 보상으로 받기 위해 담당자는 기부자에게 과도한 압박을 줄 수 있다. 왜곡된 정보를 제시할 수도 있고, 기부 조건이나 기부금의 원천 등을 볼 때 받지 말아야 하는 기부금까지 받고자 할 수 있다.

비영리단체에게는 어떤 문제가 생길까? 조직 내에 과도한 경쟁을 초래하고, 개인이 정보를 독점하여 개인의 공으로 만들고자 할 것이므로 팀워크를 해칠 수 있다. 기부자와의 관계가 기관의 자산이 아니라 개인의 자산으로 전락하고 마는 문제점이 있는 것이다. 기부자 개발은 특별히 팀워크가 중요한 활동이기 때문에 이렇게 되면 장기적으로 조직에 건강한 필란트로피 문화를 만드는 것은 어려워진다.

유산기부에서도 위에서 언급한 문제점이 그대로 적용된다. 유산기부를 유치하는 데 기여한 자들에 대해 퍼센티지에 기반한 보상제

도는 비윤리적이다.[6]

그렇다면 어떤 방식으로 구성원들의 참여를 독려할 수 있을까? 일반적으로 업무 성과에 대해 보상을 받는 것은 적절하므로, 퍼센티지 기반이 아닌 조직의 보너스 문화에 맞는 제도는 적절하다. 보상제도를 디자인할 때 모금담당자가 기부자들과 윤리적인 관계를 형성하는 것을 저해하는 방식의 보상제도는 적절하지 않다. 대학에서도 처음에는 퍼센티지 기반 보상제도를 디자인하였다가 문제점을 발견하고 인사평가에 대학발전에 기여하는 항목을 추가하여 여기에 반영하는 등 개선을 하고 있다. 병원에서도 기부금이 아닌 다른 재원으로 식사권이나 리조트 이용권을 제공하는 등의 방식을 활용하기도 한다.

6) 더 이상 기부자의 의도대로 기부금을 사용할 수 없는 상황일 때

시대와 기술이 변하고 있어 기부자가 유산기부를 남긴 시점에 아주 유용했던 기부목적이 더 이상 효과적이지 않을 수 있다. 예를 들어, 과거에 한 기부자가 에이즈 치료제를 개발하도록 고액을 기부했다면 이제 에이즈 치료제는 여러 종류가 개발되었다. 인류의 존재

6 [AFP 모금윤리규정]

21항. 회원은 대가에 따른 보상을 받아서는 안 되며, 기부금의 일정 비율을 받는다는 계약을 해서도 안 된다. 또는 중개수수료나 성공보수를 받아서도 안 된다. 기업회원은 고객에게 제공된 재화나 용역과 관련하여 비공개로 제3자로부터 대가에 대한 보상을 받아서는 안 된다.

22항. 회원은 보너스와 같은 성과급을 받을 수 있다. 그러나 이러한 보너스는 기부금의 일정 비율을 받는 것이 되어서는 안 되며, 회원이 속한 조직 내부의 관행에 따른다.

24항. 회원은 중개수수료, 커미션, 기부금의 일정 비율 등을 지급해서는 안 되며, 회원 자신들의 조직이 이러한 행태를 보이지 않도록 전력을 기울인다.

를 위협할 것으로 여겨졌던 질병이 이제는 치료가능한 질병이 되었기 때문에 더 이상 기부당시 기부자의 의도는 유효하지 않다. 만약 이 기부자의 기부금이 남아 있다면 기부금을 받은 비영리단체에서는 어떻게 해야 할까? 기부자의 기부목적이 에이즈 치료로 지정되었으나 그 의도가 인류의 건강과 안녕을 위한 목적으로 보고 근접한 질병이나 에이즈와 유사하게 인류의 건강을 위협하는 질병 치료제 연구에 사용하는 데 기부금 잔액을 쓰는 것이 비영리조직에서는 윤리적이고 합리적인 것이다. 이것이 싸이프레스 독트린(Cy-pres Doctrine, 가급적 근사의 원칙)이다. 여러 가지 사정에 의해 재산을 처분하는 것을 지정한 방식대로 할 수 없을 경우, 그와 가장 가까운 방법을 취한다는 형평법상의 원리이다. 이러한 원리를 적용한 내용을 약정서에 명시적으로 표현해 놓는 것이 안전하다.

7) Quid Pro Quo 기부(대가가 있는 기부금)

Quid Pro Quo는 'something to something'의 뜻으로 '대가 있는'이란 뜻이다. 기부는 '반대급부 없이' 재산을 주는 것을 말하므로 기부는 기부자와 기부금을 받는 단체 간에 대가관계가 없어야 한다. 기부한 사실이 알려지면 기부자의 명예가 높아지고 기부금을 받은 단체로부터 네이밍 등의 예우를 받을 수는 있지만 이런 것들이 기부 자체에 대한 대가로 인정되지는 않는다. 그런데, 10만 원을 내고 구입한 모금만찬 티켓에 5만 원 상당의 식사를 제공하면 식사비용 만큼은 기부금으로 인정되지 않는다. 그러나, 많은 비영리단체에서는 제공한 서비스나 재화에 상당하는 금액을 정확하게 공제하기도 행정처리 상 어렵고 기부자들에게 설명하기도 거북해서 실제 많이 실행하고 있지는 않다.

소액은 그렇다 해도, 고액의 경우를 살펴보자. 한 고액기부자가 보유한 감정가 40억 원 상당의 건물에 임차인들이 보증금 총액 10억 원에 얼마간의 월세를 내고 있다고 하자. 이 건물을 기부했을 경우, 비영리단체는 얼마를 인정하고 기부금영수증을 발행할 수 있을까? 지정기부금 단체에 기부했다고 가정할 경우, 부동산 기부금액은 감정을 거쳐 감정가나 조사를 거쳐 시가로 인정될 수 있다. 감정가가 40억 원이면 비영리단체는 40억 원을 기부금으로 인정해줘야 할까? 10억 원의 부채에 해당하는 임대보증금이 있으므로 기부금으로 인정받을 수 있는 금액은 30억 원이 해당한다. 어떤 경우는 부동산을 담보로 받은 대출을 승계해야 할 수도 있다. 상환해야 하는 대출금도 기부금액에서 공제되어야 한다. 따라서, 부동산을 기부 받을 때는 권리관계와 임대관계를 잘 살펴보고, 과도하게 기부금이 인정되지 않도록 유의해야 한다.

8) 윤리적인 스토리텔링

모금담당자들이 빠질 수 있는 유혹 중 하나가 수혜자 개인이나 모금해야 하는 상황에 대한 이야기를 기부자들의 반응을 더 유도하는 방식으로 각색하거나 과장하는 방식으로 스토리텔링 하는 것이다. 이에 대해 심각성을 깨닫고 윤리적인 스토리텔링의 기준을 비영리조직 활동가들과 스토리텔러에게 제시하고 정보를 수집하는 기관이 등장했다. '윤리적인 스토리텔링(ethical storytelling)'이라는 단체이다. 이 단체에서 온라인으로 윤리적인 스토리텔링 서약을 함으로써 이에 참여하도록 하고 있는데, 그 서약을 소개한다.

윤리적인 스토리텔링 서약

- 다른 사람의 이야기를 우리 이야기가 전달되기를 원하는 방식대로 전달하겠다.
- 항상 사람들을 먼저 생각하겠다.
- 등장하는 이들에게 스토리의 목적과 어디에 쓰일 것인지를 설명하고, 사진촬영, 영상촬영, 녹음 전에 그들이 물어볼 수 있는 질문에 답을 하겠다.
- 언어가 다를 때에는 유능한 통역자를 구하겠다.
- 등장하는 인물이 이름이나 신원을 밝히기를 원하는지 물어보고 그들이 원하는 대로 하겠다.
- 등장인물이나 그들의 법적 보호자가 이해, 참여, 허락을 얻고 모든 이미지와 메시지를 사용하겠다.
- 참여를 독려하고 희망을 만들기 위해 이미지와 메시지를 씀으로써 등장인물의 존엄성을 유지하겠다.
- 현실의 복잡성과 단체가 옹호하려는 이슈의 뉘앙스를 보는 이에게 알리기 위해 상황과 스토리를 진실하게 대변하겠다.
- 문제를 일으킬 소지가 있는 이미지나 설명을 쓰지 말고, 전형적인 사람이나 상황도 쓰지 않겠다.
- 등장인물들에게 피드백을 요청하고 최종적으로 이 피드백을 반영하겠다.
- 취약한 사람들과 관련된 국제법, 기준, 프로토콜, UNCRC(the United Nations Convention on the Rights of the Child) 등을 준수하겠다.
- 등장인물의 목소리를 듣고, 그들의 결정, 스토리, 여정 등을 존중하겠다.
- 실수가 가장 큰 스승임을 알고 겸손하고 배우는 자세를 유지하겠다.
- 특정한 스토리, 메시지, 이미지가 윤리적인 스토리텔링을 실행하는 것과 맞지 않다고 생각이 되면 조언을 구하겠다.
- 자원이 투자되었다고 해도 이 서약을 지키면서 스토리를 알릴 수 없다면 알리지 않겠다.
- 스토리텔링과 메시징에서 성실함을 유지하고 책임감을 견지하겠다.

출처: ethicalstroytelling.com

[비윤리적인 스토리텔링의 사례]

케냐 빈민 아동 '지라니 합창단' 감동 사연이 거짓말이었다고?

'아프리카의 빈곤 아동들이 합창단을 통해 희망을 되찾았다'는 미담으로 널리 알려진 케냐 지라니합창단이 아동 단원들의 상황을 허위·과장 홍보하고, 연간 10억 원이 넘는 후원금을 불합리하게 운용했다는 의혹이 내부에서 제기됐다. 합창단이 속한 ㈔지라니문화사업단은 최근 의혹을 제기한 직원들을 잇따라 해고했다. 지라니합창단은 임아무개(63) 목사가 2006년 케냐 빈민촌의 어린이 80여명을 모아 창단해 2007년부터 미국·한국 순회공연을 다니고 국내 지상파 예능프로그램에 등장하면서 인기를 끌었다.

지라니문화사업단의 몇몇 전·현직 직원은 4일 "합창단 아이들의 가정이 대부분 가난한 건 사실이지만 합창단은 상황을 부풀리거나 허위사실을 통해 비윤리적으로 모금해왔다"고 밝혔다. 합창단 회장을 맡고 있는 임 목사는 2008년 언론 인터뷰와 공연 현장 등에서 1기 합창단원이었던 라우렌스(19)에 대해 "원래 지역의 깡패, 불량청소년이었다. 마약도 하고 험악하고 그랬던 아이인데 합창단을 접하고 (나쁜) 친구들 다 끊고 공부해 모범생이 됐다"고 말했지만, 이아무개(39) 씨 등 사업단의 전·현직 직원들은 "라우렌스는 마약을 한 적도 없고 학교를 착실히 다녔던 학생"이라고 말했다. 이씨는 지난해 8월부터 올해 7월까지 사업단에서 일했다. '아이들이 쓰레기장에서 짐승들과 뒤섞인 채로 음식 쓰레기를 찾았었다'는 홍보도 과장됐다는 비판이 나왔다. 사업단의 한 전직 관계자는 "동네에 쓰레기장이 있어 마을 사람 일부가 쓰레기를 줍기도 하지만 한국에 폐품 줍는 사람들이 있는 것과 비슷한 정도다. 마을 전체나 단원 아이들 모두가 쓰레기를 줍는 게 아닌데도 이런 내용을 지나치게 강조해, 이에 대한 문제제기를 여러 번 했었다"고 말했다.

대부분 후원금으로 꾸려지는 사업단 재정이 불합리하고 불투명하게 운용된다는 지적도 제기됐다. 사업단이 아닌 회장 개인 이름의 통장을 만들어 쓰고, 회장의 개인 자동차 보험, 적금 비용 등을 단체가 지급하는 등 횡령의 우려가 크다는 것이다. 이씨는 "2011년 4월부터 올해 3월까지 연평균 수익금 12억3489만 원 중에 합창단 아이들 120명의 학비, 식량 지원금으로 쓴 돈은 4.7%(5865만 원)로 회장의 연평균 급여액 6231만 원보다 적다. 설명이 필요한 부분"이라고 말했다. 지난해 말부터 회장 등 경영진에게 회계에 대해 문제제기를 한 이씨는 지난 7월 '직원 선동을 목적으로 허위사실을 날조하고 사실을 왜곡해 단체 대표를 비방하고 있다'는 이유로 해고됐다. 사업단은 재정운용 상황에 대한 상세 지출내역과 증빙서류를 공개하지 않고 있다. (하략)

출처: 한겨레 신문 2013. 9. 4

9) 수혜자나 희생자 사진을 사용할 때

비영리조직에서 기부자에게 동정심을 불러일으키거나 감동을 주기 위해 과장 또는 왜곡된 사진을 쓰거나 현장이 아닌 다른 곳에서 찍힌 사진을 쓰면서 사실을 밝히지 않는 경우도 있다. 국내에서도 인도네시아에서 쓰나미가 발생하여 긴급구호기금을 모금할 때 한 단체에서 세 살 정도 되어 보이는 남자아이가 흙바닥에서 슬픈 표정으로 앉아 있는 사진을 활용하였다. 얼마 안가 그 사진은 베트남에서 자기집 마당에서 놀고 있는 아이의 사진임이 밝혀진 적도 있다.

이런 문제가 발생되면서 잠재기부자와 커뮤니케이션할 때 기부자나 모금단체를 우선으로 하는 것이 아니라 수혜자와 희생자들을 우선으로 해야 한다는 자성적 비판이 비영리 섹터에서 일어났다. Liberty Asia라는 단체에서는 2016년 희생자 이미지 사용에 대한 가이드를 내놓았다.

희생자 이미지 사용에 관한 가이드
Guidance Note on Use of Victims' Images (Liberty Asia, 2016)

- NGO의 명분을 옹호하거나 홍보하기 위한 목적을 포함해 어떤 상황이라도 대상자의 이익과 안전을 최우선순위로 봐야한다.
- 희생자나 부모, 보호자의 동의 없이 사진이나 이름을 사용해서는 안된다. 사진이 어떤 목적에 사용되는지 희생자에게 명확하게 설명하여 그들이 정보를 가지고 동의하도록 해야 한다.
- 사진사용을 위한 동의는 희생자나 부모/보호자가 강제적이거나 동의해야만 한다고 느끼는 상태에서 이루어져서는 안된다. 필요하다면 동의서면을 번역하라.
- 이름을 사용할 때는 주의하라. 사진에 이름까지 포함할 필요가 있는지 잘 고려하라. 희생자가 해를 입거나 응징을 당하거나 고통을 당할 위험이 있다면 사진을 써서는 안된다. 적절하고 희생자를 보호할 수 있다면 가명을 쓰는 것을 고려하라.

- 희생자에 대해 고정관념을 만들거나 이슈를 선정적으로 만드는 사진은 피하라.
- 희생자의 위치나 정체에 대해 알 수 있는 정보 등 과도하거나 필요 없는 정보를 포함하고 있는 사진은 피하라.
- 아동 사진을 찍을 때는 더욱 주의하라. 아이의 입장이 어떤 상황에도 가장 우선이 되어야 한다. 타인이 오용할 가능성을 피하도로 그 아이들이 적절히 옷을 입고 있는 사진만 사용하라. 사진에서 아이의 실명을 쓰지 말고 이를 수반하는 문구도 넣지 마라.
- 사진을 고를 때, 가족이나 당신 자신이 그 사진속에 있어도 편안하거나 행복한지를 고려해보라.
- 같은 사진을 장기간 사용하는 것을 피하라. 사진이 현상황을 반영하고 있는지를 확실히 하라.
- 사진 속에 있는 사람들이나 그 이슈에 의해 영향을 받는 사람들이 이 사진이 정확하게 그 이슈를 대표하고 있다고 느끼는지를 생각해보라.

www.ethicalstorytelling.com

10) 기부자의 네이밍 권리

건물이나 공간, 교육 프로그램, 장학기금, 시상 등에 기부자의 이름을 붙여 기부자의 명예도 높이고, 충성도도 높이는 예우전략을 네이밍이라고 한다. 대학, 병원 등 활용할 수 있는 네이밍 자원들이 많은 곳에서 아주 활발하게 활용되는 예우방법이다.

신축건물에 기부자의 이름을 붙이는 경우, 어느 정도 금액을 기부해야 할까? 기관마다 네이밍 규정을 두어 기준을 세울 수 있을 것이다. 일반적으로 건물에 이름을 붙이는 경우, 건축금액의 절반 이상은 기부를 하는 것으로 기준을 둔다.

이미 수년전에 지어진 건물에 네이밍을 하는 경우는 어떨까? 당시 건축비의 절반이라는 기준을 적용할 수 있겠으나 그렇게 되면 당시의 화폐가치와 현재의 화폐가치가 달라 당시보다 적은 금액을 기부하고, 네이밍을 하게 되는 문제가 생긴다. 따라서, 과거 건물에 네이밍을 할 때는 현재가치를 고려하는 것이 필요하다.

그렇다면 유증으로 하는 유산기부자에게 네이밍을 하는 예우는 언제 어떤 기준으로 해야 할까? 유증은 새로 유언장을 작성하면 이전 유언장의 내용은 무효가 된다. 따라서, 유언장에 따른 유산기부는 언제든지 생전에 취소될 수 있기 때문에 기부금이 들어오기 전에 건물이나 프로그램에 네이밍을 하는 것은 섣부를 수 있다. 따라서, 유산기부의 네이밍은 유산기부가 실행되었을 때 하는 것을 원칙으로 한다. 물론, 선제적으로 네이밍을 해서 기부자가 유산기부를 취소하지 못하게 하는 효과를 보고자 할 수도 있겠으나, 이는 기부자가 취소하거나 후에 실현된 유산기부가 네이밍 기준에 미치지 못할 수도 있는 위험을 내포하고 있다.

유산기부자를 위한 예우는 생전 네이밍보다 유산기부 클럽을 만들어서 유산기부의 의미를 공유하고, 클럽 멤버로서 로열티를 강화하는 방식을 많이 활용한다.

부록

THE GUIDE FOR
BEAUTIFUL AND
MEANINGFUL PASSING

평생기부 계산표

1단계 여기에 있는 워크 시트를 사용하여 작년에 비영리 단체에 얼마나 많은 돈을 썼는지 적어보십시오. 그 금액에 계속 줄 것으로 예상되는 연수를 곱하십시오 (예를 들어, 기대 수명이 90 세이고 지금 70 살이고 평생 계속 기부할 예정이라면, 기부금에 20 년을 곱하십시오). 총계는 미래의 기부를 나타냅니다.

$ ______________ × ______________ = $ ______________

연간 기부　　미래 기부 기간　　미래 총기부액

2단계 지금까지 얼마를 기부했는지 추정치에 추가하십시오. 결과는 일생 동안의 총 기부를 보여줍니다.

$ ______________ + $ ______________ = $ ______________

미래 기부　　현재까지의 생애 기부 및 사망 후

3단계 이제 사망 후 관심 있는 비영리 단체에 얼마나 많은 자산을 투자 할 것인지 고려하십시오. 총 금액에 총액을 더하십시오.

$ ______________ + $ ______________ = $ ______________

평생 제공 부동산 기부 가치　평생 동안 모든 기부

4단계 이제 얼마나 많은 기부가 당신의 인생에 영향을 미칠 수 있는지 생각해보십시오. 여기에는 귀하가 모금 할 수 있는 금액과 귀하의 영향력으로 인해 다른 사람이 기부할 수 있는 금액이 포함됩니다. 위의 합계에 이것을 추가하십시오.

$ ______________ + $ ______________ = $ ______________

평생 및 부동산 선물　　총 기부 가능성

귀하에게 영향을 미치는 영향

5단계 성찰 : 이것은 여러분의 기부가 어떤 차이를 만들 수 있는지에 대한 관점과 장기적인 기부 계획을 세우는 것의 가치를 확대합니까? 당신의 총계로 세상에서 성취된 것을 보고 싶습니까?

6단계 다른 방법으로 실험을 해보십시요. 평생 동안 다른 기부 잠재력이 무엇입니까?

유언대용신탁계약서

제1조(계약의 목적) 이 계약은 고객 (이하 "위탁자"라 한다)과 ○○투자증권㈜ (이하 "수탁자"라 한다)간에 유언대용신탁계약(이하 "이 신탁계약"이라 한다)을 체결하여 위탁자의 의사를 보다 적극적으로 반영해 신탁재산의 관리, 처분, 운용, 개발 등을 통한 신탁재산에 관한 급부를 위탁자가 정한 수익자에게 지급함으로써 안정적으로 재산을 승계하는 것을 목적으로 한다.

제2조(용어의 정의) 이 신탁계약에서 사용하는 용어의 뜻은 다음과 같다.

1. "위탁자"라 함은 신탁을 설정하는 자를 말한다.
2. "수탁자"라 함은 신탁 목적에 따라 위탁자로부터 신탁재산을 인수하는 자를 말한다.
3. "수익자"라 함은 신탁재산의 수익권을 취득하여 행사하는 자를 말한다.
4. "원수익자"라 함은 위탁자가 사망하기 전까지 신탁재산의 수익권을 갖는 수익자를 말한다. 다만, 별도의 약정이 있는 경우를 제외하고는 이 신탁계약에서 위탁자를 원수익자로 본다.
5. "연속수익자"라 함은 수익자의 사망에 의하여 차례로 신탁재산의 수익권을 취득하도록 지정 받은 자를 말한다. 다만, 별도의 약정이 있는 경우를 제외하고는 원수익자가 사망할 때까지 이 신탁계약의 수익권을 취득하지 못한다.
6. "유언집행자"라 함은 유언의 내용을 실현하기 위하여 그 유언의 집행업무의 권한을 가지는 자를 말한다.
7. "사망통지인"이라 함은 [별지2]의 '사망통지인 확약서'를 제출한 자로서 수익자의 사망사실 등을 수탁자에게 통지하는 자를 말한다.

제3조(신탁재산)

① 이 신탁계약에서 신탁재산의 구체적인 내용과 신탁금액은 [별지1]"유언대용신탁계약 세부내역"(이하 "신탁계약 세부내역"이라 한다)에서 정한 바에 따른다.

② 위탁자는 제4조에서 정한 신탁계약기간 내에서 수탁자와 합의하여 신탁재산을 추가로 신탁할 수 있다.

제4조(신탁기간) 이 신탁계약의 신탁기간은 '신탁계약 세부내역'에서 정한 바에 따르며, 위탁자와 수탁자의 합의에 의해 단축 또는 연장 할 수 있다.

제5조(신탁계약 체결 및 효력의 우선순위)

① 위탁자와 수탁자는 신탁재산별 개별재산신탁계약서(이하 "개별재산신탁계약"이라 한다)를 체결한다. 이 경우 수탁자는 위탁자에게 개별재산신탁계약서를 교부하고 신탁관계법규에서 정한 내용 및 운용자산의 위험고지 등 중요한 내용을 설명하여야 한다.

② 이 신탁계약과 제1항의 개별재산신탁계약의 내용이 상이한 경우 이 신탁계약의 내용이 우선한다.

제6조(신탁관리인 지정)

① 위탁자는 수익자가 미성년자, 한정치산자 또는 금치산자이거나 그 밖의 사유로 수탁자에 대한 감독을 적절히 할 수 없는 경우 신탁관리인을 선임할 수 있다.

② 위탁자가 신탁관리인을 선임하고자 하는 경우 신탁관리인의 권한과 임무의 범위 및 보수지급에 관한 사항 등은 수탁자와 합의하여 정한다.

제7조(유언서 보관 및 유언집행서비스 등) 위탁자는 이 신탁계약과 별도로 유언서 보관 및 유언집행서비스 제공을 수탁자에게 의뢰할 수 있다.

제8조(사망통지인 지정 및 변경 등)

① 위탁자는 사망통지인을 지정 또는 변경하고자 하는 경우 [별지2] "사망통지인 확약서" 또는 [별지3] "사망통지인 (지정·정보) 변경 의뢰서"를 수탁자에게 제출하여야 한다.

② 위탁자는 제1항에서 정한 사망통지인이 사망한 경우에는 그 사실을 수탁자에게 지체 없이 통보하여야 한다.

③ 제1항에서 정한 사망통지인 이외에도 제3자가 수익자의 사망사실을 입증할 수 있는 서류를 수탁자에게 제출할 수 있다. 이 경우 수탁자는 사망통지인 또는 수익자의 상속인 중 1인에게 수익자의 사망사실을 확인하여야 한다.
④ 수탁자는 위탁자의 제1항 내지 제3항에 따른 통지의 지연 및 허위·부실 통지로 발생한 재산상 손해에 대하여 수탁자의 책임 있는 사유가 없는 한 책임을 지지 아니한다.

제9조(연속수익자 지정 및 변경 등)
① 위탁자는 이 신탁계약의 연속수익자를 '신탁계약 세부내역'에서 정한 바와 같이 정한다. 다만, 동 차에 연속수익자를 복수로 지정하고자 하는 경우 그 다음 차수의 연속 수익자는 지정하지 아니한다.
② 제1항 단서에 의한 복수의 연속수익자의 경우 신탁원본 및 신탁이익의 지급방법은 다음 각 호와 같다.
1. 별도 약정이 있는 경우를 제외하고는 연속수익자에게 균등하게 지급
2. 연속수익자가 사망한 경우 해당 연속수익자의 법정상속인에게 지급
③ 제1항에서 정한 1차 연속수익자가 원수익자보다 먼저 사망하거나 수익권을 포기할 경우 2차 연속수익자가 1차 연속수익자의 지위를 갖기로 한다.
④ 제1항에서 정한 2차 연속수익자가 1차 연속수익자보다 먼저 사망하거나 수익권을 포기할 경우 3차 연속수익자가 2차 연속수익자의 지위를 갖기로 한다. 다음 차수의 연속수익자가 있을 경우 다음 차수에도 동일한 방법으로 적용된다.
⑤ 제1항에서 정한 3차 연속수익자가 1차 연속수익자 또는 2차 연속수익자 보다 먼저 사망할 경우 위탁자는 제8항에 따라 새로운 연속수익자를 지정할 수 있으며 별도의 지정이 없으면 3차 연속수익자는 없는 것으로 본다. 다음 차수의 연속수익자가 있을 경우 다음 차수에도 동일한 방법으로 적용된다.
⑥ 수익자, 원수익자 및 연속수익자가 전부 사망하여 신탁계약이 종료된 경우 최종 순서로 지정된 연속수익자의 법정상속인에게 신탁원본 및 신탁이익을 지급하기로 한다.
⑦ 제2항 내지 제6항에도 불구하고 별도의 약정이 있는 경우에는 그에 따른다.
⑧ 위탁자는 제1항의 연속수익자를 새로 지정하거나 변경하고자 하는 경우에는 [별지4] "연속수익자(지정·정보) 변경 의뢰서"를 수탁자에게 제출하여야 한다. 이 권리는 위탁자에게 전속되어 상속되지 아니하고 위탁자의 법정대리인이나 상속인이 수익자를 새로 지정하거나 변경할 수 없다.

제10조(수익권의 양도 및 질권 설정) 수익자는 수탁자의 승낙 없이 이 신탁계약의 수익권을 양도하거나 담보로 제공할 수 없다.

제11조(신탁재산에 속하는 금전의 운용) 이 신탁계약 내 신탁재산에 속하는 금전의 운용방법은 개별재산신탁계약에서 정한 바에 따른다.

제12조(운용내역통보)
① 이 신탁계약 내 신탁재산의 운용내역통보는 개별재산신탁계약에서 정한 바에 따른다.
② 제1항에도 불구하고 위탁자 또는 수익자가 신탁재산의 운용내역 및 평가가액을 조회하고자 하는 경우 수탁자는 그 내용을 지체 없이 제공하여야 한다.

제13조(신탁원본과 이익의 보전) 수탁자는 신탁재산의 운용과 관련하여 신탁원본과 신탁이익의 보장 또는 손실을 보전하지 아니한다.

제14조(손익의 귀속) 신탁재산 운용으로 발생되는 이익 및 손실은 수익자에게 전부 귀속된다.

제15조(비용 등의 부담) 수탁자의 책임 있는 사유 없이 발생하는 신탁재산에 대한 조세 및 공과금과 이 신탁계약과 관련한 신탁사무 처리에 수반되어 발생하는 비용(각종 소송비용 포함)은 신탁재산에서 차감하거나 위탁자 또는 수익자에게 따로 청구할 수 있다.

제16조(신탁보수)

① 이 신탁계약의 신탁보수는 '신탁계약 세부내역'에 정한 바에 따른다. 단, 신탁재산별 신탁보수와 지급시기는 개별재산신탁계약에서 정한 바에 따르기로 한다.

② 수탁자는 신탁보수를 신탁재산에서 공제하여 충당하거나 상환 받을 수 있고, 신탁재산에서 충당하거나 상환 받을 수 없는 경우 위탁자의 다른 재산에서 지급하여 줄 것을 청구할 수 있다.

③ 제1항에도 불구하고 위탁자와 수탁자가 합의하여 신탁보수를 별도로 정할 수 있다.

제17조(중도해지)

① 제4조에서 정한 신탁기간이 끝나기 전이라도 위탁자는 수탁자에게 신탁계약의 해지를 신청할 수 있으며, 수탁자는 특별한 사유가 없는 한 이에 응하여야 한다. 신탁재산을 처분하기 곤란하여 신탁원본 및 신탁이익의 상환이 정상적으로 이루어지지 않거나 신탁재산의 만기가 다 되지 아니한 경우 등 특별한 사유가 있는 때에는 신탁재산을 처분하여 현금화가 가능할 때까지 중도해지가 불가능할 수 있으며, 중도해지가 가능하더라도 가격조건이 불리하게 되어 수익률이 하락할 수 있다.

② 제1항의 개별재산신탁계약의 중도해지에 관한 사항은 개별재산신탁계약에서 정한 바에 따른다. 다만, 이 신탁계약의 중도해지수수료 등 중도해지에 관한 사항은 위탁자와 수탁자가 합의하여 별도로 정할 수 있다.

③ 위탁자가 사망한 이후 다음 각 호의 어느 하나에 해당하는 사유가 발생한 경우 이 신탁계약에서 정한 개별재산신탁계약의 전부 또는 일부가 종료될 수 있다. 이 경우 신탁원본 또는 신탁이익은 수익자 또는 신탁재산의 권리자에게 지급한다.

1. 수익자가 신탁재산에 의하지 않으면 기초생계, 6개월 이상의 중병 치료, 학업 등 해결할 수 없는 급박한 상황이 발생한 경우
2. 유류분반환청구에 의해 신탁재산으로 유류분을 지급하는 경우
3. 신탁관계법규에 의하여 신탁재산에 강제집행 등을 하는 경우
4. 그 밖에 위탁자가 별도로 정한 경우

④ 수탁자는 제3항의 경우 해당 수익자 또는 신탁재산의 권리자에게 증빙서류를 서면으로 제출 받아야 한다. 다만, 제출한 증빙서류를 판단함에 있어 수탁자의 책임 있는 사유가 없는 한 수탁자는 책임을 부담하지 아니한다.

제18조(신탁의 종료 및 최종계산)

① 이 신탁계약은 다음 각 호의 어느 하나에 해당하는 경우 종료된다.

1. 제4조에서 정한 신탁계약기간이 만료된 경우
2. 이 신탁계약에서 정한 수익자, 원수익자 및 연속수익자가 모두 사망한 경우
3. 이 신탁계약과 관련된 수익권 전부가 소멸한 경우
4. 제2호 및 제3호 이외 신탁의 목적을 달성하였거나 달성할 수 없게 된 경우
5. 그 밖에 신탁관계법규에서 정한 신탁의 종료사유에 해당하는 경우

② 이 신탁계약이 종료된 경우 수탁자는 최종계산서를 작성하여 수익자의 승인을 받아 신탁재산을 교부한다. 다만, 신탁재산 중 환가 및 회수가 곤란한 부득이한 사정이 발생한 경우 신탁재산을 운용현상 그대로 교부할 수 있다.

③ 최종계산서에 대하여 수익자가 승인을 하지 아니한 경우 수탁자는 수익자에게 최종계산의 승인을 요구하고, 수익자는 계산승인의 요구를 받은 때로부터 1개월 이내에 승인여부를 수탁자에게 통지하여야 한다.

④ 수탁자는 제3항의 계산승인을 요구하는 경우 "수익자는 최종계산에 대하여 이의가 있는 경우 계산 승인을 요구받은 때로부터 1개월 이내에 이의를 제기할 수 있으며, 그 기간 내에 이의를 제기하지 않으면 수익자가 최종계산을 승인한 것으로 본다"라는 취지의 내용을 수익자에게 고지하여야 한다.

⑤ 수익자가 수탁자로부터 제3항의 계산승인을 요구받은 때로부터 1개월 내에 이의를 제기하지 아니하는 경우 제2항의 계산을 승인한 것으로 본다.

제19조(신고사항) 위탁자 또는 수익자는 다음 각 호의 사유가 발생한 경우에는 지체 없이 수탁자에게 그 사실을 서면 또는 팩스, 이메일 등에 의하여 신고하여야 한다.

1. 신탁증서(또는 통장)·거래인감 등을 분실·도난·훼손하였거나 변경하고자 할 때
2. 위탁자, 수익자, 이 신탁계약에서 정한 대리인, 그 밖의 신탁관계인의 사망 또는 주소, 연락처, 성명, 행위능력 등의 변경 및 신고인감의 변경

제20조(인감신고)

① 위탁자, 수익자, 신탁관리인, 그 밖에 이 신탁계약의 이해관계자는 거래인감을 미리 신고하여야 한다.

② 이 신탁계약과 관련된 서류에 날인한 인영을 신고한 인감과 육안으로 주의깊게 비교·대조하여 틀림없다고 여기고 본인확인절차를 실시하여 신탁재산의 교부 및 그 밖의 신탁사무를 처리한 경우 인감의 위조·변조 또는 도용 등의 사유가 있더라도 이로 인하여 발생한 손해에 대해서는 수탁자는 책임 있는 사유가 없는 한 책임을 지지 아니한다.

제21조(신탁계약의 변경)

① 수탁자는 이 신탁계약을 변경할 수 있으며, 이를 변경하고자 하는 경우 그 변경내용을 변경되는 약관의 시행일 1개월 전에 위탁자가 확인할 수 있도록 회사의 영업점에 마련해 두거나 인터넷 홈페이지, 온라인 거래를 위한 컴퓨터 화면, 그 밖에 이와 유사한 전자통신매체를 통하여 게시한다. 다만, 자본시장법 등 관계법령 또는 거래소 업무규정의 제·개정에 따른 제도변경 등으로 약관이 변경되는 경우로서 본문에 따라 안내하기가 어려운 급박하고 부득이한 사정이 있는 경우에는 변경내용을 앞의 문장과 같은 방법으로 개정 약관의 시행일 전에 게시한다.

② 제1항의 변경내용이 위탁자에게 불리한 경우 수탁자는 이를 서면 등 위탁자와 사전에 합의한 방법으로 변경예정일 1개월 전까지 통지하여야 한다. 다만 위탁자에게 변경 전 내용이 그대로 적용되는 경우 또는 위탁자가 변경내용에 대한 통지를 받지 아니하겠다는 의사를 명시적으로 표시한 경우에는 통지하지 않을 수 있다.

③ 수탁자는 제2항의 통지를 할 경우 "위탁자는 계약의 변경에 동의하지 아니한 경우 계약을 해지할 수 있으며, 통지를 받은 날로부터 변경예정일 전의 영업일까지 계약해지의 의사표시를 하지 아니한 경우에는 변경에 동의한 것으로 본다"라는 취지의 내용을 통지하여야 한다.

④ 위탁자가 제3항의 통지를 받은 날로부터 변경예정일 전의 영업일까지 계약해지의 의사를 표시하지 아니하는 경우에는 변경에 동의한 것으로 본다.

⑤ 수탁자는 본 계약을 수탁자의 영업점에 위탁자가 확인할 수 있도록 마련해 두거나 게시하여 위탁자가 요구할 경우 이를 교부하여야 하며, 인터넷 홈페이지, 온라인 거래를 위한 컴퓨터 화면, 그 밖에 이와 유사한 전자통신매체에 게시하여 위탁자가 본 계약을 확인하고 다운로드(화면출력 포함)받을 수 있도록 하여야 한다.

제22조(소송수행)

① 신탁재산에 관한 소송이 제기되었거나 제기할 필요가 있는 경우 수탁자는 위탁자와 수익자에게 이를 통지하고 위탁자 및 수익자와 협의하여 응소 또는 제소에 필요한 조치를 취할 수 있다.

② 제1항에 따라 수탁자가 부담하는 소송대리인의 보수 및 소송과 관련된 비용(소송결과에 따른 판결금액 및 이에 대한 지연이자 등 포함)은 제15조 에 따라 처리한다.

③ 제1항에 따라 수탁자가 소송 등 업무를 수행한 경우에는 소송대리인 선임 사실 및 판결이 선고되거나 결정이 내려진 사실을 그 선임이 이루어진 날 또는 수탁자가 판결에 관하여 통지 받은 날로부터 지체 없이 위탁자 및 수익자에게 등기우편으로 통지하며, 이 경우 소송과 관련된 비용 및 해당 판결에 따라 수탁자가 지급의무를 부담하게 된 금액도 함께 통지하여야 한다.

제23조(관할법원) 이 신탁계약에 관하여 분쟁이 발생하는 경우에는 관할법원은 「민사소송법」에서 정하는 바에 따른다.

제24조(관계법규 등 준용)

① 이 신탁계약에서 정하지 아니한 사항은 별도의 약정이 없는 한 신탁법 등 관계법규에서 정하는 바에 따르며 관계법규등에도 정함이 없는 경우에는 일반적인 상관례에 따른다.

② 이 신탁계약의 내용 중 전자금융거래와 관련한 부분은 '전자금융거래이용에 관한 기본약관' 등 전자금융거래 관련약관 및 전자금융거래법 등 전자금융거래관련법령을 우선 적용한다.

제25조(신탁계약과 신탁특약의 관계) 위탁자와 수탁자는 관계법규에 위반하지 않는 범위내에서 특약을 정할 수 있으며, 신탁특약의 내용은 이 신탁계약의 내용을 우선한다.

제26조(계약서 보관) 이 신탁계약을 증명하기 위하여 신탁계약서는 3부를 작성하여 위탁자, 수탁자가 각각 1부씩 보관하며, 1부는 신탁등기에 사용한다.

[별지1] 유언대용신탁 세부내역

[별지2] 사망통지인 확약서

[별지3] 사망통지인 [지정·변경] 의뢰서

[별지4] 연속수익자 (지정·정보) 변경 의뢰서

[별지1] 유언대용신탁계약 세부내역

계 약 명		계좌번호		종합재산신탁번호		계약번호	

세부내역 계약서와 대조하면서 정확히 확인하여 주시기 바랍니다

구분						근거
신탁금액		* 신탁재산에 따른 개별재산신탁계약서에서 정한 바에 따름				계약서 제3조
신탁재산		* 신탁재산에 따른 개별재산신탁계약서에서 정한 바에 따름				계약서 제3조
신탁기간		년 월 일부터 년 월 일까지				계약서 제4조
신탁보수		후취보수 : 신탁계약잔액 X 연[ ]% 일할(日割) 산정				계약서 제16조
중도해지수수료		* 중도해지수수료 미징수				계약서 제17조
1차	연속수익자	성명		생년월일		계약서 제9조
		연락처		위탁자와 관계		
	연속수익자	성명		생년월일		
		연락처		위탁자와 관계		
2차	연속수익자	성명		생년월일		
		연락처		위탁자와 관계		
	연속수익자	성명		생년월일		
		연락처		위탁자와 관계		
3차	연속수익자	성명		생년월일		
		연락처		위탁자와 관계		
	연속수익자	성명		생년월일		
		연락처		위탁자와 관계		

특약사항

■ 별도의 의사표시가 없는 한 계약기간 종료시 환가하여 수익자계좌로 입금 : Yes □, No □

고객확인 계약서 및 신탁계약내용에 대해 충분히 설명 들으신 후 기재하여 주시기 바랍니다.

■ 본인은 계약서 및 특약사항의 내용에 대해 귀사로부터 설명을 들었으며, 관련 내용을 이해 하고 동 약관 및 계약서를 수령하였음을 확인합니다. 년 월 일 (인/서명)

상기 계약서의 내용을 확인합니다.

위탁자	주소 :
	성명 : (인/서명)
수탁자	**한 화 투 자 증 권 주 식 회 사** **지점(부)장** **(인)**

기타특약내용 상기의 계약내용 이외 신탁특약을 추가하신 경우 세부내용을 정확히 확인하여 주시기 바랍니다.

[별지2] 사망통지인 확약서

사망통지인 확약서

사망통지대상자	□ 원수익자 □ 1차연속수익자 □ 2차연속수익자 □ 3차연속수익자			
1. 사망통지대상자에 관한 사항				
①사망통지대상자	주소		성명	
	생년월일		연락처	(자택/HP)
	대상자구분	□ 원수익자 □ 연속수익자		(E-Mail)
②사망통지대상자	주소		성명	
	생년월일		연락처	(자택/HP)
	대상자구분	□ 원수익자 □ 연속수익자		(E-Mail)
2. 사망통지인에 관한 사항				
①사망통지인(본인)	주소		성명	
	생년월일		연락처	(자택/HP)
	관계	사망통지대상자의(　　　)		(E-Mail)
②사망통지인(본인)	주소		성명	
	생년월일		연락처	(자택/HP)
	관계	사망통지대상자의(　　　)		(E-Mail)
3. 사망통지인의 사망통지에 관한 사항				
사망통지처	주소		우편번호	
	전화번호		팩스번호	
	담당부서		담당자	

※사망통지처에 대한 정보가 변경될 수 있습니다. 이 경우 ○○투자증권 고객센터로 연락주시기 바랍니다.

4. 확약내용에 관한 사항

제1조 (사망통지인 지정) 귀하는 유언대용신탁계약서 상에 사망통지인으로 지정되었습니다.

제2조 (사망통지인 의무) 귀하는 상기 사망통지대상자가 사망한 즉시 그에 따른 입증서류를 첨부하여 서면으로 수탁자에게 통지하여야 합니다.

제3조 (사망통지인의 협력의무) 귀하는 다음 각 호에 해당하는 경우 수탁자에게 지체없이 통지하여야 합니다.

1. 사망통지인의 성명, 주소, 연락처등이 변경된 경우
2. 사망통지대상자의 사망통지를 이행할 수 없게 된 경우
3. 사망통지와 관련하여 중요하다고 판단되는 사항이 발생한 경우

제4조 (사망통지업무책임) 사망통지인이 제2조 및 제3조의 내용을 통지하지 않거나 지체하여 발생한 손해에 대해서는 수탁자의 책임 있는 사유가 없는 한 책임을 지지 않습니다.

위와 같은 내용으로 확약하고 본 서류(1부)를 수령합니다.

※ 첨부서류

1. 사망통지인 신분증명자료 1부.

20　　년　　월　　일

①사망통지인(본인)　　　　(인)

②사망통지인(본인)　　　　(인)

수탁자　　　　(인)

[별지3] 사망통지인 (지정/변경) 의뢰서

사망통지인 (지정/변경) 의뢰서

변경사항	□ 사망통지인 지정 변경 □ 사망통지인 정보 변경 (성명, 주소, 연락처 등)
계좌번호	

사망통지인에 관한 사항

변경사항		변경전	변경후
1	성명		
	주소		
	생년월일		
	연락처	(자택/HP) (E-mail)	(자택/HP) (E-mail)
	본인과의관계		
2	성명		
	주소		
	생년월일		
	연락처	(자택/HP) (E-mail)	(자택/HP) (E-mail)
	본인과의관계		
3	성명		
	주소		
	생년월일		
	연락처	(자택/HP) (E-mail)	(자택/HP) (E-mail)
	본인과의관계		

비고 (변경사유, 내용 등)	

위와 같은 내용으로 변경하고자 하오니 처리하여 주시기 바랍니다.

※ 첨부서류

1. 사망통지인 신분증명자료 1부.
2. 사망통지인 확약서※ 1부

※ 변경 전후 사망통지인이 동일인인 경우 생략

20 년 월 일

위탁자(본인) (인)

수탁자 (인)

[별지4] 연속수익자 (지정/정보) 변경 의뢰서

<table>
<tr><td colspan="4">연속수익자 (지정/정보) 변경 의뢰서</td></tr>
<tr><td colspan="2">변경사항</td><td colspan="2">□ 연속수익자 지정 변경 □ 연속수익자 정보 변경 (성명, 주소, 연락처 등)</td></tr>
<tr><td colspan="2">계좌번호</td><td colspan="2"></td></tr>
<tr><td colspan="4">연속수익자에 관한 사항</td></tr>
<tr><td colspan="2">변경사항</td><td>변경전</td><td>변경후</td></tr>
<tr><td rowspan="5">1차</td><td>성명</td><td></td><td></td></tr>
<tr><td>주소</td><td></td><td></td></tr>
<tr><td>생년월일</td><td></td><td></td></tr>
<tr><td>연락처</td><td>(자택/HP)
(E-mail)</td><td>(자택/HP)
(E-mail)</td></tr>
<tr><td>본인과의관계</td><td></td><td></td></tr>
<tr><td rowspan="5">2차</td><td>성명</td><td></td><td></td></tr>
<tr><td>주소</td><td></td><td></td></tr>
<tr><td>생년월일</td><td></td><td></td></tr>
<tr><td>연락처</td><td>(자택/HP)
(E-mail)</td><td>(자택/HP)
(E-mail)</td></tr>
<tr><td>본인과의관계</td><td></td><td></td></tr>
<tr><td rowspan="5">3차</td><td>성명</td><td></td><td></td></tr>
<tr><td>주소</td><td></td><td></td></tr>
<tr><td>생년월일</td><td></td><td></td></tr>
<tr><td>연락처</td><td>(자택/HP)
(E-mail)</td><td>(자택/HP)
(E-mail)</td></tr>
<tr><td>본인과의관계</td><td></td><td></td></tr>
<tr><td colspan="4">※ 연속수익자 복수 지정으로 인해 본 서식으로 작성이 어려울 경우 동일한 양식으로 별도 작성하여 첨부</td></tr>
<tr><td colspan="2">비고
(변경사유, 내용 등)</td><td colspan="2"></td></tr>
<tr><td colspan="4">위와 같은 내용으로 변경하고자 하오니 처리하여 주시기 바랍니다.

※ 첨부서류
1. 위탁자(본인) 신분증명자료 1부.
2. 위탁자(본인) 가족관계증명서※ 1부
※ 연속수익자가 법정상속인인 경우 한

20 년 월 일
위탁자(본인) (인)
수탁자 (인)</td></tr>
</table>

공익신탁 계약서

(홍길동의 장애청소년 예술활동을 위한 공익신탁)

제1조 (신탁목적)

위탁자는 신탁재산을 공익신탁 가입신청서에서 지정된 공익사업에 사용할 목적으로 신탁하고 수탁자는 이를 인수한다.

제2조 (명칭)

이 공익신탁의 명칭은 '이상현의 장애청소년 문화체육활동을 위한 공익신탁'으로 한다.

제3조 (사 업)

이 공익신탁은 제1조의 목적을 달성하기 위하여 다음의 사업을 수행한다.

① 금전 등 재산의 수탁 및 집행

② 기부금 집행을 위한 신탁재산의 보관 및 운용

③ 기타 목적을 달성하기 위하여 필요한 사업

제4조 (신탁재산)

① 신탁재산의 금액은 공익신탁 가입신청서에서 정한 금액으로 한다.

② 위탁자는 수탁자와 협의하여 재산을 추가로 신탁할 수 있다.

③ 수탁자는 추후 제3자로부터 기부를 받아 신탁원본에 포함할 수 있다.

④ 수탁자는 제2항 및 제3항에 따라 추가 신탁 또는 기부가 있을 경우에는 그 종류, 총액 및 사용내역을 신탁관리인에게 보고 하고, 법무부장관에게 신고하여야 한다. 다만, 직전 보고 및 신고 후 새로 누적된 추가 신탁 또는 기부의 총액이 1천만원을 초과하지 아니하면 월별로 보고 및 신고 할 수 있다.

제5조 (신탁재산의 운용)

① 수탁자는 신탁재산에 속한 금전을 다음 각 호의 방법으로 운용한다.

1. 국채, 지방채 및 특별법에 따라 설립된 법인의 사채의 응모·인수 또는 매입
2. 국채나 그 밖에 제1호의 유가증권을 담보로 하는 대부
3. 은행예금 또는 우체국예금

② 신탁재산은 공익신탁법 제11조에 따라 이 공익신탁이 정하는 공익사업 및

그 공익사업을 위한 수익사업 외의 용도로 사용할 수 없다.
③ 수탁자는 제4조에 따라 추가로 신탁하는 금전과 운용상 발생하는 이익에 대하여도 위탁자의 별도 지시가 없는 한 제1항과 같이 처리한다.

제6조 (신탁기간)
이 공익신탁의 신탁기간은 이 공익신탁에 대한 법무부장관의 인가가 있는 날로부터 이 공익신탁의 인가가 취소되거나 제20조 및 「공익신탁법」의 관계 규정에 따라 공익신탁이 종료될 때까지로 한다.

제7조 (신탁관리인)
① 이 공익신탁은 법무부장관의 승인을 얻어 신탁관리인을 정한다.
② 수탁자는 신탁관리인이 유고 또는 사임 등으로 그 직무를 계속 할 수 없거나 그 직무를 수행하기에 적정하지 아니한 때에는 법무부장관의 승인을 얻어 새로운 신탁관리인을 선임할 수 있다.
③ 신탁관리인은 이 신탁계약에서 정한 직무 및 공익신탁법에서 정한 직무를 수행한다.
④ 수탁자는 신탁관리인에게 제10조제1항의 사업계획서에서 정한 범위 내에서 보수 또는 그 직무를 수행하는데 필요한 비용을 지급할 수 있다.

제8조 (공익신탁 운영위원회)
① 이 공익신탁은 공익신탁의 운영, 기부 또는 이익을 제공받을 대상의 지정 등을 위하여 법무부장관의 인가를 받아 공익신탁 운영위원회를 설치할 수 있다.
② 공익신탁 운영위원회 설치에 관한 사항은 <별첨> 공익신탁 운영위원회의 설치와 같이 정한다.

제9조 (사업연도)
이 공익신탁에서 공익신탁법 제16조에 따른 사업연도는 매년 1월 1일부터 12월 31일까지 1년간으로 정하는 것을 원칙으로 한다. 다만, 최초 사업연도는 법무부장관의 인가가 있는 날부터 당해 연도 12월 31일까지로 하고, 마지막 사업연도는 1월 1일부터 당해 연도 사업계획서에서 정한 날까지로 한다.

제10조 (사업계획서 등의 제출 및 공시)
① 수탁자는 매 사업연도 개시일 1개월 전까지 해당 사업연도의 사업계획서, 추정대차대조표 및 그 부속명세서, 추정손익계산서 및 그 부속명세서를 작

성하여 신탁관리인의 승인을 얻어 법무부장관에게 제출하여야 한다.

② 수탁자는 매 사업연도가 끝난 후 2개월 이내에 해당 사업연도의 사업보고서, 대차대조표 및 그 부속명세서, 손익계산서 및 그 부속명세서, 외부감사인의 감사보고서(공익신탁법 제17조에 따른 외부감사 대상인 경우), 신탁재산운용명세서, 신탁재산사용점검표, 공익사업세부명세서, 기부금품 사용명세서를 작성하여 신탁관리인의 승인을 얻어 법무부장관에게 제출하여야 한다.

③ 위탁자가 제1항 및 제2항의 서류를 요청할 경우 수탁자는 관련서류를 제출한다.

제11조 (신탁재산의 사용)

① 수탁자는 제10조제1항의 사업계획서 범위 내에서 기부금품을 지급하거나 이익을 제공한다.

② 제8조에 따라 공익신탁 운영위원회를 설치하는 경우, 수탁자는 운영위원회의 의견 또는 권고에 따라 제1항의 기부 또는 이익을 제공받을 대상자를 정할 수 있다.

③ 수탁자는 제1항에 따라 기부금품을 지급하고 이익을 제공하는 사무를 제3자에게 위임할 수 있다.

④ 수탁자는 기부금품을 지급하거나 이익을 제공하기 위하여 신탁재산을 인출시에는 위탁자의 인출지시 없이 신탁관리인에게 보고하고 인출할 수 있다.

제12조 (제세공과금 및 사업비의 지출)

① 신탁재산에 대한 제세공과금은 신탁재산에서 지급한다.

② 수탁자는 제10조제1항의 사업계획서에서 정한 범위 내에서 공익신탁사무를 처리하기 위한 비용을 신탁재산에서 지출할 수 있다.

제13조 (이익계산 및 신탁원본)

① 이 공익신탁의 이익은 기준가격방식에 의하여 산출하고, 신탁원본은 그 이익을 제외한 금액으로 한다.

② 위탁자가 신탁원본이 아닌 그 이익만을 출연하는 경우, 해당 신탁원본은 '공익신탁 가입신청서'에서 정한 반환일 이후에 위탁자에게 귀속된다. 이 경우 위탁자는 수탁자의 동의를 받아 그 반환받을 방법을 정할 수 있다.

제14조 (기준가격의 계산)

① 계산시점의 기준가격은 그 직전일의 자산총액에서 부채총액을 차감한 금액

- 3 -

(신탁순자산총액)을 직전일의 총좌수로 나누어 산출하며, 1,000좌 단위로 원미만 셋째자리에서 4사5입하여 원미만 둘째자리까지 계산한다.

② 이 공익신탁의 좌수는 가입일을 기준으로 [(신탁재산의 가액 / 기준가격) × 1,000]의 방법으로 계산한다.

③ 이 공익신탁에 대한 법무부장관의 인가에 따라 최초로 설정되는 날의 기준가격은 1,000좌당 1,000원으로 한다.

제15조 (신탁보수)

수탁자가 받는 신탁보수는 신탁순자산총액 평균잔액의 연 1000분의 4이며 매 사업연도 결산일에 신탁재산에서 차감한다.

제16조 (신탁재산 계산의 차입)

수탁자는 제3조에서 정한 사업을 집행하거나 또는 신탁재산을 관리운용하기 위하여 필요한 때에는 신탁관리인의 승인 후 법무부장관의 승인을 얻어 동일 사업연도 내에 상환하는 조건으로 신탁재산의 계산으로 수탁자의 고유재산 또는 다른 금융기관에서 차입할 수 있다.

제17조 (수익권의 양도 또는 담보 제공)

위탁자가 신탁원본이 아닌 그 이익만을 출연하는 경우, 위탁자는 수탁자의 승낙을 받아 신탁원본에 대한 수익권을 양도 또는 담보로 제공할 수 있다.

제18조 (수탁자의 사임)

① 수탁자는 법무부장관의 승인을 받아 사임할 수 있다.

② 수탁자가 사임하는 경우, 신탁재산관리인 또는 신수탁자에게 신탁재산과 신탁사무를 인계하여야 한다.

③ 수탁자는 제2항의 인계를 종료하기까지 선량한 관리자로서 주의의무를 다하여야 한다.

제19조 (신탁조항의 변경)

① 수탁자는 이 신탁계약 체결 시에 예상하지 못한 특별한 사정이 있거나 신탁조항을 변경할 필요가 발생하는 경우에는 신탁의 취지에 반하지 않는 범위 내에서 신탁관리인의 승인을 거쳐 법무부장관의 승인을 얻어 신탁조항을 변경 할 수 있다.

② 수탁자는 제1항의 변경을 하기 전에 위탁자에게 변경사항을 통지하여야 하고, 위탁자는 위 통지를 받은 때로부터 2주 이내에 변경사항에 대한 이의

를 제기할 수 있다.

③ 위탁자가 제2항에 따른 이의를 제기하지 않는 경우, 그 변경사항에 대하여 위탁자의 이의가 없는 것으로 본다.

제20조 (신탁의 종료 등)

① 이 공익신탁은 신탁재산을 모두 목적 사업에 사용하고, 위탁자가 추가 위탁을 하지 아니하겠다는 의사를 표명한 때에 종료한다.

② 이 공익신탁은 중도해지 할 수 없고, 당사자의 합의로 종료되지 않는다.

③ 이 공익신탁이 종료하는 경우에는, 수탁자는 지체 없이 그 사실을 신탁관리인 및 법무부장관에게 신고하고, 신탁사무에 관한 최종 계산을 한 후 신탁관리인의 승인을 거쳐 법무부장관의 승인을 받아야 한다.

제21조 (잔여재산의 귀속)

공익신탁 인가가 취소되거나 공익신탁이 종료한 경우 남은 신탁재산은 공익신탁법 제24조 제2항에 따라 처리한다.

제22조 (신탁사무 처리장소)

이 공익신탁의 사무는 수탁자의 본점 및 신탁부 사무소에서 처리하는 것을 원칙으로 한다.

제23조 (효력 발생일)

이 계약은 공익신탁법 제5조에 따라 법무부장관으로부터 공익신탁의 인가를 받은 날로부터 효력이 발생한다.

제24조 (계약내용의 보충)

함께 첨부한 '공익신탁 가입신청서'에 기재된 내용은 이 계약의 일부를 이루며, 이 계약에서 정하지 않은 사항은 '공익신탁 가입신청서'에서 정한다.

<별 첨>

공익신탁 운영위원회의 설치

공익신탁계약서 제8조에 따라 공익신탁 운영위원회를 설치하는 경우 아래 내용에 따른다.

제1조 (운영위원회 설치)

① 운영위원회의 위원 (이하 "운영위원" 이라고 한다)은 5인 이상 7인 이내로 하며, 수탁자가 신탁관리인의 동의를 얻어 이 공익신탁의 사업 또는 신탁재산의 운용에 학식 경험을 가진 자들로 위촉한다.

② 운영위원회에 위원장은 1인을 두고 위원장은 운영위원회에서 정한다.

③ 위원장은 운영위원회를 대표하여 회의를 주재한다.

제2조 (운영위원회의 역할)

① 운영위원회는 이 공익신탁에서 정한 사업과 관련한 기부금 수혜대상자, 기부액 및 기부방법의 결정 등 공익신탁의 적절한 운영을 위하여 수탁자에 대하여 의견을 전달 또는 권고를 한다.

② 전항에 규정한 것 이외 운영위원회는 수탁자의 자문에 응하고 이 공익신탁의 사업의 수행과 관련하여 필요하다고 인정하는 사항에 대하여 조언할 수 있다.

제3조 (운영위원의 임기)

① 운영위원의 임기는 이 공익신탁 기간 범위 내에서 5년으로 한다. 다만 결원 또는 증원에 의하여 선임된 운영위원의 임기는 전임자 또는 현임자의 잔여기간으로 한다.

② 운영위원이 사망 또는 사임하는 경우 또는 해임된 때에는 수탁자는 신탁관리인의 동의를 얻어 신속하게 선임을 하여야 한다.

③ 운영위원은 재임할 수 있다.

④ 운영위원은 사임, 또는 임기가 만료된 경우에 후임자가 선임될 때까지는 그 직무를 수행하여야 한다.

제4조 (운영위원의 해임)

운영위원은 운영위원으로서의 불성실한 행위가 있는 때 또는 심신의 장애로 직무 수행이 어렵다고 인정하는 때에는 운영위원의 3분의 2 동의를 얻는 동시에 신탁관리인의 동의를 얻어 수탁자가 해임을 할 수 있다.

- 6 -

제5조 (운영위원회의 개최)

운영위원회는 매년 1회 이상 개최하고, 다음과 같은 상황일 때에는 수시 개최할 수 있다.

1. 위원장이 필요하다고 인정하는 경우
2. 수탁자로부터 운영위원회의 회의 목적 사항을 기재한 서면으로 개최 청구가 있는 경우

제6조 (운영위원회의 소집)

① 운영위원회는 위원장이 소집한다.

② 위원장은 제5조제2호의 경우에는 청구가 있은 날로부터 15일 이내에 운영위원회를 소집하여야 한다.

제7조 (운영위원회의 의결)

① 운영위원회는 운영위원의 재적 과반수의 출석으로 개회한다.

② 운영위원회의 의사는 이 신탁계약에서 별도로 정하는 것 이외에는 회의에 출석한 위원의 과반수로 정한다.

③ 위원장은 신속한 의결이 필요한 경우 제6조의 소집을 하지 않고 결의 목적 사항을 기재하여 서면결의를 요청할 수 있고, 서면결의를 요청받은 운영위원은 서면으로 그 찬·반을 표시할 수 있다.

④ 제3항에 따라 서면결의를 하는 경우 재적 과반수의 찬성으로 의결한다.

제8조 (운영위원회의 의사록)

운영위원회의 회의에 대하여는 다음의 사항을 기재한 의사록을 작성하여야 한다.

1. 운영위원회의 일시 및 장소
2. 운영위원회의 재적 수
3. 운영위원회 참석한 운영위원 수 및 성명
4. 의결 사항
5. 의사의 결과 개요 및 그 결과

제9조 (운영위원의 보수)

운영위원에 대한 보수는 무보수로 한다. 다만, 수탁자는 운영위원에게 그 직무를 수행함에 있어 필요한 비용을 신탁재산에서 지급할 수 있다.

- 7 -

다섯가지 소원

FIVE WISHES

소원 목록

1 내가 치료 결정을 내릴 수 없을 때 내 대신 결정을 내려주는 사람

2 원하거나 원하지 않는 치료 종류

3 원하는 편안함 정도

4 원하는 간병 방식

5 사랑하는 가족들에게 알리고 싶은 사항

이름 정자 기재 print your name

생년월일 birthdate

참고문헌

【제1부】

미국의 심리학자, 저서『Death, Society & Human Experience』

Bekay Ahn, CFRE, 푼돈의 달변 큰 돈의 경청, 단열삼열, June 2011

Bekay Ahn, CFRE, The New Wave of Philanthropy, 한국기부문화연구소, 2015

Bekay Ahn, CFRE, The Secret of Asking(착한 요청의 비밀), 단열삼열, June 2013

Frumkin, Peter. Strategic Giving: The Art and Science of Philanthropy. Chicago: University of Chicago Press, 2006.

Godin,Seth. Seth's Main Blog http://sethgodin.typepad.com

https://assets.aspeninstitute.org/content/uploads/files/content/docs/pubs/Sunsetting2.pdf

https://fivewishes.org/docs/default-source/Samples/five-wishes-sample.pdf

https://media.bain.com/elements-of-value/

Jeffrey C. Walker and Jennifer McCrea (2014) The Generosity Network: New Transformational Tools for Successful Fund-Raising, Recorded Books

Jeffrey Cain(2012) Protecting Donor Intent: How to Define and Safeguard Your Philanthropic Principles, Philanthropy Roundtable

Judith Sharken Simon, 2002 The 5 Life Stages of Nonprofits, and The Conservation Company, page 2

Lester M. Salamon(2014) New Frontiers of Philanthropy, oxford

Meagher, David K.(2007) *Handbook of Thanatology: The Essential Body of Knowledge for the Study of Death, Dying, and Bereavement*, CRC Press Book

Shereitte C. Stokes III, ACFRE GIF POLICY and Stewardship Manual Vice President

By: Institutional Advancement Updated: June 7, 2018
Slamon,J.(2003) *Rambam's Ladder: A meditation on Generosity and Why It is Necessary to Give.* New York, Workman
Stanford Social Innovation Review Blog http://www.ssireview.org/blog
Tierney,T.J. (2012) *Give Smart: Philanthropy That gets Results*, New York, PublicAffairs
www.schwabcharitable.org/public/charitable/maximize_your_impact)

【제2부】

강영계. 죽음학 강의. 새문사. 2012
롤란트 슐츠. 죽음의 에티켓 (So sterben wir) 노선정 역, 스노우폭스북스, 2019
류성일. 기독교적 죽음 교육 연구 - 청년을 위한 죽음교육을 중심으로. 장로회신학대학교 교육대학원 기독교교육 전공. 2019년
민들레, 조은희. 한국사회에서 좋은 죽음에 대한 개념분석. 노인간호학회지 제19권 제1호 2017년 4월.
샐리 티스데일, 인생의 마지막 순간. 죽음과 죽어감에 관한 실질적 조언 (Advice for Future Corpses and Those Who Love Them) 박미경 역, 비잉, 2019
셸리 케이건(shelly kagan) 죽음이란 무엇인가? 박세연 역, 엘도라도, 2012
스캇 펙, 죽음을 선택할 권리 (Denial of the Soul), 조종상 역, 율리시즈, 2018
스티븐 케이브, 불멸에 관하여 (Immortal). 죽음을 이기는 4가지 길. 박세연 역, 엘도라도, 2015
아툴 가완디, 어떻게 죽을 것인가? (Being Mortal). 현대 의학이 놓치고 있는 삶의 마지막 순간, 김희정 역,부키, 2015
알렉산드로스 벨리오스. 나의 죽음은 나의 것: 최보문 역, 바다출판사, 2018
알폰스데켄, 죽음을 어떻게 맞이할 것인가 (死とどう向き合うか) 오진탁 역, 궁리, 2002
엘리자베스 퀴블러 로스, 데이비드 케슬러. 인생 수업. (Life lessons). 류시화 역, 이레, 2006
오혜진. 죽음준비교육 프로그램의 효과 : 양로시설 거주 노인을 대상으로. 대학원 사회복지학부. 2017년.
유종호, 권오병, 김경곤, 강희철, 손명세, 이경환. 안락사에 대한 태도 분석, 전공의와 사법연구생 비교. 가정의학회지 2005. 제26권 제6호
이븐 알렉산더 나는 천국을 보았다.(Proof of Heaven) .김영사, 2013
이이정. 노인 학습자를 위한 죽음준비교육 프로그램 개발 연구. 연세대학교 대학원 교육학과. 2003년
이이정. 죽음학 총론. 학지사, 2011.
주호노. 뇌사의 법적 측면. 생명, 윤리와 정책 (제3권 제1호): 1-15
줄리아 아산테. 두려움 없는 죽음. 죽음 이후의 삶. 주순애 역. 이숲, 2015

최준식. 죽음학 개론. 모시는 사람들(도). 2013

하이더 와라이치. 죽는 게 두렵지 않다면 거짓말이겠지만(Modern Death) 홍지수 역, 부키 출판사, 2018

한국갤럽 데일리 오피니언 (Daily Opinion Gallup Korea) 연명의료 결정에 대한 여론조사. 2015년 5월 26~28일.

한스 큉, 발터 옌스, 안락사 논쟁의 새 지평, 생의 마지막 선택, 품위있는 죽음을 위하여. (Menschenwurdig sterben) 원당희 역, 세창출판사, 2010

Ahn E et al. Suicide rates and risk factors among Korean cancer patients, 1993-2005. Cancer Epidemiol Biomarkers Prev. 2010 Aug;19(8):2097-105.

Blanchflower DG, Oswald A. Is well-being U-shaped over the life cycle? Working Paper 12935. NATIONAL BUREAU OF ECONOMIC RESEARCH 1050 Massachusetts Avenue Cambridge, MA 02138 February 2007

Blanchflower DG, Oswald A. INTERNATIONAL HAPPINESS. Working Paper 16668

NATIONAL BUREAU OF ECONOMIC RESEARCH 1050 Massachusetts Avenue Cambridge, MA 02138 January 2011

Bolt EE et al. Primary Care Patients Hastening Death by Voluntarily Stopping Eating and Drinking. ANNALS OF FAMILY MEDICINE VOL. 13, NO. 5, 2015

Bruera E et al. Parenteral hydration in patients with advanced cancer: a multicenter, double-blind, placebo-controlled randomized trial. J Clin Oncol. 2013 Jan 1;31(1):111-8.

Buss MK. Understanding Palliative Care and Hospice: A Review for Primary Care Providers. Mayo Clin Proc. 2017;92(2):280-286

Chung CR, Yoo HJ, Park J, Ryu S. Cognitive Impairment and Psychological Distress at Discharge from Intensive Care Unit. Psychiatry Investig 2017:14(3): 376-379.

Dalal S. Is there a role for hydration at the end of life? Curr Opin Support Palliat Care 2009, 3:72-78

de Jong A, van Dijk. World Medical Journal Euthanasia in the Netherlands: balancing autonomy and compassion. World Medical Journal Oct 2017.

Emanuel EJ. The History of Euthanasia Debates in the United States and Britain. Ann Intern Med. 1994;121:793-802.

Gayat et al. Determinants of long-term outcome in ICU survivors: results from the FROG-ICU study. Critical Care (2018) 22:8

Good P, et al .Medically assisted hydration for adult palliative care patients (Review). Cochrane Database of Systematic Reviews 2014, Issue 4

Ivanovic N. Voluntary stopping of eating and drinking at the end of life – s systemic search and review giving insight into an option of hastening death in capacitated adults at the end of life. BMC Palliative care 2014,13:1

Jho HJ. Changes of End of Life Practices for Cancer Patients and Their Association with Hospice Palliative Care Referral over 2009-2014: A Single Institution Study. Cancer Res Treat. 2019 Sep

Jox RJ. Voluntary stopping of eating and drinking: is medical support ethically justified? BMC Medicine (2017) 15:186

Kim DY. An Evaluation of Nutrition Support for Terminal Cancer Patients at Teaching Hospitals in Korea. Cancer Res Treat. 2006;38:214-217

Lee YJ. Association between the duration of palliative care service and survival in terminal cancer patients Association between the duration of palliative care service

and survival in terminal cancer patients. Support Care Cancer (2015) 23:1057–1062

LiPuma SH, DeMarco JP. Palliative Care and Patient Autonomy: Moving Beyond Prohibitions against Hastening Death. Health Serv Insights. 2016 Dec 8;9:37-42

Mai TTX. Increasing Trend in Hospital Deaths Consistent among Older Decedents in Korea: A Population-based Study Using Death Registration Database, 2001–2014. BMC Palliative Care (2018) 17:16

Meagher DK, Balk DE. Handbook of thanatology. The essential body of knowledge for the study of death, dying, and bereavement.

Meier EA. Defining a Good Death (Successful Dying): Literature Review and a Call for Research and Public Dialogue. Am J Geriatr Psychiatry. 2016 April ; 24(4): 261-271

Meier EA

Moody RA. Getting comfortable with death & near-death experiences. Near-death experiences: an essay in medicine & philosophy. Mo Med. 2013 Sep-Oct;110(5):368-71.

Nakajima N et al. The volume of hydration in terminally ill cancer patients with hydration-related symptoms: a prospective study. J Palliat Med. 2014 Sep;17(9):1037-41.

Nakajima N. Indications and practice of artificial hydration for terminally ill cancer patients. Curr Opin Support Palliat Care 2014, 8:358–363

Oh DY. Artificial nutrition and hydration in terminal cancer patients: the real and the ideal.Support Care Cancer (2007) 15: 631–636

Quill TE. Voluntary Stopping of Eating and Drinking (VSED), Physician-Assisted Death (PAD), or Neither in the Last Stage of Life? Both Should be Available as a Last Resort. Ann Fam Med 2015;13:408-409

Reflections by the Royal Dutch Medical Association (KNMG) on the Governemnt

Response and Vision on Complete Life. 29 March 2017

Richards N. Old age rational suicide. Sociology 11:e12456 2017.

Sprung CL et al. Changes in End-of-Life Practices in European Intensive Care Units From 1999 to 2016, JAMA October 2, 2019

Steptoe A, Psychological wellbeing, health and ageing. Lancet. 2015 February 14; 385(9968): 640 –648.

van der Heide A et al. End-of-Life Decisions in the Netherlands over 25 Years. August 3, 2017. N Engl J Med 2017; 377:492-494

Wax JW et al. Voluntary Stopping Eating and Drinking. J Am Geriatr Soc 66:441– 445, 2018.

Yun YH et al. Comparison of attitudes towards five end-of-life care interventions (active pain control, withdrawal of futile life-sustaining treatment, passive euthanasia, active euthanasia and physician-assisted suicide): a multicentred cross-sectional survey of Korean patients with cancer, their family caregivers, physicians and the general Korean population. BMJ Open. 2018 Sep 11;8(9)

Yun YH et al. Attitudes of cancer patients, family caregivers, oncologists and members of the general public toward critical interventions at the end of life of terminally ill patients. CMAJ. 2011 Jul 12;183(10)

Yun YH et al. Priorities of a "good death" according to cancer patients, their family caregivers, physicians, and the general population: a nationwide survey. Support Care Cancer. 2018 Oct;26(10)

【제3부】

박소현, 편창훈, 최영훈. (2012). 유산기부 의향에 대한 영향요인탐색. 한국사회복지조사연구, 32, 109-139.

배정식, 길혜전. (2012). 신탁 상속: 재산 분쟁 없는 희망 상속 플랜, 브렌즈.

사회복지공동모금회. (2015). 초고액기부 전략수립연구.

전국경제인연합회. (2008). 사회공헌활동에 관한 기업인 및 국민 의식 조사.

전은경. (2008). 「유산기부의향에 영향을 미치는 요인에 관한 연구」. 숭실대학교 대학원 석사학위논문.

정수복. (2012). 한국인의 문화적 문법. 생각의 나무.

한국자선재단협의회. (2019). 유산기부에 대한 인식조사.

KB금융그룹. (2020). 2019 한국 부자보고서.

Alter, K. (2007). Social enterprise typology. *Virtue ventures LLC, 12(1)*, 1-124.

Acs, Z. (2013). *Why philanthropy matters: How the wealthy give, and what it means for our economic well-being.* Princeton University Press.

Bakija, J. M., Gale, W. G., & Slemrod, J. B. (2003). Charitable bequests and taxes on inheritances and estates: Aggregate evidence from across states and time. *American Economic Review, 93(2)*, 366-370.

Eller, M. B. (1996). Compendium of Federal Estate Tax and Personal Wealth Studies chapter 4, Charitable Bequests: Evidence from Federal Estate Tax Returns, IRS.

Frumkin, P. (2010). *The essence of strategic giving: A practical guide for donors and fundraisers.* University of Chicago Press.

Greenfield, J. M. (1999). *Fund Raising: Evaluating and Managing the Fund Development Process (AFP/Wiley Fund Development Series)*. John Wiley & Sons.

Independent Sector. (2002). Obedience to the unenforceable: Ethics and the nation's voluntary and philanthropic community. *Independent Sector: Washington, DC.*

OPM3(2008), Organizational Project Management Maturity Model, Project Management Institute, Newtown Saure, PA.

Sargeant, A., & Jay, E. (2003). The efficacy of legacy communications.

Sargeant, A., Hilton, T., & Wymer, W. (2006). Bequest motives and barriers to giving: The case of direct mail donors. *Nonprofit Management and leadership, 17(1)*, 49-66.

Sargeant, A., Wymer, W., & Hilton, T. (2006). Marketing bequest club membership: An exploratory study of legacy pledgers. *Nonprofit and Voluntary Sector Quarterly, 35(3)*, 384-404.

https://www.plymouth.ac.uk/uploads/production/document/path/7/7407/Rogare_Fundraising_Ethics_White_Paper_v1.1.pdf

www.afpnet.org

www.bkl.or.k

www.case.org

www.ethicalstroytelling.com

www.givesmart.org

www.givingpledge.org

www.gokams.or.kr

https://www.hankyung.com/society/article/2020032210971

www.irs.org

www.klac.or.kr

www.kostat.go.kr

www.law.go.kr

www.legacykorea.kr

www.rememberacharity.org.uk

www.snpo.kr

www.trust.go.kr

현명한 기부 | **비케이 안** CFRE, CPAE　한국기부문화연구소 소장. 아시아인 최초 CFRE(Certified Fund Raising Executive, 국제공인모금전문가) 자격증 소지자로 필란트로피의 Who's Who에 등재되어 있다. 텍사스주립대 석박사과정에서 환경공학을 전공했고, 미국에서 Unitech Associates를 설립하여 필란트로피 정신을 접목한 펀딩에 참여하였다. 현재 한국에서 ICNPM(국제비영리협의회) 대표와 한국기부문화연구소 소장으로서 필란트로피 캠페인 및 기금조성 전문가 양성과 리더십을 위한 윤리적 교육, 비영리기관의 기금조성 컨설팅을 하고 있다. 한양대 학부생을 위한 교양과목으로 '필란트로피의 이해와 실천', 연세대 신과대학원 석박사 과정에서 '크리스천 필란트로피'를 개설하여 기부문화 확산에 힘쓰고 있다. 또한 APA(아시아 필란트로피 어워드)와 KSoP(필란트로피 소사이어티)의 창립 맴버로서 민간자격증인 캠페인 매니저(CCM, Certified Campaign Manager)를 개발하여 시행 중에 있다. 저서로는 2019년 대한민국 학술원 우수학술도서로 선정된 『필란트로피 산업론』과 최근에 펴낸 『모금학 개론 : 비영리단체를 위한 모금 전략의 모든 것』 외 다수가 있다.

죽음에 대하여 | **이승훈** Ph.D., M.D., CPAE　모금 및 기부에 관여하고 공부하게 된 것은 20년 가까이 되었으며, 보건의료 연구를 위한 민간모금의 활성화에 많은 관심이 있어 왔다. 희망제작소 모금전문가학교, 한국기부문화연구소 등에서 모금에 관한 공부를 하였으며, 필란트로피 소사이어티 부회장, 모금전문가학교 총동문회 회장을 맡고 있다. 그동안 암퇴치백만인클럽, 학회 발전기금, 대학 발전기금 등을 기획하고 진행하였고, 우리나라 모금운동의 역사적 뿌리를 찾아보려고 시도하고 있으며, 모금계에서 여성 필란트로피스트의 역할과 그 중요성에 대한 이야기를 집필하려고 준비 중이다. 이 책에서는 기부자문사, 특히 유산기부에 관여하는 사람들이 알아야 할 죽음학의 기본에 대해 이야기하고자 하였다. 30년이 넘게 뇌암 전문의로서 많은 분들의 임종을 지켜보면서 어떻게 하면 사람들이 죽음에 대한 두려움 없이 평안하고 행복한 삶을 마무리할 수 있을지에 대해 성찰하고 있다. 의료인으로 한국의 필란트로피 문화운동 역할에 쓰임을 받고자 하는(Usefulness) 마음으로 소명감을 갖고 이 책의 공저자로 참여하게 되었다.

유산기부 | **김현수** Ph.D., CFRE, CPAE　성공회대학교 열림교양대학 교수이자 대학발전실장으로 일하고 있다. 국내 최초의 CFRE이고, KAIST에서 모금기획과 실행, 기부자 관계개발업무를 하며 시행착오와 성공 사례를 통해 모금의 이론과 실제를 경험했다. 현재 필란트로피 교육에 관심을 가지고 성공회대학에서 러닝 바이 기빙 프로그램(기부실천 프로그램)을 접목해 필란트로피를 가르치고 있다. 실무자에서 시작해 연구자와 교수자로 성장한 드문 케이스이다. 모금의 전략과 원리, 윤리 문제에 관심을 갖고 있으며, 필란트로피를 교과과정으로 개발하고 교육하는 데 노력하고 있다. 연세대학교 행정학과, 서울대학교 국제대학원을 거쳐 한양대학교에서 경영학 박사학위를 취득하고, 미국 듀크대학에서 Visiting Scholar로 필란트로피를 연구했다.

아름다운 마침표 : 현명한 유산 기부 A to Z
– 인생의 아름다운 마무리를 돕기 위해 알아야 할 것들

펴낸날 2020년 7월 30일 초판 1쇄
지은이 비케이 안·이승훈·김현수 · **펴낸이** 김우승
펴낸곳 한양대학교출판부 · **출판등록** 제4-7호(1972.2.29)
주소 서울 성동구 왕십리로 222 · **전화** 02.2220.1432-4 · **팩스** 02.2220.1435
홈페이지 press.hanyang.ac.kr · **이메일** presshy@hanyang.ac.kr
본문디자인·편집 김민지 · **표지** 안광일 · **인쇄** 네오프린텍

ISBN 978.89.7218.688.5 (93300)